"十四五"职业教育国家规划教材

就业与创业指导

（第二版）

主　编　陈　宇
副主编　周秀娥　李兴军　马　丽

JIUYE YU CHUANGYE ZHIDAO

中国教育出版传媒集团
高等教育出版社·北京

内容提要

本书是"十四五"职业教育国家规划教材,是在第一版的基础上修订而成的。

本书结合当前社会发展的新动态、就业环境的新变化,旨在对学生开展系统的择业指导、就业指导和创业指导。全书包括了解宏观形势与人才需求、进行职业规划与生涯决策、增进职业能力与职场适应、掌握求职准备与面试技巧、认知就业流程与劳动保护、进行创新创业与机会把握、掌握创业实施与创业流程、实现初创企业管理与发展等内容。本书为新形态教材,部分学习资源以二维码形式置于页边,可扫描获取。

本书适合作为高等职业院校公共基础课程教材,也可作为社会人士的职业生涯规划和就业创业指导书。

图书在版编目(CIP)数据

就业与创业指导 / 陈宇主编. —2 版. —北京:高等教育出版社,2023.8(2025.6 重印)

ISBN 978-7-04-059702-8

Ⅰ.①就⋯ Ⅱ.①陈⋯ Ⅲ.①大学生-职业选择-高等职业教育-教材 Ⅳ.①G717.38

中国国家版本馆 CIP 数据核字(2023)第 104142 号

策划编辑 李光亮 周静研	责任编辑 周静研	封面设计 张文豪	责任印制 高忠富

出版发行	高等教育出版社	网 址	http://www.hep.edu.cn
社 址	北京市西城区德外大街 4 号		http://www.hep.com.cn
邮政编码	100120	网上订购	http://www.hepmall.com.cn
印 刷	上海叶大印务发展有限公司		http://www.hepmall.com
开 本	787mm×1092mm 1/16		http://www.hepmall.cn
印 张	18	版 次	2023 年 8 月第 2 版
字 数	406 千字		2020 年 8 月第 1 版
购书热线	010-58581118	印 次	2025 年 6 月第 6 次印刷
咨询电话	400-810-0598	定 价	42.00 元

本书如有缺页、倒页、脱页等质量问题,请到所购图书销售部门联系调换

版权所有 侵权必究

物 料 号 59702-00

第二版前言

就业是最基本的民生。实现更加充分更高质量就业,是推动高质量发展、全面建设社会主义现代化国家的内在要求。改革开放40多年来,我国就业工作取得历史性成就、发生历史性变革,走出了一条中国特色就业发展道路。我国就业局势保持总体稳定,实现了比较充分的就业,城乡就业格局发生历史性改变;就业结构不断优化,第三产业吸纳就业能力增强,从业人员占比大幅提升;失业水平保持低位,城镇调查失业率总体低于预期控制目标。

党的二十大报告指出,要实施就业优先战略,强化就业优先政策,健全就业促进机制,促进高质量充分就业;统筹城乡就业政策体系,破除妨碍劳动力、人才流动的体制和政策弊端;推动解决结构性就业矛盾。完善促进创业带动就业的保障制度,支持和规范发展新就业形态。国务院出台的《"十四五"就业促进规划》也提出,要持续做好高校毕业生就业工作,拓宽高校毕业生市场化社会化就业渠道,强化高校毕业生就业服务,坚持市场化社会化就业与政府帮扶相结合,促进多渠道就业创业。

为了帮助高职毕业生更好地就业创业,投身"大众创业、万众创新"的时代浪潮,引导他们响应国家号召、奋发进取,择己所爱、择己所长、择世所需,最大限度地发挥个人潜力,为社会创造最大价值,我们编写了这本《就业与创业指导》(第二版)。本书从学生实际出发,贯彻"用身边人教育身边人"的理念,从宏观形势与人才需求的角度切入,系统地介绍了就业与创业的相关知识,帮助学生认识自我,提高职业能力与职场适应性,树立技能成才的职业理想,引导学生做好求职准备,掌握面试技巧,遵循就业流程,在职场中懂得自我保护,行有余力则积极创业,通过创业带动更多人就业,为人人出彩奠定基础。

本书在编写过程中,参考和引用了国内外专家、研究者的有关著作、教材、论文和科研成果,在此表示诚挚的感谢！由于水平有限,错漏在所难免,恳请读者批评指正,以便修订。

编 者

2023 年 5 月

目　录

项目一　了解宏观形势与人才需求　　　1

　　任务一　关注就业创业政策　　　3
　　任务二　分析就业形势　　　10
　　任务三　端正就业观念　　　18
　　任务四　聚焦技能成才　　　26

项目二　进行职业规划与生涯决策　　　33

　　任务一　探索职业世界　　　35
　　任务二　职业自我评价　　　45
　　任务三　规划职业生涯　　　58
　　任务四　明确就业方向　　　69

项目三　增进职业能力与职场适应　　　77

　　任务一　遵守职业道德规范　　　79
　　任务二　提高个人职业素养　　　84
　　任务三　提升岗位胜任能力　　　92
　　任务四　促进职场生活适应　　　101

项目四　掌握求职准备与面试技巧　　　109

　　任务一　收集就业信息　　　111
　　任务二　准备求职材料　　　119
　　任务三　调整就业心态　　　129
　　任务四　熟悉职场礼仪　　　134
　　任务五　掌握面试技巧　　　142

项目五　认知就业流程与劳动保护　　　　　　　　　　　　153

　　　任务一　积极参与实习　　　　　　　　　155
　　　任务二　遵循就业流程　　　　　　　　　162
　　　任务三　签订劳动合同　　　　　　　　　167
　　　任务四　保护就业权益　　　　　　　　　174

项目六　进行创新创业与机会把握　　　　　　　　　　　　187

　　　任务一　培养创新意识　　　　　　　　　189
　　　任务二　培养创业精神　　　　　　　　　193
　　　任务三　从创新走向创业　　　　　　　　199
　　　任务四　分析创业环境　　　　　　　　　204
　　　任务五　把握创业机会　　　　　　　　　207

项目七　掌握创业实施与创业流程　　　　　　　　　　　　213

　　　任务一　撰写创业计划书　　　　　　　　215
　　　任务二　组建创业团队　　　　　　　　　221
　　　任务三　整合创业资源　　　　　　　　　231
　　　任务四　选择创业模式　　　　　　　　　237
　　　任务五　开展创业融资　　　　　　　　　241

项目八　实现初创企业管理与发展　　　　　　　　　　　　245

　　　任务一　开展市场营销　　　　　　　　　247
　　　任务二　管理初创企业　　　　　　　　　255
　　　任务三　管控财务风险　　　　　　　　　261
　　　任务四　建设企业文化　　　　　　　　　268
　　　任务五　进行品牌建设　　　　　　　　　273

主要参考文献　　　　　　　　　　　　　　　　　　　　　278

后记　　　　　　　　　　　　　　　　　　　　　　　　　279

项目一
了解宏观形势与人才需求

任务一　关注就业创业政策

任务二　分析就业形势

任务三　端正就业观念

任务四　聚焦技能成才

引导语

"就业是最基本的民生",这是党的二十大报告对就业的定性,也关乎当下我国非常明确的"民生实事"。解决好就业问题,才能实现社会的长治久安,才能实现让劳动者安居乐业的目的。职业院校毕业生是技能人才队伍的中坚力量,如果这个群体的就业质量不高,势必会造成家庭负担和社会问题。

党的二十大报告指出,要强化就业优先政策,健全就业促进机制,促进高质量充分就业。近年来,党和国家实施了积极的就业政策,创造了更多就业岗位,改善了就业环境,提高了就业质量。促进高质量充分就业不仅是党的二十大报告对未来几年我国就业状况进行的规划,更是党和政府对人民的庄严承诺。广大高职院校学生应将个人的就业创业与宏观形势相结合,以个人发展推动社会进步。

任务一　关注就业创业政策

1. 认识就业、创业的积极价值。
2. 能梳理和理解就业与创业的关系。
3. 能根据国家政策指导个人生涯发展。

什么地方的单位才适合自己？

某高职院校2023届毕业生小王毕业前还未落实工作单位。班主任老师借出差的机会，带上他的应聘材料，帮他协调。刚好小王老家县里有一家农业企业缺人，工作和小王专业对口，又在家乡。然而他本人的择业意向是，单位地点必须在大城市，至于到大城市的什么单位，具体做什么工作都无关紧要，不在大城市的单位都不考虑。小王最终找到了省会城市的一家企业，工作和自己的专业不对口，收入也不算高。他坚持了没多久还是离职了，又处在了迷茫的求职路上。

启示：

习近平总书记勉励当代大学生志存高远、脚踏实地，转变择业观念，坚持从实际出发，勇于到基层一线和艰苦的地方去，把人生的路一步步走稳走实，在平凡的岗位上创造不平凡的业绩。一些同学在就业时只想着去大企业、大单位，向往经济发达、生活环境优越的地区，不愿意到中小城市、边远地区和基层单位工作，自身发展因而受到了制约。广大毕业生应转变求职观念，寻找适合自己的工作，切忌盲目追求大城市、大企业。

一、就业是民生之本

（一）就业是最基本的民生

就业是民生之本、稳定之基、发展之要、安邦之策。就业是最基本的民生，也是经济、社会发展最基本的支撑。没有稳定的就业，就没有稳定的经济来源。就业是我们生存的经济基础，也是我们融入社会、共享发展成果的前提，牵动着千家万户的生活。

稳定就业就是稳定社会，要通过调整经济结构、推进供给侧结构性改革来实现。实现稳定就业、充分就业，既是推动发展的条件，又是体现发展水平的标志。实现稳定就业、充分就业，是对民生真正的重视，是实现社会稳定的有效保障，是对发展的本质要求。

(二)创业带动就业

微课:什么是创业

在我国经济发展新常态下,就业总量压力依然存在,就业结构性矛盾更加凸显。面对新的就业形势,必须着力培育"大众创业、万众创新"的新引擎,继续坚持扩大就业的发展战略,深入实施更加积极的就业政策,把创业和就业结合起来,以创新创业带动就业,催生经济社会发展新动力,为促进民生改善、经济结构调整和社会和谐稳定提供新动能。

随着职业院校毕业生人数逐年攀升,就业形势日益严峻。鼓励创业是缓解当前就业压力的有效途径,是毕业生全面发展、自我实现的需要,有利于培养个体的创新精神、创业意识、创新创业能力和艰苦奋斗的作风,有利于促进中小企业的快速发展,有利于催生社会经济发展的新动力,促进社会不断发展。

2023年,人社部印发《关于开展2023年高校毕业生等青年就业创业推进计划的通知》(以下简称《通知》),聚焦高校毕业生创业就业,力争降低创新创业门槛,缓解结构性就业矛盾,为高校毕业生提供更多施展才华的机会。

当前我国经济发展面临需求收缩、供给冲击、预期转弱三重压力,市场用人需求出现了不确定性,部分中小企业吸纳就业能力下降。此外,结构性就业矛盾尚未得到根本缓解,"就业难"与"招人难"并存的现象仍然存在。2022年召开的中央经济工作会议强调要落实落细就业优先政策,把促进青年,特别是高校毕业生就业工作摆在更加突出的位置。经济工作保持稳字当头、稳中求进,稳就业是重要一环。稳就业必须抓好重点群体。高校毕业生是城镇新成长劳动力的主力军,2023届全国高校毕业生达1 158万人,同比增加82万人,规模创历史新高。

虽然就业形势依然严峻复杂,但机遇与挑战并存。时下,中小微企业已成为高校毕业生就业的主阵地。随着"大众创业、万众创新"深入人心,自主创业等新型就业形态占比不断增加。《通知》要求开展各类青年创业服务支持行动,旨在深入实施创业带动就业示范行动,为更多人造就实现理想的平台。

创业带动就业具有乘数效应,一个成功的创业项目往往能吸引带动大批高校毕业生就业。但现实中,不少高校毕业生对创业心存疑虑,一些创业企业不倾向于招收应届毕业生,这就要求全社会改变就业观念、用人理念。要看到,高校毕业生是宝贵的人才资源。随着新产业蓬勃发展、新业态不断涌现,鼓励创业带动就业,有利于让更多有才华的年轻人闯出新天地,让创业企业抢抓新契机,有利于培育发展新动能、激发宏观经济活力。从引导高校毕业生正确认识创业风险,到引导更多创业企业吸纳毕业生共同创业,《通知》关注用工主体、就业主体,有助于帮他们卸下思想包袱、实现发展抱负,实现毕业生就业和企业发展的双赢。

发展是留人之本。唯有创业前景光明、产业潜力无限,吸纳就业才不是空话。《通知》要求在组织示范行动过程中坚持抓创业、促就业。抓创业,就要大力扶持高质量的创新创业项目,为毕业生提供更多岗位。促就业,就要着重帮助有强烈创业意愿、有良好项目基础的毕业生实现创业梦想。目前,相关部门已建立扶持高校毕业生创业就业普惠政策清单,为吸纳毕业生就业的小微企业提供创业担保贷款、社会保险补贴,鼓励社会各界通过技术咨询、孵化服务等方式支持创新创业,通过强化政策支持、扫除发展障碍,不断深挖以创业容纳就业的"蓄水池"。

企业、高校示范基地结对,组织创业团队满足企业需求,组织经验丰富的创业导师辅导学生就业创业,举办就业创业"校企行"活动……创业带动就业示范行动要为招聘求职牵线搭桥,也要为高校毕业生提高创业本领赋能助力。通过做实行动方案,给足激励政策,动员各方参与,千方百计为高校毕业生做好就业服务,我国定能实现更充分、更高质量就业,继续保持就业大局稳定。

找一找

在我们身边总有那么一批人,从职业院校毕业后,去基层就业,从一线做起,依靠自己的勤奋和努力,在工作岗位上踏踏实实地钻研技术、锻炼技能,逐渐成长为技能高手和企业骨干,成长为"企业爱将"和"大国工匠",成长为行业明星与楷模,如2022年"大国工匠年度人物"田得梅(图1-1)。大家一起找一找,你都知道哪些这样的人?他们都是在哪个领域"独领风骚"的?

图1-1 2022年"大国工匠年度人物"、中国水电四局机电安装分局起重机司机田得梅

二、职业院校毕业生就业创业政策

(一)就业创业宏观政策

2021年,国务院印发了《"十四五"就业促进规划》,要求强化创业带动作用,深入实施创新驱动发展战略,持续推进创新创业,促进创业带动就业。规划主要提出了以下措施:在优化创业环境方面,深化创业领域"放管服"改革,加强创业政策支持,实现创业资源开放共享;在鼓励、引导各类群体投身创业方面,激发劳动者创业的积极性、主动性,全方位培养、引进、用好创业人才,实施大学生创业支持计划等,鼓励、引导有创业意愿和创业能力的进城务工人员、大学生、退役军人等人员返乡入乡创业,倡导敬业、精益、专注、宽容失败的创新创业文化;在升级创业服务方面,打造全生态、专业化、多层次的创业服务体系,建设特色化、功能化、高质量的创业平台载体。

党的二十大报告指出:"实施就业优先战略。就业是最基本的民生。强化就业优先政策,健全就业促进机制,促进高质量充分就业。健全就业公共服务体系,完善重点群体就业支持体系,加强困难群体就业兜底帮扶。统筹城乡就业政策体系,破除妨碍劳动力、人才流动的体制和政策弊端,消除影响平等就业的不合理限制和就业歧视,使人人都有通过勤奋劳动实现自身发展的机会。健全终身职业技能培训制度,推动解决结构性就业矛盾。完善促进创业带动就业的保障制度,支持和规范发展新就业形态。健全劳动法律法规,完善劳动关系协商协调机制,完善劳动者权益保障制度,加强灵活就业和新就业形态劳动者权益保障。"

> 查一查

表1-1中是近几年关于就业创业政策的部分文件,请你查询、阅览。如果还有更多文件,请分享给大家。

表1-1 近几年关于就业创业政策的部分文件

序号	文件	编号	发布时间
1	人力资源和社会保障部《关于开展2023年高校毕业生等青年就业创业推进计划的通知》		2023年3月
2	教育部《关于做好2023届全国普通高校毕业生就业创业工作的通知》	教学〔2022〕5号	2022年11月
3	国务院办公厅《关于进一步做好高校毕业生等青年就业创业工作的通知》	国办发〔2022〕13号	2022年5月
4	国家发展改革委员会等部门《关于深入实施创业带动就业示范行动 力促高校毕业生创业就业的通知》	发改高技〔2022〕187号	2022年2月
5	国务院办公厅《关于进一步支持大学生创新创业的指导意见》	国办发〔2021〕35号	2021年10月
6	国务院《关于印发"十四五"就业促进规划的通知》	国发〔2021〕14号	2021年8月
7	国务院办公厅《关于支持多渠道灵活就业的意见》	国办发〔2020〕27号	2020年7月
8	国务院《关于进一步做好稳就业工作的意见》	国发〔2019〕28号	2019年12月
9	国务院《国家职业教育改革实施方案》	国发〔2019〕4号	2019年2月
10	国务院《关于做好当前和今后一个时期促进就业工作的若干意见》	国发〔2018〕39号	2018年12月
11	国务院《关于推动创新创业高质量发展 打造"双创"升级版的意见》	国发〔2018〕32号	2018年9月
12	教育部《关于贯彻落实中央文件精神 进一步引导和鼓励高校毕业生到基层工作的通知》	教学厅〔2017〕3号	2017年4月
13	教育部办公厅《关于进一步做好高校毕业生就业创业工作的通知》	教学厅〔2016〕5号	2016年5月
14	中共中央办公厅、国务院办公厅《关于进一步引导和鼓励高校毕业生到基层工作的意见》	中办发〔2016〕79号	2016年12月

(二) 毕业生就业鼓励政策

1. 到基层和一线就业

国家实行毕业生到基层和一线就业的学费补偿、贷款代偿、考研加分等优惠政策,继续组织实施好"特岗计划""大学生村官""三支一扶""大学生志愿服务西部计划"等基层就业项目,围绕乡村振兴战略,引导毕业生到现代农业生产、经营等领域就业创业,鼓励毕业生到文化创意、健康养老、服务外包等现代服务业就业创业,鼓励毕业生到社会组织就业、到部队建功立业。

2. 到中小微企业就业

国家鼓励和促进毕业生到实体经济主体就业,充分发挥中小微企业吸纳毕业生就业的主渠道作用,积极落实小微企业吸纳毕业生的社保补贴、培训补贴、减税降费等优惠政策。

3. 根据国家战略开拓岗位

毕业生要主动对接国家经济社会发展的人才需要。国家围绕"一带一路"建设、京津冀协同发展、长江经济带发展、海南自贸试验区建设等,引导毕业生到重点地区、重大工程、重大项目、重要领域就业,鼓励毕业生到中西部地区、东北地区和艰苦边远地区就业。

4. 拓展新业态就业空间

新业态发展催生了大量新岗位。国家着力优化新业态就业服务体系,出台新业态从业人员认证标准,开展针对新业态就业人员的就业服务;试行适应新业态行业特点的简易劳动合同和电子劳动合同,防止企业假借新用工方式或灵活用工方式之名侵害劳动者权益;加大劳动保障监察力度;优化社保服务,鼓励、引导新业态就业人员参加基本养老保险,探索建立新业态就业人员职业伤害保障制度,让新业态就业人员更加放心。

查一查

国家鼓励普通高等学校应届毕业生入伍服义务兵役。他们享受哪些优惠政策?请查询并分享。

(三) 毕业生创业优惠政策

国家鼓励毕业生创业的政策主要体现在政策优惠、资金和场地扶持、指导服务和免费培训等方面。

(1) 税收优惠。持人社部门核发的就业创业证(注明"毕业年度内自主创业税收政策")的毕业生在毕业年度内(指毕业所在自然年,即1月1日至12月31日)创办个体工商户、个人独资企业的,3年内按每户每年8 000元为限额依次扣减其当年实际应缴纳的城市维护建设税、教育费附加和个人所得税。毕业生创办的小型微利企业按国家规定享受相关税收支持。

（2）创业担保贷款和贴息。符合条件的学生自主创业的,可在创业地按规定申请创业担保贷款,贷款额度为10万元。国家鼓励金融机构参照贷款基础利率,结合风险分担情况,合理确定贷款利率水平。对个人发放的创业担保贷款,在贷款基础利率基础上上浮3个百分点以内的,由财政给予贴息。

（3）免除有关行政事业性收费。毕业2年以内的个人从事个体经营（除国家限制的行业外）的,自其在工商部门首次注册登记之日起3年内,免除管理类、登记类和证照类等有关行政事业性收费。

（4）培训补贴。对学生创办的小微企业新招用毕业年度毕业生,签订1年以上劳动合同并为之缴纳社会保险费的,国家给予1年社会保险补贴。对学生在毕业学年（即从毕业前一年7月1日起的12个月）内参加创业培训的,国家根据其获得创业培训合格证书或就业创业情况,按规定给予培训补贴。

（5）免费创业服务。有创业意愿的学生,可免费获得公共就业和人才服务机构提供的创业指导服务,包括政策咨询、信息服务、项目开发、风险评估、开业指导、融资服务、跟踪扶持等"一条龙"创业服务。

（6）取消高校毕业生落户限制。高校毕业生可在创业地办理落户手续（直辖市按有关规定执行）。

（7）创业学生的学分、学时、学籍等方面的配套措施。自主创业学生可享受各校建立的自主创业学生创新创业学分累计与转换政策,还可享受开展创新试验、发表论文、获得专利和自主创业等情况折算为学分的政策；有自主创业意愿的学生,可享受学校实施的弹性学制,放宽学生修业年限,允许调整学业进程、保留学籍休学创新创业。部分高校优先支持参与创业的学生转入相关专业学习。

（8）职业院校毕业生创业指导服务与扶持。创业学生可享受各地政府和学校在信息、资金、技术、市场等方面的持续帮扶、全程指导、一站式服务。

> **议一议**
>
> 毕业后创业做老板是很多高职院校学生的梦想和追求。你想做什么创业活动？如果要创业,你会面临哪些困难和问题？目前,你为以后创业做了哪些准备？

军营青春别样美

"军营助力我们成长,迷彩让我们读懂强军担当,和平岁月让我们理解了奉献的价值光芒。""报告•我的军旅"征兵宣传活动上,9名退役复学士兵讲述了自己在军营的成长经历。一个个生动的故事,激发了在场青年学子参军报国的热情。

"火凤凰"黄兰兰讲述了特战女兵的故事。当黄兰兰登上讲台历数她的军事技能时,全场一片惊呼,很少有人能想到,这个外表文弱的姑娘居然是特战队的三栖"霸王花",步枪、手枪、狙击枪弹无虚发,泅渡、潜水、操舟、机降、跳伞样样精通。黄兰兰完美蝶变的背后,是浸满汗水与泪水的付出与成长。

每一位退役复学士兵的军旅经历都很精彩,几乎都是一部现实版的征兵宣传教材。作为在校学生的同龄人、身边人,退役复学士兵的经历具有感染性,他们的选择能为其他同学起到一定的指引作用。活动现场,退役复学士兵陆续登台,身后的大屏幕上滚动播放着他们在军营摔打锻炼的场景。有的驾驶战车驰骋野外,有的在抢险救灾中冲锋在前,还有的在应急处突的一线值勤……跟踪调查表明,他们中的不少人在部队服役期间加入了中国共产党,退役复学后,也能时刻牢记部队

的优秀传统,以一名军人的标准严格要求自己,刻苦学习,用自己的实际行动感染、引领着身边的同学,不少还选择了继续学习深造,继续走在人生奋斗的路上。有的同学坦言:"过去我只想着为房子、车子奋斗,听了他们的经历,边关冷月成了我的首要选择。"

(资料来源:罗正然、黄予为,向母校报告:军营青春别样美,中国军网)

启示:

部队熔炉可以使人养成忠诚果敢、执着苦干、坚韧不拔的优秀品质,为大学生退伍复学后的职业生涯发展奠定了坚实的基础。国家政策鼓励在校大学生积极参军入伍,并为其妥善安排学业,进行学费补偿、国家助学贷款代偿、学费减免等。

活 动 与 训 练

主题:了解本地的创业政策。

目标:收集本地的创业扶持和优惠政策。

时间:课余时间。

过程:通过调研,收集学校所在地政府出台的鼓励创业的政策、文件及具体举措,班级同学间进行交流,并整理汇总。

思考与讨论

1. 你如何理解党的二十大报告提出的"促进高质量充分就业"的重要性？
2. 在校大学生该如何面对"大众创业、万众创新"的时代要求？

任务二 分析就业形势

学习目标

1. 熟悉近年来的就业形势。
2. 熟悉职业院校毕业生的就业状况。
3. 做好应对新形势的相应准备。

导入案例

"用工荒""就业难"并存成常态

"用工荒""就业难"并不是同时存在的两种现象，而是同一个现象的两种表现，目前已经成为劳动力市场上的常态。企业有用工需求，劳动者有就业愿望，而中间有两个因素阻断了供求双方，使其匹配存在困难。一是结构性因素。劳动力市场中虽然存在空缺，但求职者的技能与岗位需求不适应，劳动者需经培训才能实现人岗匹配，在这段时间里，他们会处于结构性失业状态。二是摩擦性因素。由于信息传递不畅通和市场功能的局限性，劳动者与岗位之间的匹配存在时间上的滞后，导致他们处于摩擦性失业状态。这就是需要实施积极就业政策、提高供求双方匹配程度的原因。从时间角度看，可以预计，有些岗位会逐渐消失，另一些岗位则会被创造出来。着眼于长远，综合性、通识性的人力资本更具韧性和持久性。因此，要鼓励潜在的劳动者接受更多通识教育，以获得适应就业形势的技能。

启示：

受多重主客观因素叠加的影响，大学毕业生会在一定程度上面临就业难题。但他们具有年龄优势，善于学习新技能，是未来的劳动主力军。国家正在积极实施公共就业服务帮扶政策，大学生也要主动学习，以早日走上理想的工作岗位。

一、宏观就业形势

"十四五"时期,我国的就业总量矛盾在一定程度上依然存在,结构性矛盾将成为就业中的主要矛盾。尽管我国劳动人口从2012年到达峰值后便开始下降,但降幅不足以改变劳动力总量在高位运行的国情。今后一个时期,就业形势依然严峻,就业任务依然艰巨。部分企业"招工难"与部分劳动者"就业难"状况并存的就业结构性矛盾依然存在。

(一) 挑战:结构性失业风险加大

根据人力资源和社会保障部的统计,当前我国新增劳动力供给量并未出现剧烈下降,无论是劳动力供给的增量还是存量,都不存在严重的短缺现象,甚至在未来一段时间,劳动力供给还有富余。

"十四五"时期,经济结构和产业结构调整进入关键期,就业结构调整面临更大不确定性,结构性失业风险将明显增大。当前,我国经济形态将逐渐转变为以服务业为主导的经济形态,依靠土地、房地产、基础设施等大规模投资的增长模式将失去动力,依靠廉价劳动力、资源等的粗放型产业将加快被淘汰,经济结构和产业结构的变化也将带来就业结构的转变。

在这一结构调整过程中,部分劳动力将因不适应而不可避免地被淘汰。例如,化解过剩产能短期内势必会造成局部性失业冲击,一些需要调整的企业将被关、停、并、转,难以再发挥吸纳劳动力就业的作用,对未来一段时间的就业领域形成重大挑战。

(二) 劣势:非技能型劳动力就业趋难

根据人力资源和社会保障部发布的《2022年度人力资源和社会保障事业发展统计公报》,2022年全国进城务工人员总量为29 562万人,外出进城务工人员为17 190万人。另据国家统计局近年来的统计数据,30岁以下的青年进城务工人员约占60%,他们的平均受教育年限为9.8年。过早地进入劳动力市场,导致其缺乏必要的职业技能。

青年进城务工人员集中在受经济调整冲击最明显的地带。超过70%的进城务工人员流入东部沿海地区,约50%的青年进城务工人员从事制造业工作,而受经济放缓和结构调整影响最大的恰恰就是东部沿海地区的外向型、劳动密集型制造业。这些青年进城务工人员基本没有农业经营经历,在遭受的冲击下,农业的"蓄水池"功能对青年进城务工人员而言不能发挥作用。相对于同龄的城市青年,尤其是大学生,青年进城务工人员的适应能力明显更弱,有可能在结构转型中加入长期失业大军。

大学生的就业问题同样突出。教育部数据显示,2023届全国普通高校毕业生达1 158万人。从2001年开始,中国普通高校毕业生人数一路上升。由于内外经济增速趋缓,对高学历人才的容纳程度有限,未来一段时间,大学生的就业环境不容乐观。

(三) 机会:中高技能人才供不应求

目前,我国劳动年龄人口中,技能劳动力占比不足30%,中高级技能人员占技能人员的比例约为25%。据《"十四五"职业技能培训规划》,全国技能人才总量超过2亿人,高技能人才超过5 000万人。中国劳动科学研究所发布的研究报告指出,未来我国高技能

人才队伍建设将面临三大突出问题：一是总量矛盾突出，二是结构性矛盾突出，三是经济社会发展过程中技能劳动者的需求结构和形态特征会不断变化。

近年来，受产业转型升级、用工成本上升等因素影响，企业对劳动者学历、素质、技能的要求明显提高，操作工、普工等一般性岗位数量有所减少，高级技工等技术型、高技能人才紧俏。

看一看

《制造业技能根基工程实施方案》

2022年，人力资源和社会保障部、工业和信息化部、国务院国资委联合印发《制造业技能根基工程实施方案》，指导各地加快培养制造业高质量发展急需的高素质技能人才，提出在2022年至2025年，聚焦制造业重点领域，建立国家技能根基工程培训基地，加大急需紧缺职业工种政府补贴培训支持力度，推进技能人才培养评价工作，优化使用发展环境和激励机制配套支撑，打造数量充足、结构合理、素质优良、充满活力的制造业技能人才队伍。

具体任务包括以下方面。

（1）遴选建设国家技能根基工程培训基地，重点开展高技能人才培训研修，形成规模化培训示范效应。

（2）制定制造业政府补贴职业技能培训目录，完善制造业职业分类，动态发布新技术应用和自主技术创新应用产生的新职业，加快制定国家职业技能标准。

（3）在制造业企业全面推行中国特色企业新型学徒制，通过名师带高徒、师徒结对子、建立技能大师工作室等形式，培养高质量企业新型学徒。

（4）加强制造业高技能领军人才选拔评聘，支持制造业企业全面推行职业技能等级制度，健全八级技能岗位等级设置，自主开展职业技能等级认定。

（5）全面推进制造业工学一体化技能人才培养模式，对接制造业产业链、创新链发展，大力建设先进制造业等产业需要的新兴专业和优质专业，开发优质教学资源包，推进工学一体化制造业技能人才培养模式。

（6）大力开展制造业品牌职业技能竞赛，以全国技能大赛为引领，以行业职业技能竞赛为重点，聚焦人工智能、工业机器人、机械制造、新能源汽车等重点领域职业工种，打造一批制造业职业技能竞赛品牌。

（资料来源：人社部、工信部、国资委启动实施制造业技能根基工程，中华人民共和国人力资源和社会保障部）

二、区域就业市场

今后一段时间,我国将建设京津冀、长三角、珠三角世界级城市群,提升山东半岛、海峡西岸城市群开放、竞争水平;培育中西部地区城市群,发展壮大东北地区、中原地区、长江中游、成渝地区、关中平原城市群,规划引导北部湾、山西中部、呼包鄂榆、黔中、滇中、兰州—西宁、宁夏沿黄、天山北坡城市群发展;促进以拉萨为中心、以喀什为中心的城市圈发展。由此产生的就业机会正为高校毕业生带来更多的机会。

(一) 一线城市就业市场的特点

一线城市发展迅速,比二三线城市拥有更多与国际接轨的技术和理念,拥有更好的学习资源与教育环境。而有些资源不但会影响到个人发展,甚至有可能影响到下一代的发展。因此,一线城市自然成了求职者眼中的"香饽饽"。一线城市因就业机会、经济实力与区位优势较为突出,已成为大量毕业生求职的首选。具体来看,深圳、广州为很大一部分毕业生的求职首选就业城市,其中深圳的毕业生净流入率达3.5%;长沙、北京、上海、天津也颇受毕业生青睐,毕业生均呈净流入态势。

一线城市由于产业的高端化和区域经济中心的定位,对于求职者的学历、资历、能力、专业技术等要求较高。特别是求职者进入一线城市初期,会面临较大的租房、交通、交友等压力。高职毕业生要对此有充分的认识和判断,既不望而却步,又不盲目前往。

(二) 二三线城市就业市场的特点

所谓二三线城市,是指"北上广深"等一线城市以外的省会城市,以及经济水平较高、城市规模较大、区域辐射力较强的地级市。近年来,各类人才的就业地点不再局限于一线城市,形成了向二三线城市发展的趋势。

尽管一线城市仍保持着相对较高的就业签约率,但是随着一线城市逐步收紧人口扩张的趋势,加之生活成本高、居住压力大、交通拥堵等问题,传统一线城市对毕业生的吸引力正在逐步减弱。与此同时,随着二三线城市的发展和毕业生就业观念更加多元、就业选择更趋理性的变化,二三线城市正逐渐成为大学生就业时的重要选择。

分析技能人才到二三线城市创业就业的原因,可以看出:当前,一线城市面临"城市病"的压力,需要削减一些功能;同时,一些二三线城市有着良好的产业基础、人口条件、公共服务,处于迅速的崛起与转型之中。对技能人才来说,选择一线城市会面临人才扎堆、竞争激烈的局面,而二三线城市具有落户难度低、综合成本低、政策扶持力度大、竞争较弱等优势,更适合个人职业生涯的发展。

> **想一想**
>
> 不久的将来,你想到哪个城市就业?这个城市对你的吸引力在哪儿?

三、当前青年就业的新形势

（一）当前青年就业的总体情况

当前我国青年就业形势总体稳定，但随着我国经济社会发展、技术快速进步和人口素质结构变化，青年就业面临着新的问题和挑战，具体表现在以下方面。

第一，经济发展面临需求收缩、供给冲击、预期转弱三重压力，在一定程度上抑制了就业需求。青年作为新成长起来的劳动力，受影响更为明显。高校毕业生群体就业总量压力较大，2023年应届毕业生达到1 158万人，供给短时间内大规模增加，使得人力资源市场难以迅速消化。

第二，人工智能、机器人技术快速发展，对就业岗位的替代效应不容忽视。新技术推动各种新业态、新就业形式不断涌现，在为青年提供更多新就业机会的同时，也存在使青年不能保证就业或收入连续性、无法确保获得与工作相关的福利和保障等风险。

第三，随着产业转型升级的加速，就业结构性矛盾日益突出，缺乏技能的青年越来越难找到工作。高校毕业生就业专业匹配度不高、新生代进城务工人员的技能素质达不到产业转型升级的要求等问题需要得到持续关注。

第四，受经济社会环境变化影响，青年的劳动就业观念不断变化，参与就业、稳定就业的比重都有所下降，职业期望和就业流向都出现新动向。

（二）当前高职学生就业存在的问题

在就业问题上，一些职业院校毕业生实践能力不足、动手能力较差、知识面较窄，对企业的实际了解和对岗位的认知较少，不能从自身条件和现实环境出发恰当定位，与社会要求错位。一些高职院校毕业生的职业素养与企业的要求有一定差距，诚信度不高，与人沟通、协调合作的意识和能力不强。一些高职院校毕业生就业观念滞后，缺乏主动择业、创业的积极性，对工作中可能出现的困难和艰苦缺乏思想准备，具有较为强烈的求稳定、求舒适、求发展、求成长的工作诉求，"等""靠""要"的思想仍然存在，就业期望值过高。这些都对高职院校毕业生的就业产生了不利的影响。就业压力的存在使得一些高职院校毕业生出现了焦虑、自卑等各种心理问题，这些心理问题也成为他们顺利就业的障碍，存在自身能力与职场要求不匹配、自身职业定位有偏差、内生动力不足、前行动力不够等多重隐忧。

从实际情况来看，目前我国大学生的就业形势既存在"人找岗位"的现象，又存在"岗位找人"的现象。随着市场的不断变化，创业型企业增多，当下中小微企业已经成为吸纳毕业生就业的主渠道,但是对于对大学生就业的需求逐渐增长的中小企业来说,其在招聘大学毕业生时都不同程度地面临着"招不来、留不住、待不长"的人力资源困境,许多中小企业的招聘人员奔波于校园招聘会、社会招聘会上,求贤若渴,却无人问津。

> **看一看**
>
> **2023年版就业蓝皮书发布**
>
> 《2023年中国高职生就业报告》基于2022届高职生毕业半年后培养质量的跟踪评价,累计样本量为14.7万人,于2023年3月初完成。调查结果显示,一线城市对毕业生的吸引力正逐步减弱,新一线城市和许多具有吸引力的二线城市对大学毕业生的吸引力正在增强,毕业生在一线城市之外拥有更多就业选择。在薪资方面,2022届高职毕业生平均月收入为4 595元,较2021届增长了2%。从就业前景来看,年平均工资水平排在前三位的行业为信息传输、软件和信息技术服务业,金融业,科学研究和技术服务业。
>
>

(三)当前青年就业形势的应对举措

第一,加强青年的就业能力培养。对高校专业设置进行职业化、专业化改造,根据行业、市场发展需求灵活调整专业结构和课程设置。以劳动力市场需求为导向,以促进就业和提升就业能力为目的,加强对青年劳动者的职业技能培训,切实提高青年的就业能力,使其更好地满足岗位要求。

第二,完善"学校—职场"的过渡。积极加强产学研合作,根据市场需求对青年进行有针对性的联合培养。加强就业见习、实习,为青年提供更多的实践锻炼机会。加强青年就业服务,帮助青年尽快匹配到合适的岗位。

第三,着力提升青年就业质量。按照经济增长方式转型升级、产业结构调整优化,以及劳动力资源供给和结构变化的新趋势,着眼于实现青年群体劳动权益的保护和就业质量的提升,帮助其实现充分就业、稳定就业和高质量就业。

第四,帮助青年树立正确的就业观。通过教育培训、宣传引导、交流活动等多种形式,加强观念的引导,帮助青年主动适应时代变化,转变就业思维,调整就业思路,树立正确的价值观、成才观和就业观。

第五,加强对未就业青年的帮扶和支持。青年群体是国家重要的人力资源,针对不同群体在就业方面的困难和障碍,应在生活、能力及心理等方面给予深入帮扶,助其顺利实现就业。

四、公共就业服务体系和就业市场解读

(一) 公共就业服务体系

今后一个时期,我国将坚持普惠性、保基本、均等化、可持续方向,围绕标准化、法治化、信息化,建立健全基本公共服务制度,提升基本公共服务能力,为群众提供更加方便快捷、优质高效的人力资源和社会保障基本公共服务。

在就业市场,我国已基本形成覆盖城乡的公共就业服务体系,并基本建成统一、规范的公共就业服务制度。公共就业服务机构就是由政府投资兴办的提供免费就业服务的机构,具有如下特征:第一,由国家建立,在国家领导或监督下开展业务,由国家给予充分的资金保障;第二,垂直管理,上下连成网络,覆盖全国各地;第三,工作人员应是政府公务人员,并保持队伍相对稳定;第四,向求职者和失业人员提供免费的就业服务,向雇主提供的基本的就业服务也免费。

(二) 就业市场解读

在了解周边就业形势的时候,要注意人力资源市场的供需指数,例如供求总量、供求结构、景气指数和预期指数、企业流失率和新招聘率、用工缺口率、招聘难易指数、企业用工平均工资,以全面、系统地了解本地人力资源市场的供求状况和变动趋势。

供给总量、供给结构和景气指数、预期指数等指标反映了本地区的总体用人需求水平变动情况,不同行业、职业、企业类型的人力资源需求变动情况,以及从现状和未来信心的角度预测的本地区企事业单位未来的用人动向,有助于求职者针对需求信息做出更加理智的求职选择,也有助于政府和企业制定更为符合市场趋势的人力资源策略。

用工缺口率、招聘难易指数和企业用工平均工资是企业和劳动者都十分关心的对象,它们直接影响着企业的用工成本和劳动者的生活质量,反映着企事业单位的招聘难易程度及岗位实际薪酬的变动情况,可以从宏观和微观的不同层次上反映出本地区的招聘和薪酬状况。

需求与供给是既相互独立又密切联系的两个方面,人力资源市场的主要作用就是使需求与供给达成平衡,实现匹配。我们在分析就业趋势的时候,应该对其加以综合考虑,从而借此判断较为宏观的就业环境。

> **查一查**
>
> 人力资源和社会保障部依托公共就业服务机构建立起了人力资源市场供求和企业用工情况分析报告制度。请登录人力资源和社会保障部网站,在就业创业模块中选择人力资源市场模块,查找近期部分城市公共就业服务机构的市场供求状况分析,并说出你的理解。

 **总结案例**

党的二十大代表杜玉涛：让基因技术更亲民

党的二十大代表、华大集团党委书记杜玉涛二十几年如一日，奋战在生命健康科技行业第一线。她介绍，华大坚持"持续低价普惠"原则，拓展基因健康筛查应用范围，包括妇幼健康、肿瘤早筛、传染病精准防控等。截至2022年6月，华大基因已开展的民生项目覆盖全国20余个省（区、市），筛查累计达到1 400余万次，许多人因此受益。

在党的二十大报告中，"创新"是高频词之一。党的十八大以来，以习近平同志为核心的党中央始终把科技创新摆在国家发展全局的核心位置，把创新作为引领发展的第一动力，大力建设创新型国家和科技强国，使我国科技事业发生了历史性、整体性、格局性的重大变化。1999年华大成立，杜玉涛便入职工作。身为科技领域的从业者，多年来，杜玉涛和企业一起坚持创新，集聚力量进行科技攻关。"我们牢牢把握基础研究这一所有技术问题的'总开关'，以原创性突破持续为科技创新提供源头活水，努力使技术进步造福社会大众。"

杜玉涛深信，只有把基因科技送到群众身边，才能真正造福群众。华大基因一直将科技创新与增进民生福祉紧密结合，坚持"防大于治"的理念，为健康中国注入基因科技的力量。"华大基因以公共卫生服务的形式推广癌症筛查项目，让项目真正落地到基层，帮助民众尽早发现癌前病变，高效助力癌症早诊早筛。"杜玉涛介绍，以宫颈癌早筛检测为例，过去，受检者要去医院做检查，检测通量小，操作不私密。华大基因研发出的"互联网+HPV自取样"模式使女性足不出户就能居家自取样，提高了群筛查的效率及覆盖率。

"用基因科技造福人类是我们的美好愿景，也指引着我们保持初心，持之以恒地坚守理想，奋力推进生命健康的科技建设。"杜玉涛表示，未来，基因检测技术将在疾病防控方面充分展现高效率、低成本的鲜明优势。

启示：

党的二十大报告指出，要推进健康中国建设，把保障人民健康放在优先发展的战略位置，完善人民健康促进政策。杜玉涛树立的"用基因科技造福人类"的愿景顺应了我国未来的发展趋势，是将个人理想融入国家发展的选择。

活 动 与 训 练

主题：分析区域就业形势。
目标：分析自己拟就业区域的就业形势。
时间：课余时间。
过程：通过调研,将自己对拟就业区域的就业形势的分析与班级同学进行交流,并整理汇总。可登录人力资源和社会保障部专题网站查询劳动就业市场的动态数据。

 思 考 与 讨 论

1. 你希望今后到一线城市还是二三线城市就业？为什么？
2. 分析自己所处的就业环境,寻找其中的有利因素和不利因素。

任务三　端正就业观念

 学习目标

1. 掌握常见的心理调适方法。
2. 树立科学健康的就业观念。
3. 能认识理想与现实的距离并予以调整。

 导 入 案 例

菜价的启示

高职院校毕业生小刘毕业后的第一份工作月薪8 000元,可是好景不长,他所在的公司半年后就倒闭了。在后来的求职中,他始终认定自己要找一份月薪不低于8 000元的工作,多次求职未果。一天,他跟着当菜农的父亲去卖菜,早市时父亲对小刘说:"我们的菜是全市场上最好的,不能比别家价格低。"直到中午,因为菜价高,还是问的多、买的少。小刘急了,要父亲降价,父亲始终不答应。天快黑了,他们的菜经过一天的风吹日晒已毫无优势,最后被人以低价买走了。小刘埋怨父亲为什么不早点出手,父亲笑着说:"是啊,那时候出手该多好,可早上总以为自己的菜应该值那个价,就

像你现在总以为自己的月薪必须是8 000元一样。"父亲的话让小刘深受震动。

启示：

不要幻想和要求所选择的就业岗位或从事的工作十全十美。每个人的一生中都在不断地调整，终身从事一种职业是可能的，但终身在一个岗位上工作的可能性越来越小了。特别是在就业形势紧张的时候，要有"生存危机"意识，应该考虑先解决"吃饭"问题，树立"先生存、后发展"的就业观，要在先保证生存的基础上，再考虑所选择的岗位是否适合自己，是否符合自己的兴趣，自己能否得到提高，将来的发展潜力如何等。

一、就业观的构成要素

就业观指的是人们对某一特定职业的根本看法和态度，也是社会对从事某种专业工作的人员的较为固定的角色认定。就业观念是人们对职业劳动的认识、评价、情感和态度等心理成分的综合反映，也是职业道德、职业操守、执业行为、执行表现等职业要素的总和，支配和调控着全部职业行为和职业活动。

就业观由三个要素构成：维持生活、完善个性、服务社会。三者的地位和比例不同，会形成不同的就业观。

（一）追求地位的就业观

持有这种就业观的人希望获得较高的社会地位，看重别人的尊重和自己的名声，因此，在工作中会努力争取机会锻炼、表现自己，倾向于选择有益于提升自己社会地位的工作。个体会重视学习、努力提升自己，并且一般目标明确、重视利用资源。但是，过度追求地位和名声，会使自己的思维变得狭窄，甚至可能丧失自己的原则。

（二）追求待遇的就业观

重视收入的人追求殷实富足的生活，利润意识强，因此有较强的工作动力，不介意工作强度和工作环境等因素，但是，有可能因为缺乏长远的眼光而急功近利。一些毕业生在职业选择上存在着思想误区，对薪酬、职位、地域等工作条件的要求过高，导致职业定位存在偏差。有的毕业生对一二线城市的期望过高，而忽略了中小城市，存在"扎堆"现象。

（三）追求价值的就业观

希望在工作中得到自我价值提升的人，往往希望工作中不断出现新的、具有一定难度的任务，以刺激其能力的发挥。因此，他们在工作中会把完成高难度的任务当成一种成就，能力提升或晋升的速度会很快，个体的自信心和效能感也会逐渐增强。但是，如果过于重视工作内容的挑战性，个体对工作内容可能会比较挑剔，一般的、简单的、常规的工作不会引起其重视，个体可能会出现怠慢的现象，不利于职场新人最初的发展。

想一想

你是否可以接受到中小城市的一线岗位去工作？按照你目前的技能水平，你应该获得什么样的职业薪酬？

二、就业观的意义

(一) 就业观影响择业者的择业意向

就业观影响着择业者对职业的认识、对职业的评价。每个择业者都会自觉或不自觉地以某种就业观指导自己选择职业的行为。生活、学习环境的不同,老师、家长对职业认识的不同,社会择业指导水平的差别等,都影响着择业者的择业方向和职业行为。有人择业方向正确,有人进入误区;有人在职场中成绩卓著,有人却毫无作为,甚至屡次在择业竞争中失败。这都是因为就业观对择业意向的影响。

(二) 就业观影响职业人的从业态度

就业观对从业态度有着特殊的影响。一个职业人积极性的高低和完成任务质量的好坏,很大程度上取决于他的就业观。职业伦理学研究表明,先进生产者的职业态度指标最高。做任何事情,其成败进退,都与职业人所采取的态度密切相关。严谨客观、精益求精的从业态度,使职业人有积极、强烈的使命感,追求打造"敬业、乐业、专业"的个人职业信誉品牌。反之,从业态度不端正,就会过分追求短期利益,谁给的钱多就为谁"打工",不爱惜自己的名声、前途与个人品牌,甚至为了钱可以置道德与法律于不顾。树立正确的就业观是职业人做好本职工作的前提。

(三) 就业观影响职业人的工作效果

在职场中有两类人:一类人踌躇满志,觉得自己是一步登天的淘金者;另一类人踏踏实实地从小事做起。事实证明,前者更像是赌徒,很多人由于不切实际的幻想,最终赔上了自己的未来;后者尽管看上去毫不起眼,但"身在其位,心谋其政",在努力中迎接瓜熟蒂落、水到渠成。任何事情都有积极和消极两种对待方式,不同的对待方式对职业人的驱动力也不一样,自然会得到不同的结果。具有积极的就业观的职业人能踏实地做好每一份工作,不断寻求新的发展。

(四) 就业观影响职业人的专业行为

正确的就业观是"全心投入、尽职尽责"的前提。职业无高低贵贱之分,不论从事的是何种工作,都应该全身心地热爱,全身心地投入,对本职工作保持积极乐观的态度和高度负责的精神,而不应该以对本职工作没兴趣为借口,得过且过,消极怠工。在哪个位子上,就应该热爱哪个位子,因为这里是你发展的起点。对一个喜欢自己的工作并认为它很有价值的人来说,工作是生活中一个十分令人愉快的部分,只要对自己的工作发自内心地热爱,即使在平凡的岗位上也能创造出奇迹。

三、高职学生就业观的主要特点

(一) 择业思想更加实际

个人利益与社会利益、国家利益相统一的价值观,即利与义相统一的价值观为广大学生所认同。这种观念不是只讲奉献、不求回报的纯利他主义,更不是金钱至上的拜金主义,而是以主体意识、公民意识为基础,以自主、自由、平等交换为实质内容的。其在择业中表现为既希望发挥个人才能,获得较高的经济收入,又期望兼顾国家和社会的需要。在新时代,这种双向选择的模式得到了普遍认同。

（二）突出自我发展动机

高职毕业生在择业时，并不是一味地追求物质利益，而是更注重个人才能的发挥与特长的施展，追求自我价值的实现，追求长远的人生发展目标。沿江、沿海等文化、经济发达的大中城市因而成为多数高职毕业生择业的首选目标。另外，就职单位的发展前景也成为高职毕业生择业时考虑的重要因素，因为单位的发展的前景直接影响个人才能的施展。

（三）职业目标期望值高

高职毕业生在职业目标方面普遍有着较高的期望值，希望找到高薪水、高地位、高层次的工作，回避低薪水、低地位、低层次的工作。

在就业地域方面，多数高职学生向往大中城市，尤其是沿海的中心城市，因为这些地区的经济发展水平较高，发展前景较好，施展个人才能的机会较多。部分高职学生认为小城市社会经济发展相对落后，思想观念比较保守，缺乏发挥自己才能的环境和机遇，因而不愿下基层。

在职业选择上，大部分高职学生愿意从事与自己所学专业相关的工作，以发挥自己的专业优势。少部分人更愿意从事高层的管理工作和高收入的工作，不愿意到艰苦行业工作。这种职业目标往往给选择职业造成障碍，影响其顺利就业。

（四）择业存在多向性与不稳定性

高职毕业生从学校步入社会时，往往存在四种心理矛盾：对就业岗位和就业环境不适应而产生的心理矛盾、个人职业期望与社会现实的矛盾、个人理想与市场制约的矛盾、好强心理与自我意识不够成熟的矛盾。由于这些矛盾的存在，高职毕业生择业时难免具备多向性与不稳定性，具体表现为：有些人择业目标不明确，择业时茫然无措；有些人意识到基层和艰苦行业需要人才，最能锻炼自己，但怕基层条件差，埋没了自己的才能，择业时举棋不定；还有些人不顾自己的专业特长，把待遇高、福利好作为择业标准，但又想实现自己的价值和抱负，在择业时犹豫不决。

毕业生择业的多向性和不稳定性一方面对自身的就业不利——择业时左顾右盼，当断不断，必定错失良机；另一方面对用人单位不利——毕业生在择业时反反复复，随意违约，影响了用人单位对人才的挑选。

四、树立正确的就业观

（一）树立高尚的职业理想

树立高尚的职业理想应当把个人志向和国家利益、社会需求有机地结合起来，勇敢地走出个人的小天地。如果仅仅从个人的角度考虑问题，就非常容易走进死胡同。社会上的各行各业都需要高职院校毕业的技术技能型人才。无论在什么岗位上，只要是通过诚实劳动来为社会创造价值，实现自己的价值，就

是现在社会所倡导的。

(二) 树立良好的敬业精神

对于即将踏入社会的毕业生来说,树立敬业精神是准备好进入社会的标志之一。毕业生是否具有敬业精神,直接关系到其今后的职业生涯是否顺利、事业能否得以发展等一系列问题。具有敬业精神已成为当今社会对毕业生综合素质的新要求。因此,具有热爱本职工作,忠于职守,对社会和人民负责,保证工作质量,对技术精益求精,能团结协作、公平竞争的良好敬业精神是就业的必要条件。

(三) 树立勇于面对竞争的观念

在社会主义市场经济体制下,就业采取的是在国家政策指导下自主择业的方式。毕业生就业制度改革的一个重要特点,就是把社会主义市场经济的重要思想——竞争引入毕业生的就业之中,建立起公平的人才竞争环境。竞争获胜将是市场经济下选择职业时不变的游戏规则。因此,竞争意识是现代人必备的素质之一。面对就业市场竞争激烈的现实,毕业生应当改变被动依赖、消极等待的心态,敢于竞争,树立"爱拼才会赢"的观念,做好多方面的竞争准备。

第一,要树立强烈的竞争意识。人才市场上的供求关系总会存在不平衡之处,同一职业往往有较多的择业者期望进入,如果没有主动竞争的思想准备和积极参与应聘的行为,是难以顺利就业的。

第二,要培养强大的竞争实力。竞争实力是综合素质的体现,包括思想品德素质、专业素质、文化素质、身心素质等。竞争实力是逐步培养和塑造的结果。在公平、公正、公开的竞争原则下,竞争实力就是个人实现择业理想的资本。

第三,要坚持正确的竞争原则。毕业生在就业竞争面前,要保持自己的人格尊严,诚实守信,凭自身的竞争实力并运用恰当的竞争技巧去赢得用人单位的青睐。

第四,要保持良好的竞争心态。有竞争就有风险,参与竞争就难免受到挫折。对于处在就业竞争中的毕业生来说,尤其要注意提高遭遇挫折后的心理承受能力,把遭遇挫折看成锻炼意志、增强能力的好机会。保持良好的竞争心态,主动摆脱遭遇挫折后的颓丧情绪,认真分析失败的原因,调整自己的心态和择业目标,鼓足勇气,争取新的机会,绝不能因一时的挫折而灰心丧气,一蹶不振。

(四) 树立"先就业,再择业,后创业"的观念

要打破一步到位、从一而终的就业观。市场经济配置人力资源的特征是人才流动,毕业生不必急于在短时间内找一个固定的"铁饭碗",要树立不断进取的职业流动观念,并学会在流动中发现机会、抓住机会、把握机会。

从现阶段的就业形势来看,国家的宏观政策是鼓励大学生自主创业;社会主义市场经济体制的建立和市场经济的发展,也为广大毕业生的自主创业提供了良好的社会环境。创业,这饱含机遇与挑战的字眼,已经成为无数毕业生心中的梦想。自主创业给具有创造力和活力的毕业生提供了就业和深造以外的新路。

(五) 树立响应号召,到基层建功立业的观念

近年来,教育部等部门指导各地高校统筹谋划,会同有关部门和地方强化政策,加强培训,优化服务保障,引导和鼓励高校毕业生在基层建功立业,让青春之花在祖国需要的

地方绽放。主要举措有以下方面。

1. 加大政策力度，拓展就业空间

教育部持续会同人力资源和社会保障部、财政部、共青团中央等，共同做好"特岗计划""三支一扶""西部计划"等中央基层项目招录工作，重点向乡村振兴重点帮扶县等地区倾斜，更好地服务乡村教育、医疗卫生、社会治理等工作，助力乡村振兴。

2. 深化就业育人，激发报国热情

教育部面向毕业生推出了"基层就业、成就梦想""志存高远、脚踏实地"等"互联网＋就业指导"公益直播课；在"就业促进周"期间，组织推动各地和高校开展基层主题宣传；举办高校毕业生就业创业政策宣传月活动，宣讲基层就业政策，引导毕业生扎根基层、拼搏奉献。

3. 强化培养使用，助力成长成才

有关部门持续助力"三支一扶"人员的能力提升，健全全服务周期的培训制度，强化岗位锻炼，为"三支一扶"人员的锻炼、成长提供有利条件。2023年6月，人力资源和社会保障部办公厅、财政部办公厅印发通知，要求继续实施"三支一扶"人员能力提升专项计划，2023年安排中央财政支持培训8 000人次，其中乡村振兴主题培训5 000人次。同时，各高校也结合实际需要，加强对毕业生的岗前能力培训。

4. 优化服务保障，推动聚才兴业

教育部会同相关部门推出优惠政策，指导各地各高校健全、优化服务保障，为高校毕业生在基层成长成才创造良好条件。教育部、财政部联合印发要求落实特岗教师待遇保障的通知，强调各地要确保特岗教师工资按时足额发放，按规定为其参加社会保险，确保完成三年服务、通过考核并愿意继续留在岗位上的特岗教师及时入编、岗位落实到位。对于高校毕业生在城乡社区服务领域创业的，教育部、民政部等四部委联合下发通知，要求各地落实税收优惠、一次性创业补贴、创业担保贷款等政策。

（六）树立发挥专业所长，但也注重综合素质的观念

毕业生在择业时首先要考虑所学的专业，根据专业特点谋求职业，以做到使专业特点与职业要求相匹配，发挥专业优势；同时也不能忽略综合素质和能力。大多数用人单位招聘人才时更注重应聘者的个人能力和综合素质，对专业是否完全对口，并不过分计较。一味强调专业对口，会使毕业生在激烈的竞争中失去很多机会。具有开拓精神的毕业生应看重行业的发展前景，并及时调整自己的择业方向，勇于选择与自己所学专业相近或相关的职业。学校的教育不仅仅是教授专业知识和技能，更重要的是培养了我们的综合素质和综合能力。

> **想一想**
>
> 对照经济社会发展对技能人才的需求，自我审视一下，你目前自身的能力水平与现实需求是否有差距，差距在哪里。

总结案例

高职院校烹饪工艺与营养专业毕业生对就业岗位的认知

烹饪工艺与营养专业学生的初次就业岗位主要集中在生产一线,主要包括打荷、砧板、冷菜、面点、初加工和灶台岗位,所占比例分别为 30%、15%、15%、15%、20%、5%,如图 1-2 所示。

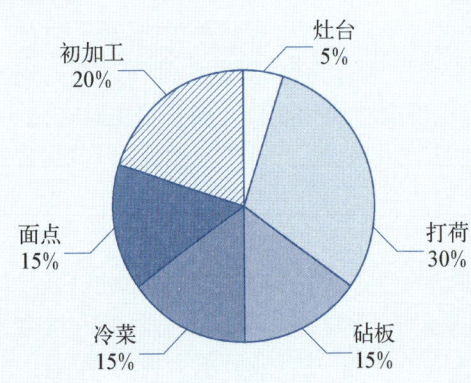

图 1-2 烹饪工艺与营养专业毕业生初次就业岗位的分布

该专业毕业生认为自己应该具备的能力如图 1-3 所示。具有良好的岗位适应能力、人际交往能力和独立工作能力是毕业生快速融入餐饮行业的必备条件。

对餐饮企业的调研显示,餐饮企业的员工主要是一线技术生产人员。目前企业普遍反映高职学生需要掌握基本的专业理论知识、扎实的烹饪基本功和熟练的操作能力,具备良好的工作态度、吃苦耐劳的精神、节约成本的意识,以及安全、卫生等方面的职业素养。

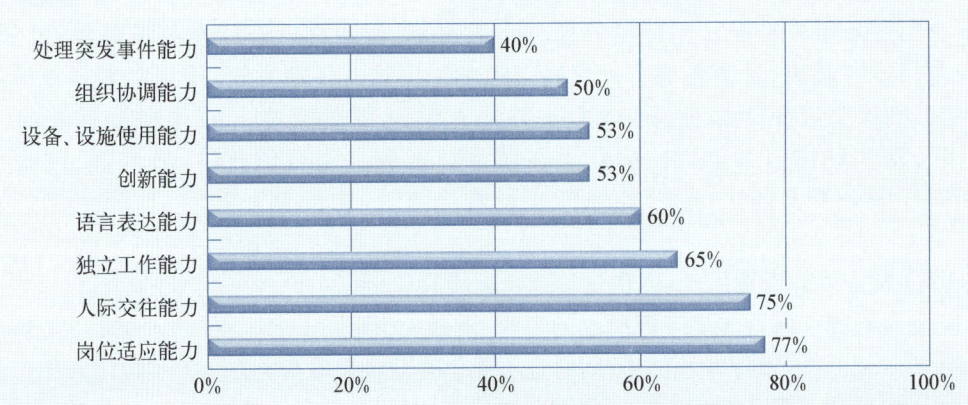

图 1-3 烹饪工艺与营养专业毕业生应当具备的能力

根据现代饭店和餐饮企业厨房内部的岗位设置,该专业毕业生的就业面向为中餐厨房、西餐厨房、中点厨房、西点厨房等中的就业岗位群,如表 1-2 所示。

表 1-2 烹饪工艺与营养专业毕业生的就业岗位群

就业岗位	初次就业岗位	阶段性就业稳定岗位	中长期发展岗位
中餐厨房一线操作及管理岗位	初步加工岗、切配岗、打荷岗、炉灶岗、蒸灶岗及冷菜岗,主要为中式菜肴的一线操作岗位	中餐厨房基层管理人员	中餐厨房厨师长

续表

就业岗位	初次就业岗位	阶段性就业稳定岗位	中长期发展岗位
中点厨房一线操作及管理岗位	中式面点的一线操作岗位	中点厨房基层管理人员	中点厨房厨师长
西餐厨房一线操作及管理岗位	热菜房、冷菜房等的工作人员，主要为西餐菜肴的一线操作岗位	西餐厨房基层管理人员	西餐厨房厨师长
西点厨房一线操作及管理岗位	西式面点的一线操作岗位	西点厨房基层管理人员	西点厨房厨师长
餐饮部管理岗位	原料采购、宴会菜单制定、成本消耗分析、人员组织培训的一线操作岗位	餐饮企业的餐饮部基层管理人员	餐饮企业的餐饮部经理(总监)或行政总厨
中职学校烹饪专业实践指导教育岗位	中职学校烹饪专业实践指导教师	中职学校烹饪专业"双师型"教师	中职学校烹饪专业"双师型"资深教师或实践指导负责人

该专业毕业生要具有良好的厨德、厨艺，养成良好的职业习惯，掌握专业操作技能和餐饮经营管理能力等专业核心能力，取得中级中式烹调师、中级中式面点师、中级西式烹调师或中级西式面点师资格证书中的一项或数项，努力成为具有国际视野，掌握新技术、新知识和新工艺，符合烹饪行业职业规范要求的"专业能力强、创新素质高、有可持续发展技术潜力"的高素质技术技能人才。

启示：

高职毕业生要清楚自己应该学什么、干什么、成为什么样的人，了解所学专业的初次就业岗位、阶段性就业稳定岗位和中长期发展岗位，明晰未来的职业成长路径和发展方向。

活动与训练

主题：就业岗位群分析。

目标：分析自己所学专业的就业岗位群。

时间：课余时间。

过程：通过调研，将对自己所学专业的就业岗位群的分析与班级同学交流，并整理汇总。

项目一　了解宏观形势与人才需求

1. 正确的就业观有什么作用？
2. 作为当代大学生，你认为应该如何树立正确的就业观？

任务四　聚焦技能成才

1. 认识到当前形势下技能人才的重要性。
2. 理解工匠精神的内涵和价值。
3. 树立在新时代立足技能成才的职业理想。

走上技能成才之路的宋福林

宋福林(图1-4)是长沙航空职业技术学院技术技能大师、机制学院副院长，曾获"国家技能人才培育突出贡献个人""全国技术能手""湖南省技术能手"等荣誉。他从教17年来，坚守教学科研一线，专注技能人才培育。

2002年以前，宋福林还是福建莆田一个从未出过远门的农村孩子。2002年9月，高考失利的他不情不愿地走进了长沙航空职业技术学院的大门。许是天生喜爱摆弄机器，更因为高考失利的他特别想争口气，大学三年，他极其用功。2004年7月，他被选中参加竞赛集训队，备战湖南省第一届数控技能大赛。"我每天除了上课、吃饭，其余时间全部泡在车间里，加工、装调，一遍又一遍，反复操练。"至今回想起，宋福林仍清晰地记得几乎每个细

图1-4　宋福林在演示技能操作

节：近 2 个月的时间里，每天完成 2 套零件的加工组装，每天晚上看书到深夜，光笔记就写满了 3 大本。到了后期，他甚至直接把铺盖搬到车间，不分昼夜地刻苦训练，偶尔晚上突然灵感闪现，想出方案，就立马从床上爬起来动手验证。

留校后，因工作需要，学数控应用的他被要求改做数控维修。在师傅的帮助下，他克服了困难，实现了技能转型。经过层层选拔，2016 年，他获取了参加第七届中国技能大赛——全国数控技能大赛的入场券，尽管在此前无数次没日没夜的实训中，他对机床电控柜里的 800 条电线导线、30 多个各种电线接口、12 500 多个机床参数了如指掌，但他仍然不敢掉以轻心。这一次他梦想成真，捧回了全国第二名的好成绩，并收获了"全国技术能手"的荣誉。

全国技术能手是终点，更是起点。功夫不负有心人，宋福林的人生也迎来了新辉煌，他被师生们称为"国赛金牌教练"。在他及团队的共同努力下，学院在各级技能竞赛中屡获殊荣，他指导的教师中有 5 人获全国一等奖，并被授予"全国技术能手"荣誉称号，2 人获"湖南省技术能手"称号和"湖南省五一劳动奖章"，他指导的学生获国家一等奖 12 人次、省级一等奖 26 人次，为国家航空产业发展培育了优秀人才。

启示：

党的二十大报告指出："培养造就大批德才兼备的高素质人才，是国家和民族长远发展大计。"进入新时代，我国要努力培养造就更多大师、战略科学家、一流科技领军人才和创新团队、青年科技人才、卓越工程师、大国工匠、高技能人才。宋福林走出了一条技能成才的道路，这是一条职业生涯发展的广阔赛道。广大高职生要勤学苦练、深入钻研，勇于创新、敢为人先，不断提高技术技能水平，为实现中国式现代化贡献力量。

一、立足技能成才

（一）技能人才供不应求

近年来，作为世界第二大经济体，我国对知识型、技能型、创新型劳动者大军的需求前所未有。围绕技能人才队伍的发展壮大，近年来，习近平总书记在多个场合提出殷切期望，"工业强国都是技师技工的大国，我们要有很强的技术工人队伍""努力培养数以亿计的高素质劳动者和技术技能人才""带动中国全国民众，尤其是近 2 亿青少年关注、热爱、投身技能活动"。

在当前的新一轮全球产业竞争中，各国纷纷聚焦实体经济，实施"再工业化"战略，加强对先进制造业的前瞻性布局。我国发布了实施制造强国战略的首个十年行动纲领《中国制造 2025》，谋求从制造大国到制造强国的转型升级。

发展是第一要务，人才是第一资源。我国目前比历史上任何时期都更需要一支拥有现代科技知识、精湛技艺技能和较强创新能力的高素质技能人才队伍。然而，我国技能人才供不应求的问题依然突出。近年来，随着政策体系不断完善，培养、激励机制逐步健全，我国技能人才队伍的建设取得了长足进步,但技能人才培养的总体情况与经济社会发展需要还有很多不适应的地方。高技能人才占技能型劳动者的比例还不到三成,掌握"高、精、尖"技术的高技能人才数量更少,技能人才队伍分布不均衡,人才断档问题突出,年轻的高技能人才严重短缺。

> **查一查**
>
> 近年来,"工匠精神"成为高频词,请找一些能体现工匠精神的案例分享给大家。

(二)技能之路正受青睐

针对技能人才社会地位低、经济待遇差、成长通道窄等问题,中央和地方出台了众多利好政策。2022年10月,中共中央办公厅、国务院办公厅印发了《关于加强新时代高技能人才队伍建设的意见》,指出加强高技能人才队伍建设,对增强国家核心竞争力和科技创新能力、推动高质量发展具有重要意义,要在培养、选用、评价机制上下功夫,构建充分体现知识、技术等创新要素的人才使用机制,真正打造一支爱岗敬业、技艺精湛、结构合理的高技能人才队伍。

技能人才是支撑中国制造、中国创造的重要力量。随着我国进入新发展阶段,产业升级和经济结构调整不断加快,各行各业对高技能人才的需求越来越强烈。党和国家高度重视高技能人才队伍建设,推动人才结构战略性调整,突出"高精尖缺"人才导向,高技能人才队伍建设取得历史性成就、发生历史性变革。截至2021年底,全国技能人才总量超过2亿人,高技能人才已超过6 000万人。

《关于加强新时代高技能人才队伍建设的意见》的出台,就是要将十八大以来在实践中探索创新形成的一些好经验、好做法上升为制度规范,固化下来,坚持下去,激励更多劳动者,特别是青年一代走技能成才、技能报国之路,培养造就一支爱党爱国、敬业奉献、技艺精湛、素质优良、规模宏大、结构合理的高技能人才队伍,为全面建设社会主义现代化国家提供有力的技能人才保障。

> **议一议**
>
> 在你心目中,哪些人称得上"大国工匠"?各自举例,小组讨论,提炼这些人的职业特征、职业态度和成长历程中的亮点。

(三)技能振兴大有可为

"中国制造2025"等国家战略的提出,使社会对技能人才的需求更加强烈。制造业的高度机械化、智能化需要一线岗位工人勇于思考、探索,只有工人的整体技术和职业素养得到提升,才能实现精细化、高品质生产。加快培养制造业发展急需的"大国工匠"是一项重要而紧迫的任务。

2021年初,人力资源和社会保障部、教育部、国家发展改革委员会、财政部等部门研究编制的《"十四五"职业技能培训规划》(以下简称《规划》)印发并公布。

《规划》提出了"十四五"时期加强职业技能培训工作的目标、任务和保障措施,提出到

2025年要实现终身职业技能培训制度更加完善,共建共享职业技能培训体系更加健全,创新型、应用型、技能型人才队伍不断发展壮大,职业技能培训服务更加有效四个主要目标。

《规划》就完善技能人才职业发展通道提出了明确要求,提出要打破目前的"天花板""隐形门",形成技能人才的纵向职业技能等级阶梯,探索拓展技能人才"新八级"职业技能等级制度,使技能人才和专技人才等相应人才可以贯通发展。要提高技能人才的待遇水平,引导企业建立健全符合技能人才特点的工资分配制度,推动企业建立工资正常增长机制,探索技能激励办法。要完善以国家奖励为导向、用人单位奖励为主体的技能人才表彰奖励体系,加大对高技能人才在各级各类表彰当中的倾斜力度。要做好"中华技能大奖""全国技术能手"评选表彰,并给予人才更高待遇。

新时代,技能青年要有本领。使命在肩,靠本领才能铸就伟业。进入新时代,踏上新征程,每个技能青年都应该执着追梦,永不放弃,练就过硬的本领,勇于创新创造,在青春里拼尽全力,让青春因卓绝的技能闪闪发光。

二、为"中国制造"培育工匠精神

2016年,李克强总理在政府工作报告中,强调要"培育精益求精的工匠精神"。这是"工匠精神"这一概念第一次出现在治国文件中,表明"培育工匠精神"的诉求已上升为国家意志和全民共识。李克强总理还强调,要广泛开展质量提升行动,加强全面质量管理,健全优胜劣汰的质量竞争机制。质量之魂,存于匠心。要大力弘扬工匠精神,厚植工匠文化,恪尽职业操守,崇尚精益求精,培育众多"中国工匠",打造更多享誉世界的"中国品牌",推动中国经济发展进入质量时代。

时代发展,需要大国工匠;迈向新征程,需要大力弘扬工匠精神。"执着专注、精益求精、一丝不苟、追求卓越",2020年11月24日,在全国劳动模范和先进工作者表彰大会上,习近平总书记高度概括了工匠精神的深刻内涵,强调劳模精神、劳动精神、工匠精神是以爱国主义为核心的民族精神和以改革创新为核心的时代精神的生动体现,是鼓舞全党全国各族人民风雨无阻、勇敢前进的强大精神动力。2021年9月,党中央批准了中央宣传部梳理的第一批被纳入中国共产党人精神谱系的伟大精神,工匠精神被纳入其中。

"择一事终一生"的执着专注、"干一行钻一行"的精益求精、"偏毫厘不敢安"的一丝不苟、"千万锤成一器"的追求卓越……工匠精神将激励更多劳动者争做高技能人才,用实干成就梦想,汇聚起推进高质量发展的坚实力量,在新征程上创造新的辉煌。

 总结案例

洪家光:打磨航空发动机的"大国工匠"

中国航发沈阳黎明航空发动机有限责任公司高级技师洪家光(图1-5)是一名车工。航空发动机是衡量一个国家综合国力的重要标志之一,洪家光和他的团队加工的产品主要就是用来精密打磨战机的航空发动机,以保证战机安全的。

项目一　　了解宏观形势与人才需求

图1-5　洪家光在工作中

航空发动机是战机的"心脏",是由数万个零部件组成的。在高速运转的时候,任何一个细小的偏差都可能导致严重的后果。洪家光说,发动机中近千个叶片必须与叶盘完全精准地对接。为了提高叶片安装部位的加工精度,经过五年来的一千多次试验,他们最终研发出了高精度金刚石滚轮磨削工具,提高了航空发动机叶片安装部位的加工精度。

2021年夏天,洪家光参加了庆祝中国共产党成立100周年大会。当一架架战机飞过头顶的时候,发动机的轰鸣声无比震撼,他感到自己的心跳声都与发动机的轰鸣声同频共振了。他们团队当时刚刚启动了一个工艺装备调试平台项目,那是一个全新的领域、全新的挑战。历经一年多的时间,洪家光和他的团队以"创新取于精微,也用于精微"的执着,把生产效率提高了4倍。

"技术工人队伍是支撑中国制造、中国创造的重要力量。我们只有勤学苦练、深入钻研,才能勇于创新、敢为人先。工匠精神不仅可以点亮自己,更可以带动更多的人。"洪家光说,自己要在新时代展现更大的担当和作为,继续以一流精品锻造大国重器,以自立自强成就伟大梦想。

启示:

我们在致敬楷模的同时,别忘了反观自身,别让致敬仅仅停留在此时此刻,而是要将工匠精神铭记心中,并转化为实际行动。坐而论道,不如起而行之。我们要将工匠精神真正贯彻到日常的生活、工作中,让其真正内化为我们的精神价值和理想信念。

 活　动　与　训　练

主题:我的未来不是梦。
目标:找到为实现职业理想,自己未来在能力提升方面的努力方向。
时间:20分钟。
过程:按照要求完成下面的练习。
(1)写下一个你特别向往的职业。
(2)仔细思考从事这一职业所需要的能力有哪些。

(3) 分析这些能力中自己已经具备的有哪些,还需要培养的有哪些,填入下表。

职业技能分析表

我梦想中的职业:		
功能性技能	已经拥有的	
	仍需培养的	
内容性技能	已经拥有的	
	仍需培养的	
适应性技能	已经拥有的	
	仍需培养的	

思 考 与 讨 论

1. 为什么我国特别强调培养技能人才?
2. 你身边是否有立足技能成才的现实案例?他们成功的因素有哪些?
3. 谈一谈进入新时代,高职生应该如何以技能实现理想。

项目二

进行职业规划与生涯决策

任务一　探索职业世界

任务二　职业自我评价

任务三　规划职业生涯

任务四　明确就业方向

引导语

　　青年兴则国家兴,青年强则国家强。青年是新时代的生力军,青年技能人才是实现中国创造的中坚力量。新时代,技能青年要有担当。一代人有一代人的责任,一代人有一代人的担当,新时代呼唤新作为。广大高职生要脚踏实地、磨炼技艺,勇做时代的弄潮儿,在生动火热的实践中放飞青春梦想,方能不负韶华,不负美好的新时代。

　　新时代,技能青年要有本领。使命在肩,靠本领才能铸就伟业。进入新时代,踏上新征程,每个技能青年都应该执着追梦,永不放弃,练就过硬的本领,勇于创新创造,在青春里拼尽全力,让青春因卓绝的技能闪闪发光。这是个创造奇迹的新时代,摆弄机器、手握焊枪也能站上世界冠军的领奖台;这是个成就梦想的新时代,剪剪裁裁、洗洗吹吹照样也能引领国际新时尚。

　　迈入新时代的中国,犹如充满无限可能的"梦工厂",让我们一起探索未来的职业世界,分析自我成长的优势和不足,在此基础上找到合适的发展路径,从而保持一往无前的奋斗姿态,让青春焕发出时代的风采。

任务一　探索职业世界

 学习目标

1. 能简单描述职业的发展变迁。
2. 能基本判断一个工作是否算作职业。
3. 能分辨当前职业的分类。
4. 能基本厘清产业、行业、专业与职业的关系。

 导入案例

为新职业群体提供更广阔的舞台

新经济孕育着新职业,新职业连接着新需求、蕴藏着新机遇。

目前,新职业呈现出"百花齐放春满园"的景象。从供给看,高质量发展带来的转型升级让新兴产业活跃起来,成为新的经济增长点,也为新职业创造了无限可能;从需求看,旅游体验师、无人机驾驶员、网约配送员、健康管理师等新职业与人民群众对美好生活的需要密切相关。富有时代感的新职业连接着经济发展的新趋势与群众生活的新需求,拥有广阔的前景和巨大的发展空间。

新职业是发展变革中的职业类型,不可避免地存在"成长的烦恼"。相关调查显示,不少年轻从业者在积极从事相关工作的同时,也存在一些顾虑,比如职业发展稳定性不够、社会保险参保率不高、维权机制不够健全、职业前景缺少长远规划、教育培训有所欠缺等。这些问题在一定程度上影响了从业者职业认同感、职业能力的提升,限制了新职业更好地发展。面对新职业蓬勃发展的良好局面,各方面持续增强对新职业的规范引导、政策帮扶,理清思路、理顺机制,正在切实解决从业者的后顾之忧,为新职业群体提供更广阔的发展舞台。

时代的发展将催生越来越多的新职业,为人们带来更多人生出彩的机会。在这个过程中,新职业背后的新业态、新动能会

进一步打开经济社会发展的新空间。一个又一个新职业将实现从无到有的生长、从有到好的蝶变,为奋斗者指明美好生活的方向。

启示:

新职业不断涌现,折射着经济社会发展的新动向,反映着人民对美好生活的新需求。一方面,随着数字经济的快速发展,新技术、新产业、新业态、新模式风起云涌,为新职业的出现和发展提供了肥沃的土壤。另一方面,人民的生活水平不断提高,对美好生活的需要更加精细化、多元化、个性化,为新职业拓展出广阔的空间。国家把新就业形态认定为标准清晰、任务明确的新职业,扩展了职业版图,让更多的劳动者获得了就业创业机会,明确了技能提升的方向。

一、劳动分工催生了职业

远古时代,社会生产力水平很低,人类活动的目标很简单,基本的生产活动是采集、狩猎、捕鱼。在原始社会末期,人们由最初对野生植物的采集逐步发展为有目的地种植植物,由最初对野生动物的猎获逐步发展为有目的地驯养野生动物。于是,历史上第一次社会大分工——种植业与畜牧业分离出现了。

议一议

以5~6人为一个小组,设想你们在远古森林,已有的工具是陶罐、石头、木棒、火种,怎么分工合作才能达成如下目标:

(1) 每个季度都有1件衣服更换;
(2) 每天都能吃饱,并有3天的食物储备;
(3) 每晚都有地方住,能赶走在夜晚袭击的野兽;
(4) 在外出狩猎的时候,能找到回家的路。

第一次社会大分工后,农业的发展为手工业的兴盛奠定了基础。制陶、冶金、铸造等手工业发达起来,手工业种类日渐增多,生产技术日益复杂,于是发生了第二次大分工:手工业和农业分离。人们的劳动范围不再局限于种植业和畜牧业两个部门,而是有了更复杂的劳动分工。

第二次社会大分工之后,商品交换日益频繁,交换的范围不断扩大,需要有一些人专门经营商品交换业务,成为商品生产者之间不可缺少的中间人,于是出现了商人,产生了商业。商业的发展、商人的出现,是人类历史上第三次社会大分工的体现。

第三次社会大分工促进了商品经济的发展。工商业的发展促使城市逐渐产生,从此出现了脑力劳动和体力劳动的分离。

经过三次社会大分工,职业活动成为普通的社会现象,于是有了农民、牧民、工匠、商人等从事专门工作的群体。可以说,社会分工是职业产生的基础。在漫长的社会进化过程中,社会分工的不断发展,催生了一批又一批的社会职业。

想一想

假如你可以穿越到古代,你想穿越到什么年代?你是什么身份?你每天忙些什么?你和什么人打交道?你的生活来源是什么?你怎样解决家庭的温饱问题?

二、职业在不断发展变迁

(一)旧职业在不断消失

随着科学技术的快速发展,越来越多的职业从人类社会上消失。改革开放40多年来,以"工、农、兵、学、商"为主的职业体系发生了翻天覆地的变化,新的职业体系在细化与新生中重构。在不知不觉中,一些传统职业在消逝、萎缩,悄悄退出历史舞台。

收购员、BP机寻呼员、话务员、钢笔修理师……这些一度工资高、有技术含量、受人尊敬的"金饭碗",如今在产业调整、技术升级的情况下,渐渐走向没落。2022年,人力资源和社会保障部等部门颁布了修订后的《中华人民共和国职业分类大典》,删除了10个原有职业,增加了155个职业。

当前,科技和生产力的提高极大地丰富了人们的日常生活,社会需求结构也随之发生了改变。不少过去热门的职业因为不能及时适应这种变化,处于即将被淘汰的境地。

我们正处于日新月异的时代,随着人工智能的发展,相信还有越来越多的职业会消失。科学技术在进步,有许多职业容易被机器替代,如翻译已经有成熟的即时翻译软件与设备,物流有无人机,盖高楼大厦也有机器人。然而有些职业难以被机器替代,如艺术、体验式服务类职业,这些工作仍需由人来完成。

查一查

请大家根据所在学校或家庭周边的情况,填写下面的传统职业调查表。

传统职业调查表

职业	发展情况
打铁	☐没见过 ☐见到过 ☐偶尔有 ☐比较多 ☐很常见
补锅	☐没见过 ☐见到过 ☐偶尔有 ☐比较多 ☐很常见
磨刀剪	☐没见过 ☐见到过 ☐偶尔有 ☐比较多 ☐很常见
修钟表	☐没见过 ☐见到过 ☐偶尔有 ☐比较多 ☐很常见
烧木炭	☐没见过 ☐见到过 ☐偶尔有 ☐比较多 ☐很常见
抄写	☐没见过 ☐见到过 ☐偶尔有 ☐比较多 ☐很常见
纺线	☐没见过 ☐见到过 ☐偶尔有 ☐比较多 ☐很常见
缝衣服	☐没见过 ☐见到过 ☐偶尔有 ☐比较多 ☐很常见

续 表

职 业	发 展 情 况
修钢笔	□没见过 □见到过 □偶尔有 □比较多 □很常见
货 郎	□没见过 □见到过 □偶尔有 □比较多 □很常见

这些都是40年前比较常见的职业。根据调查的结果,你发现了什么?

(二) 新职业在陆续崛起

新职业是指经济社会发展中已经存在一定规模的从业人员,具有相对独立、成熟的职业技能,但《中华人民共和国职业分类大典》中未收录的职业,包括:① 全新职业,即随经济社会发展和技术进步而形成的新的社会群体性工作;② 更新职业,即原有职业内涵因技术更新产生较大变化,从业方式与原来相比已发生质的变化的职业。

可以说,随着人类社会的发展,人们的需求日益多样化,伴随着产业结构的升级,职业结构也在升级;与人们的精神文化生活密切相关的影视、文化、教育培训产业也蓬勃发展;生活服务业呈现多样化趋势,与健康、养老有关的行业欣欣向荣。

伴随着改革开放的浪潮,各种全新的职业种类应运而生。随着技术的进步和经济的发展,制造业的人员将大规模地流向服务业。而服务业发展程度的高低能够显示一个国家人民的生活质量。在服务业领域,将有大量的新职业出现。特别是近年来,随着全球互联网的飞速发展,都市人群消费的多元化需求、对服务的专业化需求不断增多,使得一些新职业群体不断扩大。

今天,人们对生活提出了更为品质化、个性化和精致化的需求。想更好地管理身体,便有了健身教练;想更好地照顾婴儿,便有了育婴师;想吃得更便捷,便有了外卖员……层出不穷的新职业让社会分工不断精细化,一些新职业背后依托的是新业态、新模式,不断涌现的新职业在为社会创造出大量就业机会的同时,也体现着经济社会发展的活力与创造力。

看一看

不断产生的新职业

2022年6月,人力资源和社会保障部向社会公示了"民宿管家""家庭教育指导师""研学旅行指导师""机器人工程技术人员"等18个新职业。经公示征求意见、修改完善后,这些新职业被纳入新版《中华人民共和国职业分类大典》。此次公示的新职业反映了数字经济发展的需要,顺应了碳达峰、碳中和的趋势,满足了人民美好生活的需要。这些新职业信息的公示、发布,对于提高从业人员的社会认同度、促进就业创业、引领职业教育培训改革、推动经济高质量发展等具有重要意义。

一些新职业从业者说,看到自己从事的工作被列入国家正式的职业目录,感觉自己获得了社会的认可,对工作更有信心了。新职业被认可,有助于提高该领域的职业化水平,有利于职业体系的规范化发展,意味着未来相关领域在人才队伍培养、职业体系建设等方面将驶入"快车道"。

(三) 职业竞争日趋激烈

从农耕社会、工业社会到信息社会,新技术的发展迅速改变了传统的劳动形态。移动支付取代了收银员,人工智能取代了重复劳动者……可以预见,未来社会分工会越来越细,职业也会越来越多元化。

改革开放 40 多年来的职业变迁,可用"现代化、高级化、职业化"加以概括。现代化是指职业结构均衡,由"金字塔形"向"纺锤形"转变。农、林、牧、渔、水利业从业人员占比不断缩小,商业、服务业人员,办事人员,专业技术人员等"中间层"比例不断扩大。高级化是指"非农化"和"白领化"的趋势。蓝领阶层占比降低,白领阶层占比增长,大量人口流动到了较高层级的职业。职业化是指分工逐渐精细,专业化程度不断提高,受过良好教育、掌握技术的人更受欢迎。

> **议一议**
>
> 电子竞技运动员(图 2-1)、电子竞技运营师成了正式的职业,意味着相关岗位将得到更多的社会支持。请大家查询资料,议一议从事这项新职业的压力和挑战有哪些,爱好和职业的差距在哪里。

图 2-1 电子竞技运动员在比赛中

在传统的职业生涯模式中,在一个人的一生中,职业很少发生变动。职业发展路径和阶段看得见、摸得着,比较标准化,可以预期。随着现代社会分工的细化和专业化程度的提升,市场竞争日趋激烈,整个社会对从业人员职业观念、职业纪律、职业态度、职业技能和职业作风的要求越来越高。部分新兴职业将越来越兴旺,而另一部分职业将逐渐被淘汰,这是社会发展的必然结果。这就使人才在行业间、部门间的流动不断增多,也促使劳动者不断接受教育、更新知识、掌握新技术,不断迎接竞争的挑战。

> **看一看**
>
> **新职业集中的三大领域**
>
> 信息服务业：这是与信息产业相关的产业，也是发展速度最快的职业群之所在。计算机工程师、计算机系统分析师、计算机基础科学和各个领域的应用专家和操作技术人员是近年来人数增长最快的职业群。
>
> 管理和咨询服务业：在这个领域的发展中，专业管理人员和专业咨询服务人员的功能划分更加细化，在社会组织中的地位和声望日益提高。金融分析师、投资咨询师、心理咨询师、人力资源管理师、保险评估师、保险精算师、收益精算师、税务代理师、理财师等现在都已成为热门职业。
>
> 社会服务业：提高居民生活质量、满足居民消费需求的社会服务业也有了突破性的发展。家政服务、旅游、康乐、健身、医疗及其他生活服务领域都有许多新职业涌现出来。家政服务助理、养老护理师、育婴师、健身教练、社会体育指导员、室内装饰设计师等职业的出现，反映了人们对生活质量的要求越来越高，服务性消费需求越来越丰富。

三、职业的概念、特征、要素和意义

（一）职业的概念

职业是劳动分工的产物，也是劳动者在社会活动中获取生活来源、实现自身价值的依托。职业是指人们在社会中所从事的有稳定、合法收入的活动，是指参与社会分工，利用专门的知识和技能，创造物质财富、精神财富，获得合理报酬，满足物质生活、精神生活需要的工作。其中包含了五种关系：

（1）个人与他人的社会关系，强调职业首先必须是一种社会分工；

（2）职业与知识、技能的关系，从事每种职业都必须具有相应的知识和技能；

（3）技能与财富的关系，只有具备了相应的技能才能创造财富；

（4）财富与报酬的关系，创造财富必须获得合理的报酬；

（5）报酬与需求的关系，从事某职业的人通过获得的报酬来满足个人的物质需求和精神需求。

（二）职业的特征

一项社会活动要成为职业，必须同时具备以下特征。

（1）目的性：职业以获得现金或实物等报酬为目的。

（2）社会性：职业是从业人员在特定社会生活环境中所从事的一种与其他社会成员相互关联、相互服务的社会活动。

（3）稳定性：职业在一定的历史时期内形成，并具有较长的生命周期。

（4）规范性：职业必须符合国家法律和社会道德规范。

（5）群体性：职业必须具有一定的从业人数。

（三）职业的要素

一般来讲，职业是由下述几个要素组成的。

(1) 职业名称。这是职业的符号特征,职业一般根据社会通用称谓来命名。
(2) 职业主体。从事一定社会分工活动的劳动者必须具有该职业所要求的资格和能力。
(3) 职业客体。这包括职业活动的工作对象、内容、劳动方式和场所等。
(4) 职业报酬。这指通过职业活动所取得的各种报酬。
(5) 职业技术。这指劳动者在从事职业活动中所运用的自然技术、社会技术与思维技术的总和。

(四) 职业的意义

(1) 职业是人们谋生的手段。人们通过职业为社会奉献劳动,社会按照一定的标准付给劳动者报酬,这些报酬成为劳动者及其家庭成员生存和发展的主要经济来源。

(2) 职业是人们与社会进行交往的主要渠道。它使个人以一定的社会角色进入社会,以较为固定的内容和形式同外界进行交往,而不至于被社会所抛弃,它是个人为社会做贡献的途径。

(3) 职业是一个人实现人生价值的主要方式,能够使个人的某些才能得到发挥和发展。每一个人都有自己的理想,理想的实现需要一定的机遇和物质条件。而职业则给每一个从业人员提供了施展才干的机会。所以职业是重要的社会活动。

不论在哪个行业,不论家庭背景、教育程度、个人志向如何,人在一生中,都会遇到职业问题。在一个人漫长的一生中,有着长达三四十年的职业生涯期;在入职之前,其生活经历(如上学的选择)与未来的职业预期有一定的联系;年老退休以后的生活,也与以前的职业际遇关系甚大。因此,职业是关系着每一个社会成员一生的重大问题,是人的一种重要的生活方式。

> **查一查**
>
> 请你查询自己所学专业对应的职业岗位的任职要求有哪些,自己还有哪些方面的欠缺。

四、产业、行业与职业分类

(一) 产业分类

产业基本分为三大类。

第一产业是指农、林、牧、渔业(不含农、林、牧、渔服务业)。

第二产业是指采矿业(不含开采辅助活动),制造业(不含金属制品、机械和设备修理业),电力、热力、燃气及水生产和供应业,建筑业。

第三产业即服务业,是指除第一产业、第二产业以外的其他行业。第三产业包括批发和零售业,交通运输、仓储和邮政业,住宿和餐饮业,信息传输、软件和信息技术服务业,金融业,房地产业,租赁和商务服务业,科学研究和技术服务业,水利、环境和公共设施管理业,居民服务、修理和其他服务业,教育,卫生和社会工作,文化、体育和娱乐业,公共管理、社会保障和社会组织,国际组织,以及农、林、牧、渔业中的农、林、牧、渔服务业,采矿业中的开采辅助活动,制造业中的金属制品、机械和设备修理业。

(二) 行业分类

行业分类就是按照一定的科学依据有规则地对从事国民经济生产和经营的单位或者个体的组织结构体系的详细划分。

国民经济行业分类是全社会经济活动的基础性分类,当前我国的行业共有20个门类、97个大类、473个中类、1 380个小类。

《国民经济行业分类》(GB/T 4754—2017)标准规定了全社会经济活动的分类与代码,适用于统计、计划、财政、税收、工商等国家宏观管理中对经济活动的分类,并用于信息处理和信息交换(表2-1)。

表2-1　产业行业对照简表

三次产业分类		国民经济行业分类
第一产业	A	农、林、牧、渔业
第二产业	B	采矿业
	C	制造业
	D	电力、热力、燃气及水生产和供应业
	E	建筑业
第三产业	A	农、林、牧、渔服务业
	B	开采辅助活动
	C	金属制品、机械和设备修理业
	F	批发和零售业
	G	交通运输、仓储和邮政业
	H	住宿和餐饮业
	I	信息传输、软件和信息技术服务业
	J	金融业
	K	房地产业
	L	租赁和商务服务业
	M	科学研究和技术服务业
	N	水利、环境和公共设施管理业
	O	居民服务、修理和其他服务业
	P	教育
	Q	卫生和社会工作
	R	文化、体育和娱乐业
	S	公共管理、社会保障和社会组织
	T	国际组织

(三) 职业分类

职业分类是指采用统一的标准和方法,按照统一的分类原则,对社会从业者所从事的工作进行全面和系统的划分。职业分类广泛应用于社会统计、信息服务等方面,对就业选择和职业培训有着重要影响。

我国第一部《中华人民共和国职业分类大典》颁布于1999年。2021年4月,人力资源社会保障部、国家市场监督管理总局、国家统计局联合启动了其第二次全面修订。据统计,新版《中华人民共和国职业分类大典》包括大类8个、中类79个、小类449个、细类(职业)1 636个。与2015年版相比,其增加了法律事务及辅助人员等4个中类、数字技术工程技术人员等15个小类、碳汇计量评估师等155个职业(含2015年版颁布后发布的新职业)。在八个大类中,第一、第二大类主要是脑力劳动者,第三大类包括部分脑力劳动者和部分体力劳动者,第四、第五、第六、第七大类主要是体力劳动者,第八大类是不便分类的其他劳动者。

五、专业与职业的关系

专业与职业关系密切,专业是就学校里的学业而言的,职业是就工作而言的。有人认为专业是职业的起点,即现在学什么专业,将来就从事相应的职业,甚至将其作为终身职业;还有人认为,专业可以为将来从事的职业打下良好的基础,从而使个人在职场上有更广阔的发展空间。专业与职业的关系有以下几种。

(一) 一个专业对应一个职业群

职业群一般由基本操作技能、工作内容、社会作用及从业者所应具备的素质相近的若干职位所组成。有的专业对应一个职业群,职业方向较为单一。一般来说,这类专业培养目标单一明确,职业的专业性较强,技术含量较高。在这种情况下,可以先定目标,根据目标制订最优学习方案,再展开系统的学习。

(二) 一个专业对应多个职业群

一个专业可以对应几个相关的职业群。如建筑专业对应的职业目标有建筑师(建筑设计、规划)、城市规划师(利用专业技术从事城市规划工作)、园林建筑师(园林绿地的规划、设计、施工)、建筑学史学家(研究西方与中国的古代、近现代建筑史)、机械工程师(计划和设计工具、机器和发动机)、制图员(根据草图及技术说明绘制正规图及其他技术图样)、施工项目经理(控制施工成本、进度及质量,管理安全、工程合同)。因此,在确定专业方向后,还要确定适合自己的具体职业发展目标,从而在学习中有所侧重,为将来顺利走上理想岗位打下良好的基础。

(三) 多个专业对应一个职业群

该类职业群大多要求毕业生具备多方面的能力,其职业一般属于管理型的职业,例如新闻记者、营销主管、企业管理人员。这种情况下建议先确定职业目标,再确定就业的专业方向,并且在学习本专业的同时,主动学习与职业目标相关的其他知识,以提升自身的综合素质。

总结案例

用"云"来开锁:"老手艺"迈出"新步伐"

曾经,白云(图2-2)是一名普通的开锁师傅,如今,他通过一个叫"开锁总部"的微信小程序"管理"着1万多名来自世界各地的锁匠。

图2-2 "开锁总部"的创始人白云

"我们平台上入驻的师傅最远的在澳大利亚,只要顾客需要,我能在15分钟之内为他找到墨尔本的华人开锁师傅。"白云说,"开锁总部"的功能十分明确——当客人需要开锁、换锁的时候,通过小程序就能快速定位附近的开锁师傅。

20岁那年,白云在老家镇上开了家理发店,后来由于经营不善,店里生意越来越不景气。一个偶然的机会,他了解到开锁生意不错,便去学习开锁技术。拿到营业执照并在公安部门备案后,白云正式成为一名开锁师傅。后来,白云从同学口中得知了微信小程序的功能,顾客通过搜索,就能找到相关信息。

"我当时就想,能不能把小程序做成一个锁匠入驻的平台呢?全国这么多开锁师傅,如果有平台把他们的电话整合在一起,顾客打开小程序就能找到附近的师傅,既方便了顾客,又能为锁匠带来更多生意。"白云说。经过几轮研发和测试,被白云命名为"开锁总部"的小程序正式上线。

"师傅们提供营业执照和备案证明,后台审核通过后就可以入驻。第一年入驻平台免费,如果愿意把我拉进两到三个开锁群,就可以免费成为会员。师傅们很乐意。上线第一天,小程序就入驻了十来位开锁师傅。"白云说。"线上小程序打破了地域限制,我虽然人在老家,却可以做全世界的生意。在数字经济时代,很多像开锁一样的'老手艺'也需要紧跟变化,走出'新步伐'。"

启示:

随着数字技术和数字经济的发展,传统的职业活动也发生了很大变化,越来越多地用到数字技术。数字赋能也创新了劳动场景,大量工作可通过远程操控等方式开展。劳动者要不断更新观念,拥抱数字经济新浪潮。

活动与训练

主题：寻找新职业。

目标：每人至少寻找20个新职业。

时间：30分钟。

过程：通过网络，查找人力资源和社会保障部颁布的新职业。同时，根据媒体报道或身边经验，记录下可能被正式颁布、确定的潜在新职业。

思考与讨论

1. 按照职业的定义，哪些工作看起来很像职业，但又不能被称为职业？
2. 人工智能会让什么职业消亡，又会让什么新职业兴起？
3. 面对职业的发展变迁，我们该如何应对？

任务二　职业自我评价

学习目标

1. 理解兴趣，并能测定自己的职业兴趣。
2. 理解性格，并能测定自己的职业性格。
3. 理解能力，并能测定自己的职业能力。
4. 理解价值观，并能测定自己的职业价值观。
5. 能根据如上要素，正确对待和调适自己的职业心理。

导入案例

多次辞职的小敏

小敏又辞职了，这是她一年内第三次辞职，理由还是和前两次一样——不感兴趣。小敏去年毕业后进入一家大公司当文员，工资不高但胜在稳定，她本来还算满意，但做了几个月就觉得无聊了。开始她还以为是公司的问题，裸辞换了一家新公司继续当文员，谁知日子还是一样无聊。于是，她断定："我对文员这个职业不感兴趣，要改行才行。"

同学们都劝她，半年换了两份工作，是不是太快了？是否可以多做一段时间再考虑？然而，她的态度非常坚决："兴趣才是最好的老师，我不喜欢这份工作，根本不可能做好，你们劝我也没用！"思前想后，她觉得销售这份工作很有激情，工资也高，就跑去当销售。结果，她当销售一个月，一张单也没签，她又断定这不是她"感兴趣"的工作，于是再次辞职，继续寻找下一份"感兴趣"的工作。

启示：

一直以来，我们都相信一句话"兴趣是最好的老师"，不少人把这句话视为金玉良言，无论选专业还是找工作，言必称"要自己喜欢""要感兴趣"。但在求职前，我们必须先弄懂什么是兴趣，自己真正的兴趣是什么。只凭一时兴起的想法找工作，不利于我们安排好自己的职业生涯。

一、职业兴趣

（一）职业兴趣概述

兴趣是指一个人经常趋向于认识某种事物，力求参与某项活动，并且对其有积极情绪色彩的心理倾向。职业兴趣是指一个人在探究某种职业活动或者从事某种职业活动时所表现出来的特殊个性倾向，它使个人对某种职业给予优先的注意，并具有向往的情感。职业兴趣是职业选择的重要依据，可促进才能发挥，提高工作效率，提高职业稳定性和工作满意度。

人们对某种职业有兴趣，可以是对职业本身有兴趣，也可以是对这种职业带来的各种好处感兴趣。但如果仅对后者感兴趣，那么这种兴趣是短暂的。一个人只有对工作本身感兴趣，淡化职业兴趣中的功利色彩，这种职业兴趣才是长久的、可贵的，这也是我们最推崇的职业兴趣。

（二）职业兴趣的阶段

1. 有趣

这是被一时的新奇、表面的现象所吸引而产生的兴趣。如，今天看到电视剧中的演员能一夜走红，便梦想成为一名演员，明天看了足球赛，又会萌发当一名职业足球运动员的想法。这种兴趣来得快，去得也快，处于有趣阶段。

2. 乐趣

亲自参与并对某一职业领域有了深入了解或在职业活动中取得了一定的成绩后，职业兴趣会进而发展到乐趣的阶段。这种兴趣具有专一性、自发性和持久性的特点。如在真正做了技师后才能体会到自己在企业生产中具有不可取代的地位，从而努力工作，以做好本职工作为乐趣。

3. 志趣

志趣是由乐趣经过实践的锻炼发展而来的，它与人的崇高理想和坚强意志相联系。如奥运冠军把自己的乐趣放在训练场上，他们以训练为自己的乐趣，不怕苦，不怕累，跌爬摔打,伤筋动骨,但他们靠意志、靠耐力,最终走上了世界的最高领奖台。志趣具有社会性、自觉性和方向性等特点,这是一种高尚的兴趣,对一个人的工作、学习有巨大的推动力。

想一想

如何判断自己的兴趣能否发展为职业?请思考下列问题。

(1) 如果不给你报酬,你是否还想做这件事?

(2) 将这件事从爱好培养成职业这一时期,所耗费的时间、成本你能否承担?

(3) 目前市场上是否有这样的岗位?

(4) 你是否已经达到将其作为职业的标准,或者你是否具有从不达标到达标这个阶段所要耗费的一切资源?

(5) 爱好变成职业后,市场可能会让你做一些违背意愿的事情,你并不能随心所欲地主导爱好。你是否可以接受?

如果以上问题的答案都是"是"的话,你就可以把自己的爱好发展成职业。如果你已经明确自己可以把爱好发展成职业,那么请:

(1) 做一个调查,看看自己的水平与职业水平相差多少;

(2) 列出你与职业标准的差距,并列出相对应的提高方式与时间。

(三) 霍兰德职业兴趣测验

美国职业指导专家霍兰德认为,个人的职业兴趣特性与职业之间应有一种内在的对应关系。根据兴趣的不同,人格可分为研究型(I)、艺术型(A)、社会型(S)、企业型(E)、传统型(C)、现实型(R)六个类型,每个人的性格都是这六个类型不同程度的组合(图2-3)。

霍兰德职业兴趣自测是由霍兰德根据他本人大量的职业咨询经验及其职业类型理论编制的测评工具,应用比较普遍。题目由七个部分组成,依次为:① 你理想的职业;② 你感兴趣的活动;③ 你擅长的活动;④ 你喜欢的职业;⑤ 你的能力类型简评;⑥ 你的职业倾向;⑦ 你所看重的东西——职业价值观。测验结束后,根据职业兴趣代码和相应的职业对照表找出合适的职业。

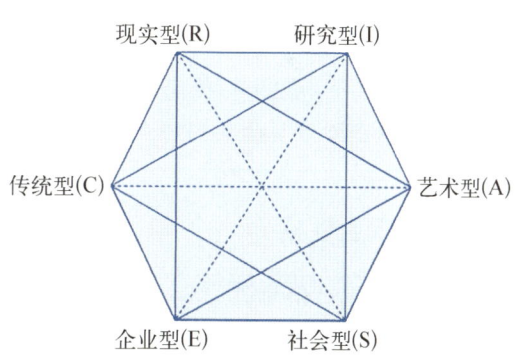

图2-3 霍兰德职业兴趣类型

霍兰德职业索引

测一测

现在你获得了一次免费度假游的机会,有机会去下列六个岛屿中的一个。唯一的要求是你必须在这个岛上待至少半年的时间。请不要考虑其他因素,仅凭自己的兴趣按顺序挑出你最想前往的三个岛屿。

R 岛：自然原始的岛屿。岛上的自然生态保持得很好，有各种野生动物。居民以手工见长，自己种植花果蔬菜、修缮房屋、打造器物、制作工具，喜欢户外运动。

I 岛：深思冥想的岛屿。岛上有多处天文馆、科技博览馆及图书馆。居民喜好观察、学习，崇尚和追求真知，在这里常有机会和来自各地的哲学家、科学家、心理学家等交换心得。

A 岛：美丽浪漫的岛屿。岛上有许多美术馆、音乐厅、街头雕塑和街边艺人，弥漫着浓厚的文化艺术气息。居民保留了传统的舞蹈、音乐与绘画，许多文艺界人士都喜欢来这里找寻灵感。

C 岛：现代、秩序井然的岛屿。岛上的建筑十分现代化，是进步的都市形态，以完善的户政管理、地政管理、金融管理见长。岛民个性冷静保守，处事有条不紊，善于组织规划，细心高效。

E 岛：显赫富庶的岛屿。居民善于企业经营和贸易，能言善道。岛上经济高度发达，处处是高级饭店、俱乐部、高尔夫球场。来往者多是企业家、经理人、政治家、律师等。

S 岛：友善亲切的岛屿。居民个性温和、友善、乐于助人，每个社区均自成一个密切互动的服务网络，人们重视互助合作，重视教育，关怀他人，岛上充满人文气息。

活动步骤：

（1）按自己第一选择的岛屿分组就座。

（2）选择同一岛屿的同学们交流一下自己为什么选择这个岛屿，看看大家有什么共同的特点，将其归纳为关键词。

（3）根据大家的交流给自己的小组命名并选取一个标志，制作一张本小组的宣传海报。

（4）每个小组请一位同学用两分钟时间展示自己小组的宣传海报，并对全班介绍一下本小组成员的共同特点。

二、职业性格

（一）职业性格概述

微课：职业性格

性格是人对客观现实的稳定态度及与之相适应的习惯化的行为方式。职业性格是指人们在长期特定的职业生活中所形成的与职业相联系的、稳定的心理特征。例如，有的人对待工作总是一丝不苟、踏实认真；在待人处事时总是表现出高度的原则性，果断、活泼、负责；在对待自己时总是谦虚、自信，严于律己。所有这些特征的总和就是他的职业性格。

职业心理学的研究表明，不同的职业对从业者的性格要求不同。比如从事医护职业的人要乐于助人、耐心正直、责任心强、冷静自信、稳定性强；保险推销员则要能说会道，并且有较强的亲和力、说服力；而自我创业者应有敢于冒险、乐观、自信、有野心、精力充沛和有创新精神等性格特点。职业性格在很大程度上影响着一个人事业的成功与否。如果一个人的性格与他从事的职业相适应，工作起来就会得心应手、心情舒畅，容易取得成功。

相反,如果性格与职业不相适应,性格就会对工作的顺利开展起阻碍作用。

(二) 职业性格的形成

1. 职业环境与职业性格的形成

职业环境制约着一个人的职业性格,职业性格的特征反映着一个人对现实职业的态度。工作单位的经营状况、社会地位、领导作风、员工的关系及规章制度,都会影响人们职业性格的形成与发展。

2. 职业实践与职业性格的形成

作为职业活动主体的个人,其职业性格形成的速度和质量直接依赖于自身的职业积极性和多方面的职业活动。如果在不同阶段所从事的职业不同,其中某一种职业活动对职业性格的影响可能会起到主导作用。处在相似社会条件下的人,如果从事同一类型的职业活动,就可能表现出相似的职业性格特征。可见,职业性格正是在职业实践中形成和完善的。

3. 自我培养与职业性格的形成

职业性格是在学习和职业活动中逐渐形成的。也就是说,从业者的职业性格可以在职业学习和活动中进行培养。性格培养是一个长期的过程,在这个过程中,会遇到各种意想不到的困难,要自我激励,只要坚持不懈,就能成功,所谓"江山易改,本性难移"也不是绝对的。要培养或改变某种职业性格,需要有认真的态度与正确的方法。

> **想一想**
>
> 假如你是某咨询机构的人力资源主管,现有四个人前来寻求职业指导:沙和尚、刘备、林黛玉、王熙凤。他们提出的岗位是艺术家、统计员、外交人员、销售经理。
>
> 现在由身为人力资源主管的你来最终决定他们分别在哪个岗位上更合适。你打算如何安排?请连线表示。
>
> 艺术家　　　　　沙和尚
> 统计员　　　　　刘　备
> 外交人员　　　　林黛玉
> 销售经理　　　　王熙凤
>
> 在这个过程中,你进行分配的原则是什么?你考虑了哪些因素?

(三) MBTI 职业性格测试

美国心理学家伊莎贝尔·迈尔斯和凯瑟琳·布里格斯以荣格的"人格分类"理论为基础开发出了迈尔斯-布里格斯类型指标(MBTI),在性格领域应用广泛。

MBTI 人格共有四个维度,每个维度有两个方向,共计八个方向(图 2-4),分别是外向(E)和内向(I)、感觉(S)和直觉(N)、判断(J)和知觉(P)、思考(T)和情感(F)。每个人的性格都落足于四个维度每一个中点的这一边或那一边,每个维度的两端称为"偏好"。四个维度两两组合,共有十六种类型。

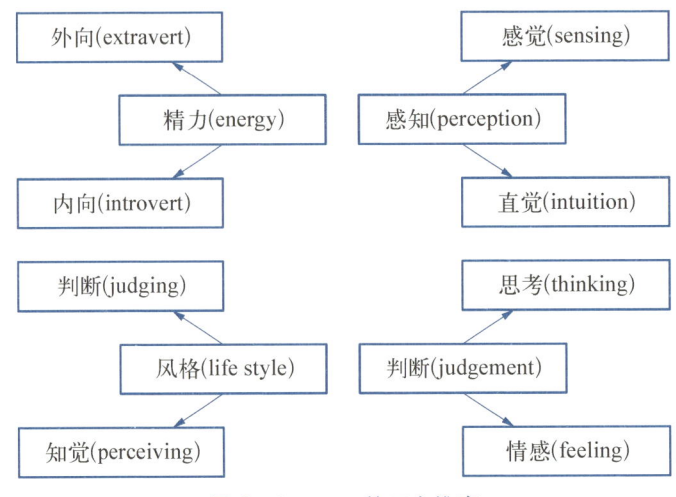

图 2-4　MBTI 的四个维度

三、职业能力

(一) 职业能力的概念与内容

能力是指直接影响人们的工作效率,保证人们顺利完成某种工作所必需的个性心理特征。职业能力是指在学习活动和职业活动中发展起来,直接影响职业活动的效率,使职业活动得以顺利完成的个性心理特征。职业能力包括一般职业能力和特殊职业能力。

1. 一般职业能力

一般职业能力即人们从事职业活动所必须拥有的基本能力,包括观察力、记忆力、想象力、注意力、思维能力、表达能力、交往与合作能力、自我控制能力、适应变化能力、自我反省能力、抗挫折能力、收集处理信息能力、审美能力、创新能力等。

2. 特殊职业能力

特殊职业能力又称专门职业能力,在职业活动中,各种职业都有自身所要求的特殊职业能力。如刺绣工人需要手和眼的协调能力,高级管理人员需要运筹帷幄的指挥能力,教师需要流畅而生动的语言表达能力。这些特殊职业能力对于有的人而言是有交叉关系的,如一个人可以既是画家又是诗人;而对于有的人而言则是全异关系,如让一个机械师去建筑设计院搞设计,他将无所适从。

一般职业能力和特殊职业能力是不可分割的统一整体。一般职业能力是特殊职业能力的基础,一般职业能力的发展为特殊职业能力的发展创造了有利条件,而特殊职业能力在发展的过程中,又会促进一般职业能力的发展,只有在两者的共同作用下,职业活动才能得以顺利进行。

(二) 职业能力与职业的关系

1. 一定的职业能力是胜任职业岗位工作的必要条件

任何一个职业岗位都有相应的岗位职责要求,一定的职业能力则是胜任职业岗位工作的必要条件。因此,求职者在择业时,首先要明确自己的能力优势及胜任某种工作的可能性,在基本确定自己的职业能力和发展可能性的基础上进行职业选择。

2. 职业实践和教育培训是职业能力发展的前提

(1) 职业实践能促进职业能力的发展。职业能力是在实践的基础上得到发展和提高的,一个人长期从事某种专业劳动,能促使人的能力向高度专业化的方向发展。例如,计算机文字录入人员随着工作的熟练和经验的积累,录入的速度会越来越快,准确性也会越来越高。

(2) 教育培训能促进职业能力的提高。个体职业能力除了在实践中磨炼和提高,最有效的提高途径就是接受教育和培训。掌握有关知识和技能以后,可以更好地胜任本职工作。

(3) 职业能力是人发展和创造的基础。能力是成功地完成某种任务或胜任工作必不可少的因素。一个人没有能力或能力低下,就难以达到工作岗位的要求。个体的职业能力越强,各种能力越是综合发展,就越能促进其在职业活动中的创造和发展,个体就越能取得较好的工作绩效,越能获得职业成就感。

(三) 职业能力的形成

1. 职业能力在职业实践中形成

职业能力形成于并体现在职业实践活动之中,不经过实践,就不可能形成职业能力。个体职业劳动者的职业能力是以其自身的职业知识、职业技能的形式表现的,是心理素质、智力素质、身体素质共同作用下的结果。

2. 职业能力在特定条件下形成

不同的职业对从业者的身体素质、心理素质有不同的要求。人的职业能力的形成与发展受先天遗传、职业环境及人的心理素质等多方面因素的制约。职业能力是逐步形成的,体现出不同的发展水平,广博的职业知识、丰富的职业实践活动、良好的心理品质、适宜的职业发展环境等对职业能力的形成有明显的促进作用。

3. 职业能力一旦形成将长期保持

一定水平的职业能力形成后,会成为职业劳动者自身素质的组成部分而保持下去。换言之,职业能力经过累积形成之后,不会很快消失,而是会保持较长的时间并内化为个人能力的一部分。

(四) 普通能力倾向成套测验

普通能力倾向成套测验(General Aptitude Test Battery,简称 GATB)是对在许多职业领域中工作所必需的几种能力倾向的测定。它由 15 种测验项目构成,其中 11 种是纸笔测验,其余 4 种是操作测验,可以测定 9 种能力倾向。这 9 种能力倾向对完成各种职业的工作都是必要的,包括智能、言语能力、数理能力、书写知觉、空间判断能力、形状知觉、运动协调、手指灵巧度、手腕灵巧度。记分采用标准分数,将各能力因素的原始分数转换为标准分数后便可绘制个人能力倾向剖析图,并与职业能力倾向类型相对照,从而得知能够充分发挥个人能力的职业活动领域。

> **测一测**
>
> 下面是一个职业能力简易测试。比较自己所具备的能力与理想工作所要求的

能力的差距,可以让我们确定努力的方向。

1. 根据自己目前的职业目标,选定一个职位,然后查阅相关资料,在下表中标明该职位所需具备的能力和自己已经具备的能力的情况。其中,确定的标记"√",不确定或不知道的标记"○",不需要或自己缺乏的标记"×"。

职业能力调查表

职 位 名 称	所需具备的能力	已经具备的能力
	1. 语文能力(　　)	1. 语文能力(　　)
	2. 表达能力(　　)	2. 表达能力(　　)
	3. 沟通、协调能力(　　)	3. 沟通、协调能力(　　)
	4. 领导能力(　　)	4. 领导能力(　　)
	5. 专业技能(　　)	5. 专业技能(　　)
	6. 电脑软件操作能力(　　)	6. 电脑软件操作能力(　　)
	7. 中英文打字能力(　　)	7. 中英文打字能力(　　)
	8. 销售能力(　　)	8. 销售能力(　　)
	9. 会计能力(　　)	9. 会计能力(　　)
	10. 机械操作能力(　　)	10. 机械操作能力(　　)
	11. 法律知识(　　)	11. 法律知识(　　)
	12. 判断力(　　)	12. 判断力(　　)
	13. 创造力(　　)	13. 创造力(　　)
	14. 直觉和敏感度(　　)	14. 直觉和敏感度(　　)
	15. 其他重要的专业知识(　　)	15. 其他重要的专业知识(　　)
心得与感想		

2. 找出自己所具备的能力和理想工作所需要的能力之间的差距,确定自己需要努力的方向,并制订初步改进计划。

四、职业价值观

(一) 职业价值观的概念

价值观是一种内心尺度,它支配着人的行为、态度、信念等,支配着人对世界的认识和自我了解、自我定向、自我设计等,也为人自认为正当的行为提供充足的理由。职业价值观是职业主体的价值观在职业方面的体现,是人们对待职业的一种信念和态度,或者是人们在职业生涯中表现出来的一种价值取向。它与人们的个性心理倾向、自身经验、经历、家庭背景、对职业的认知结构等都有着十分密切的联系,是影响职业选择的重要因素之一。

(二) 职业价值观的类型

德国心理学家斯普兰格把职业价值观分成六类,并列出了与之匹配的职业类型:① 理论型,例如学者,从对真理的探索中感受到价值;② 经济型,例如实业家,从追求利益、金钱中感受到价值;③ 权力型,例如政治家,执掌权力,从统治中感受到价值;④ 社会型,例如社会活动家,从爱与奉献中感受到价值;⑤ 审美型,例如艺术家,从对美的追求中感受到价值;⑥ 宗教型,例如宗教工作者,通过对神的皈依和献身感受到价值。

国内一些专家把职业价值观分为九类:① 自由型,从自由、自立、自强、不受人干涉的工作中感受到价值;② 小康型,从安逸、尊敬中感受到价值;③ 权力型,又称支配型,通过取得某种掌权地位来驱使他人感受到价值;④ 自我实现型,从追求真理、发挥个性、展现自我中感受到价值;⑤ 志愿型,从同情他人、帮助他人和默默奉献中感受到价值;⑥ 技术型,从依靠一技之长而立足社会中感受到价值;⑦ 经济型,有经济头脑,从赚钱中感受到价值;⑧ 合作型,从亲情和友情中感受到价值;⑨ 享受型,从安逸、享受、规避劳苦和风险中感受到价值。

> **看一看**
>
> ### 职 业 锚
>
> 职业锚(图 2-5),又称职业系留点。锚是船只停泊定位用的铁制器具。职业锚是指当一个人不得不做出选择的时候,无论如何都不会放弃的职业中的至关重要的东西或价值观,实际上就是人们选择和发展自己的职业时所围绕的中心。
>
> 职业锚也是自我意向的一个习得部分,是个人进入早期工作情境后,由个人习得的实际工作经验所决定,与个人的动机、价值观、才干相符合,起到自我满足和补偿作用的一种稳定的职业定位。职业锚强调个人能力、动机和价
>
>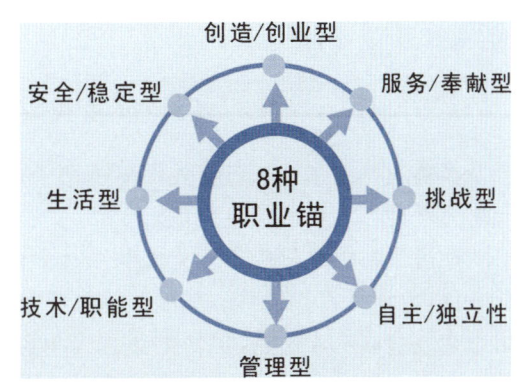
>
> 图 2-5 职业锚
>
> 值观三方面的相互作用与整合。职业锚是个人同工作环境互动作用下的产物,在实际工作中是不断调整的。职业锚测评通过对你过去行为的分析和未来目标的探索,帮你认清你没有深入探索和认真体会的清晰、真实的自我,从而让你在面临职业选择时,做出与自己的价值观、内心真实的自我相匹配的职业决策。

(三) 职业价值观测试量表

职业价值观测试量表用来衡量工作中和工作以外的价值观,以激励人们工作。量表

将职业价值分为三个维度：一是内在价值观，即与职业本身性质有关的因素；二是外在价值观，即与职业性质有关的外部因素；三是外在报酬。量表中共计13个因素：① 利他主义；② 审美主义；③ 智力刺激；④ 成就动机；⑤ 自主独立；⑥ 社会地位；⑦ 权力控制；⑧ 经济报酬；⑨ 社会交往；⑩ 轻松舒适；⑪ 安全稳定；⑫ 人际关系；⑬ 追求新意。

测一测

1. 完成以下句子。
（1）假如我有一百万元，我想……
（2）我想改变世界的第一件事是……
（3）我想我父母最希望我……
（4）假如我的生命只剩下24小时，我会……
（5）我给我未来的子女的忠告将是……
（6）在学校里我做得最好的是……
（7）假如在大火中我只能保存一样物品，那会是……
（8）假如我能改变自己的一样东西，那会是……
（9）我一生中最想要的是……
（10）我最想活成某个人的样子，那个人是……

2. 思考以上句子所反映出的价值观分别是什么，请写下来。4～6人为一个小组，进行讨论。

总结案例

因技能特长成长的李腾飞

李腾飞是北京信息职业技术学院电子工程专业的一名毕业生。现在，他已成为北京大学的一名实验指导教师。

李腾飞在校学习的专业是通信技术，他非常喜爱自己的专业，做完老师布置的任务后，他还经常和同学一起琢磨新的实验，使自己的动手实践能力得到很大提高。由于有过硬的专业技能，他还利用课余时间做老师的小助手，指导学弟学妹完成实验。在毕业时，他被评为北京市优秀毕业生。在多个岗位上实习后，他最终被北京大学招聘为实验指导教师，从事实验指导教学工作。他以过硬的技术和幽默近人的教学态度，得到了北大学子们的一致赞扬。

启示：

李腾飞善于评估职业自我，个人定位和从事的职业相匹配，从而得以实现自己的价值。尝试各种具有挑战性的工作，在不同的专业和领域中进行工作轮换，对自己的资质、能力、偏好进行客观的评价，是实现职业规划具体化的有效途径。将自己放到最合适的职业轨道上，可以实现企业和个人发展的双赢。

活 动 与 训 练

主题：测量职业兴趣。
目标：通过完成职业兴趣量表，了解自己的职业兴趣。
时间：20分钟。
过程：请你认真回答下面的问题，若回答是肯定的，请在下表中问题的后面与"是"对应的括号内打"√"；若回答是否定的，请在问题的后面与"否"对应的括号内打"√"。

职业兴趣量表

组别	序号	问题	是	否
第一组	1	你喜欢自己动手修理收音机、自行车、钟表等家用物品吗？	( )	( )
	2	你对自己家里使用的电扇、电熨斗等电器的性能、质量了解吗？	( )	( )
	3	你喜欢动手做小模型（如汽车、轮船、建筑模型）吗？	( )	( )
	4	你喜欢与数字、图表相关的工作（如记账、制图、制表）打交道吗？	( )	( )
	5	你喜欢制作工艺品、装饰品和衣服吗？	( )	( )
第二组	1	你喜欢在别人买东西时给他当顾问吗？	( )	( )
	2	你热衷于参与集体活动吗？	( )	( )
	3	你喜欢接触不同类型的人吗？	( )	( )
	4	你喜欢拜访别人，与人讨论各种问题吗？	( )	( )
	5	你喜欢在会议上积极发言吗？	( )	( )
第三组	1	你喜欢没有干扰地、有规则地开展工作吗？	( )	( )
	2	你喜欢做任何事情都预先进行周密的安排吗？	( )	( )
	3	你善于查阅字典、辞海和资料索引吗？	( )	( )
	4	你喜欢按固定的程序有条不紊地工作吗？	( )	( )
	5	你喜欢有规律的、内容程式化的工作吗？	( )	( )
第四组	1	你喜欢倾听别人的难处并帮助别人解决困难吗？	( )	( )
	2	你愿意为残疾人服务吗？	( )	( )
	3	在日常生活中，你愿意为他人提供帮助吗？	( )	( )
	4	你喜欢向别人传授知识和经验吗？	( )	( )
	5	你喜欢防病治病和照顾病人的工作吗？	( )	( )

续 表

组别	序号	问 题	是	否
第五组	1	你喜欢主持班级集体活动吗？	（　）	（　）
	2	你喜欢接近领导和老师吗？	（　）	（　）
	3	你喜欢当众发表自己的观点和意见吗？	（　）	（　）
	4	如果老师不在，你能主动地维持班里的学习和生活的正常秩序吗？	（　）	（　）
	5	你具有强烈的责任感，且在工作上有魄力吗？	（　）	（　）
第六组	1	你爱读文学著作中对人内心世界的细致描写吗？	（　）	（　）
	2	你喜欢听人们谈论他们的活动和想法吗？	（　）	（　）
	3	你喜欢观察和研究人的心理和行为吗？	（　）	（　）
	4	你喜欢读领导人物、政治家、科学家等名人的传记吗？	（　）	（　）
	5	你想了解世界各国的政治和经济制度吗？	（　）	（　）
第七组	1	你喜欢参观技术展览会或收看技术新闻节目吗？	（　）	（　）
	2	你喜欢阅读科技杂志吗？	（　）	（　）
	3	你想了解生机勃勃的大自然的奥秘吗？	（　）	（　）
	4	你想了解科学精密仪器和电子仪器的使用方法吗？	（　）	（　）
	5	你喜欢复杂的绘图和设计工作吗？	（　）	（　）
第八组	1	你喜欢设计新的发型或服装吗？	（　）	（　）
	2	你喜欢作画吗？	（　）	（　）
	3	你尝试过写小说或编剧本吗？	（　）	（　）
	4	你想参加学校的宣传队或演出小组吗？	（　）	（　）
	5	你爱用新方法、新途径来解决问题吗？	（　）	（　）
第九组	1	你喜欢操作机器吗？	（　）	（　）
	2	你很羡慕机械类工程师的工作吗？	（　）	（　）
	3	你了解机器的构造和工作性能吗？	（　）	（　）
	4	你喜欢交通驾驶类的工作吗？	（　）	（　）
	5	你喜欢参观和研究新的机器设备吗？	（　）	（　）
第十组	1	你喜欢从事非常具体的工作吗？	（　）	（　）
	2	你喜欢做很快就能看到产品的工作吗？	（　）	（　）
	3	你喜欢做能让别人看到效果的工作吗？	（　）	（　）
	4	你喜欢做那种时间短，但可以做得很好的工作吗？	（　）	（　）
	5	你喜欢参与具体的而不是抽象的活动吗？	（　）	（　）

统计你各组回答"是"的次数,填入下表,找出对应的兴趣类型编码。

答案统计与相应的兴趣类型编码

组 别	回答"是"的次数	相应的兴趣类型编码
第一组		1
第二组		2
第三组		3
第四组		4
第五组		5
第六组		6
第七组		7
第八组		8
第九组		9
第十组		10

回答"是"的次数越多,表示兴趣越强烈;反之,表示兴趣越弱。参照表2-2,找出你的兴趣的相应职业。

表2-2 兴趣类型及相应职业

兴趣类型编码	兴 趣 类 型	类型解释与相应职业
1	愿与事物打交道	这一类人喜欢从事与事物打交道(如使用工具、器具)的职业,而不喜欢从事与人或动物打交道的职业。相应的职业有修理工、裁缝、木匠、出纳员、会计等
2	愿与人打交道	这一类人喜欢从事与他人接触的工作,喜欢销售、采访、传递信息一类的工作。相应的职业有记者、营业员、服务员、推销员等
3	愿从事有规律的工作	这一类人喜欢常规的、有规律的活动,喜欢做有预先安排的、细致的工作。相应的职业有邮件分拣员、图书馆管理员、办公室职员、档案管理员、统计员等
4	愿从事社会福利和助人的工作	这一类人乐意帮助别人,试图改善他人的状况,喜欢与人接触。相应的职业有医生、律师、护士、咨询人员等
5	愿从事领导和组织工作	这一类人喜欢管理工作,希望掌管一些事务,他们在企事业单位中会起到重要的作用。相应的职业有辅导员、行政人员、管理人员等
6	愿研究人的行为	这一类人喜欢谈论涉及人的话题,他们喜爱研究人的行为举止和心理状态。相应的职业有心理学咨询师、政治学老师、人类学研究人员等

续　表

兴趣类型编码	兴 趣 类 型	类型解释与相应职业
7	愿从事科学技术工作	这一类人喜欢分析的、推理的、测试的活动,擅长理论分析,喜欢独立地解决问题,也喜欢通过实验获得新发现。相应的职业有生物学家、化学教师、工程师、物理学家等
8	愿从事抽象的和创造性的工作	这一类人喜欢能充分发挥想象力和创造力的工作,爱创造新的式样和概念。相应的职业有演员、创作人员、设计人员、画家等
9	愿从事操纵机器的技术工作	这一类人喜欢运用一定的技术,操纵各种机械制造产品或完成其他任务。相应的职业有机床工、驾驶员、飞行员等
10	愿从事具体的工作	这一类人喜欢制作能看得见、摸得着的产品,希望很快看到自己的劳动成果,他们从完成的产品中得到自我满足。相应的职业有厨师、园林工、理发师、室内装饰工等

思 考 与 讨 论

有人说:"成就一番伟业的唯一途径就是热爱自己的事业。如果你还没能找到让自己热爱的事业,继续寻找,不要放弃。跟随自己的心,总有一天你会找到的。"但也有学者建议:① 不要追寻激情,事实上,没有预设的激情,只有在你拥有才华之后,激情才会尾随而来;② 职业成功没有捷径,只有靠勤奋,让自己在某个方面迅速成长为专家,让人们无法忽视你的才华和技能;③ 努力工作,尤其是深度工作,不要分散注意力,专注在需要认知能力、能够创造价值的任务上。总的来说,如何做事情比起做哪件事情更为重要。在兴趣和专长之间,专长才能带给人们更快乐的职业体验。在有价值的事情上,通过努力工作,成为一名专家,这一路径可以帮助人们从工作中找到快乐。

你赞成谁的观点？请陈述理由。

任务三　规划职业生涯

1. 理解职业生涯阶段。
2. 能使用职业生涯规划方法。
3. 能撰写职业生涯规划书。

"考公"失败的小倩

2009年至2022年,公务员国考报名人数已连续13年超百万。2009年国考报名人数仅为105.2万,到2022年突破200万大关,创历史新高。数据显示,在庞大的就业压力下,国内外经济环境的不稳定让年轻人开始重新审视自己的就业选择。在"求稳"心态下,无数年轻人开始了对"入公门"的追求,试图通过一份体制内的工作找到安身立命的安全感。

小倩是"考公大军"中的一员。在报考的岗位递补名单发布后,小倩把名单来来回回看了四五次,不得不接受了自己此轮"考公"失败的事实。实际上,早在国考成绩公布的时候,她就已经明白自己希望不大了,还要盯着递补公告发布,不过是因为心里存了一点侥幸。小倩的心里充满了挫败感,她诉苦:"我之前投简历的情况不是很理想。有几家心仪的企业,面试以后也没有了下文。我现在对自己的职业生涯非常迷茫,不知道自己该从事什么样的工作。看这样子,估计我只能'二战'了。"

启示:

进行职业生涯规划需要一个人对自己的主客观条件进行测定、分析、总结,对自己的兴趣、爱好、能力、特点进行综合分析与权衡,再结合时代特点,根据自己的职业倾向,确定最佳的职业奋斗目标,并为实现这一目标做出行之有效的安排。面对复杂多变的就业形势,我们需要明确方向、合理定位、做好职业生涯规划,切勿盲目、从众选择。

一、职业生涯规划的含义

职业生涯是指人一生中所有与职业相联系的行为与活动,以及相关的态度、价值观、愿望等。它是人一生中职业或职位的变迁及职业理想的实现过程。职业生涯是一个动态的过程,体现了人一生中在职业岗位上与工作活动相关的连续经历。因此,不论职位高低、成功与否,每一个在工作的人都有自己的职业生涯。

一般来说,职业生涯规划是指个人结合自身情况、眼前机遇和制约因素,为自己确定最佳的职业奋斗目标,选择职业发展道路,确定教育、培训和发展的计划等,并为自己实现职业生涯目标确定行动方向、行动时间和行动方案的活动。

先想想看,你想成为什么样的人,基于此,你才能知道现在如何更充分地努力,更主动、积极地寻找自我的成长机会。"你想成为的人"绝对不仅仅是社会期望你成为的样子、老师期望你成为的样子或者父母期望你成为的样子,而是要基于现实(能力与性格)的自我定位来思考。

只有有了清晰的目标,你才可以克服环境给你的阻力,完成内在的自我突破,最终一步步达成自己的期望。

> **想一想**
>
> 童年时你最喜欢模仿什么职业角色？现在你最崇拜什么职业榜样？你想过怎样的退休生活？

二、职业生涯规划的作用

微课：职业生涯规划的重要性

职业生涯规划对于人的职业发展，甚至整个人生都具有重要的影响，正确的职业生涯规划能使一个人走向成功，错误的职业生涯规划有可能使人误入歧途。具体来说，职业生涯规划的作用体现在以下几个方面。

（一）有利于明确人生目标

职业生涯规划是人生规划的重要组成部分。职业生涯规划可以帮助人们对自我进行全面分析，了解自己的特点和兴趣，估计自己的能力与个性，明确自己的优势和劣势，从而正确认识自己；再通过对客观环境的正确分析，就可以合理地设定可行的职业发展目标，从而使自己的生活充实而有条理。

（二）有利于激励自我走向成功

职业生涯规划能够为个人提供一个具体的、分步骤的、可以实现的目标。随着规划内容和阶段目标的逐步实现，个人在职业生涯发展方面的成就感也在逐步加强，从而促进自己向新的目标前进。这样的过程能够有效地激励人们努力工作、持续发展。

（三）有利于激发个人潜能

一个人的潜能是无限的，但需要充分地去挖掘。行之有效的职业生涯规划能引导人们正确认识自身的个性特质、现有与潜在的资源优势，帮助人们集中精力，全神贯注于自己有优势并且会有高回报的方面，这不仅有助于个人发挥尽可能大的潜力，而且对实现长期目标大有益处。

（四）有利于抓住工作重点

对于职业人来说，职业生涯规划最重要的作用就是能用来评判工作的轻重缓急，使个人摆脱日常事务的缠绕，紧紧抓住工作的重点，从而优先做好主要工作，在工作中获得发展，最终取得成功。

（五）有助于评估自身工作绩效

职业生涯规划的一个重要功能就是提供了自我评估的重要手段，使人们可以根据规划的进展情况评价已经取得的成绩，评估个人目标和现状的差距，并运用科学的方法、步骤与措施应对组织内部和外部的环境变化，从而不断推动自身进步。

> **看一看**
>
> **人生的不同发展阶段**
>
> 人生大致可分为如下发展阶段。
>
> **1. 成长期（14 岁以前）**
>
> 这个阶段的人对职业充满幻想和憧憬，大多会出于一时的兴趣而对某个职业产

生崇拜,如天文学家、宇航员、将军、厨师、主持人等,并以游戏、玩耍的方式扮演各种自己喜欢的职业角色。

2. **探索期**(15—24 岁)

在这个阶段,个人开始认真地思考和探索各种可能的职业选择,并试图将自己的职业选择与自己对职业的了解、自己的兴趣和能力、教师和父母等对自己的评价等结合起来。

3. **确立期**(25—44 岁)

它是大多数人工作生命周期中的核心部分。有些时候,个人在这期间能够找到合适的职业,并随之全力以赴地投入有助于自己在此职业中获得发展的各种活动。在大多数情况下,在这一阶段人们仍然在不断地尝试与自己最初的职业选择不同的各种选择。

4. **维持期**(45—60 岁)

这个阶段,人们一般已在自己的工作领域取得了一定的成绩,占有了较为稳定的一席之地,因而人们将大部分的精力放在保有这一职位上。一部分人开始拥有第二职业、第三职业。

5. **衰退期**(60 岁以后)

60 岁以后属于衰退期,对绝大多数人来说,这个时候已经离开了工作岗位,子女已经成人,不用再操心,工作的压力也没有了,时间都由自己来安排了,可以用这段时间发展自己的业余爱好。

三、职业生涯规划的内容

(一) 职业生涯规划的环节

1. 知己

知己是向内看,了解自己的兴趣、能力、价值观、个性,以及家庭教育、学校教育与社会教育对自己产生的影响。

2. 知彼

知彼是向外看,了解职业的特性、所需的能力、就业渠道、工作内容、工作发展前景、薪资待遇等。

3. 抉择

抉择包括抉择技巧、抉择方式及抉择可能面临的冲突、阻力、助力等。

4. 目标

职业生涯规划要有明确而坚定的目标。有明确而坚定的目标是赢得成功、有所作为的基本前提,其意义不仅在于面对种种挫折与困难时能百折不挠、抓住成功的契机,而且在于身处逆境时能产生巨大的奋进激情,使自己的潜能得到最大限度的挖掘与释放。

5. 行动

目标就是力量,奋斗才会成功。再长的路,一步步也能走完;再短的路,不迈开双脚也无法到达。有了目标,要想实现,只有靠行动和努力。

> **想一想**
>
> ### 职业目标分解
>
> 找出自己未来的职业目标,填写下表。
> 职业目标:我将来想从事(　　　)行业(　　　)职业。
>
> #### 职业目标分解表
>
> | 类　别 | 短期目标 | 中期目标 | 长期目标 |
> | --- | --- | --- | --- |
> | 学习生活 | | | |
> | 社会实践 | | | |
> | 人际交往 | | | |
> | 自我成长 | | | |
> | 身心健康 | | | |
> | 休闲生活 | | | |
> | 目标总结概括 ||||
> | 短期目标
　年　月— 　年　月 ||||
> | 中期目标
　年　月— 　年　月 ||||
> | 长期目标
　年　月— 　年　月 ||||

(二) 职业生涯规划的步骤

1. 自我评估

自我评估主要包括对个人的需求、能力、兴趣、性格、气质等进行分析,以确定自己具备哪些能力和什么样的职业比较适合自己。要清楚我想干什么、我能干什么、我要选择什么。

2. 环境评估

环境评估包括对社会政治环境、经济环境和组织环境的分析,即评估和分析环境条件的特点、发展与需求变化趋势,自己与环境的关系,环境对自己提出的要求,环境对自己的影响等。

3. 设定职业生涯目标

制定出符合实际的短期目标、中期目标与长期目标,同一时期的目标不宜多,目标要明确、具体、可操作。

4. 制订行动计划与措施

撰写求职简历,应聘,参加组织培训、教育,构建人际关系网等。

5. 反馈与修正

反馈与修正包括职业的重新选择、生涯路线的调整、人生目标的修正、实施措施与计划的变更等。

微课:职业生涯规划的步骤

> **看一看**
>
> **职业生涯规划应用理论**
>
> 在职业生涯规划的实际操作中,我们会用到各种理论,其中以心理学、管理学理论居多,可以归结为以下几类。
>
> 一是人格特质理论。该理论认为,特质是决定个体行为的基本特性,是人格的有效组成元素,也是测评人格所常用的基本单位。其应用在职业生涯规划中较多,有卡特尔16因素人格测验、明尼苏达多项人格测验等。
>
> 二是职业发展理论。金斯伯格职业发展理论将人的职业发展划分为准备、选择、适应、稳定、衰退和结束六个主要阶段,每个阶段都有其特定的任务;舍恩的职业锚理论认为个人会随着时间的积累而沉淀出稳定的职业价值取向。
>
> 三是职业选择理论。帕森斯的特质因素论和霍兰德的职业类型论都强调个人特性与职业特性的匹配度,具有某种人格特征的人与具有相似特征的职业匹配度最高,个体的人格与环境之间的匹配是职业满意度、职业稳定度和职业成就度的基础。
>
> 四是管理学理论。如奇兰特的职业决策模型认为个体在面对职业、职位、生涯抉择时,总会权衡客观价值与个人价值观,尽可能选择可以获得最大收益的结果,并总结出了个体进行职业决策时的具体流程。戈夫曼等提出的印象管理模型作为一种个人自我调节的理论,认为个人总是通过一定的方式影响别人对自己的印象,即通过与他人的社会互动,试图使别人积极看待自己,尽可能弱化自己的不足或避免使别人消极地看待自己。

四、职业生涯规划的方法

(一) SWOT 法

SWOT法常被用在自我和环境分析方面,其中,S(strength,优势)、W(weakness,弱势)是内部因素,O(opportunity,机会)、T(threat,威胁)是外部因素。通过这种对内部和外部的全面分析,我们可以扬长避短,发挥个人优势,弥补个人劣势,抓住外部机遇,回避外部威胁,迎接挑战,完善、发展自我。

(二) 5W1H 法

——Who am I?(我是谁?)

——What will I do?(我想做什么?)

——What can I do?(我能做什么?)

——What does the situation allow me to do?(环境支持或允许我做什么?)

——What is the plan of my career and life?(我的职业与生活规划是什么?)

——How can I do it?(我应该怎样做?)

回答这些问题,找到它们的共同点,就有了自己的职业生涯规划。

(三) 典型人物分析法

寻找一个跟自己背景相似的典型人物加以分析、比较,树立职业榜样,可以找出自己可能的发展方向。可以对一些经典案例和学长学姐的故事展开分析。老师也会在课堂上给大家讲优秀学生的例子,大家留心思考,这会对你的职业生涯规划有很大的帮助。

> **想一想**
>
> 放一首舒缓的背景音乐,同学们以舒服的姿势坐好,深呼吸,放松。
>
> 教师以缓慢轻柔的语气念出下面的指导语:
>
> "想象现在是 10 年后的某一天,一个平常的工作日。早晨,你从一夜的安睡中醒来,想到即将开始的一天,心中充满了兴奋和期待。你起身,从衣橱中挑出你今天上班要穿的衣服。现在你正站在镜子前装扮自己,你穿着什么样的衣服呢?现在你开始吃早饭,有人跟你一起吃早饭吗?接下来,你准备去上班。你是在家里办公吗?如果不是,你工作的地方在哪里?离你家有多远?你乘什么样的交通工具去那里?现在你正走向你工作的地方。它位于什么地方?看起来怎么样?你做些什么工作?你主要是操作器械、工具,还是跟人打交道?你的办公场所是什么样的?是在室内还是在室外?你跟别人一起工作吗?你会跟他们有怎样的交往?到吃午饭的时间了,你准备去哪里吃饭?跟谁一起去?你们会谈论些什么问题?现在回到工作中来,完成这一天的任务。下午的工作与上午的工作有什么不同吗?你什么时候结束工作?离开前完成的最后一项任务是什么?一天的工作结束了,你会怎样度过夜晚的时间?夜里,当你躺在床上回想这一天时,有哪些事情让你感到愉快和满足?为什么?当你准备好时,请睁开你的眼睛,并静静地坐一会儿。"
>
> 想象 10 年后的生活情景,记录自己在想象中所感受到的细节。你想象中的生活方式和现在的生活方式有很大区别吗?如果有,你应当做出哪些改变,让想象成真呢?

 **总结案例**

比塞尔的故事

比塞尔是西撒哈拉沙漠中的一个小村庄,曾经,这儿的人从来没有一个走出过沙漠,据说不是他们不愿离开,而是尝试很多次都没能走出去。学者莱文对这种现象感到很奇怪。他来到这个村子,向这儿的每一个人问原因,每个人的回答都一样:"从这儿出发,无论向哪个方向走,结果总是转回出发的地方。"

比塞尔人为什么走不出来呢?莱文非常纳闷。他雇了一个比塞尔人阿吉特尔,让他带路。他们带了可以喝半个月的水,牵了两头骆驼出发了。第十一天的早晨,他们果然又回到了比塞尔。莱文终于明白了,比塞尔人之所以走不出大漠,是因为他们根本就不认识北斗星。在一望无际的沙漠里,一个人如果凭着感觉往前走,就会走出许多大小不一的圆圈。比塞尔村处在浩瀚的沙漠中间,没有任何参照物,若不认识北斗星,又没有指南针,想走出沙漠确实是不可能的。

莱文离开比塞尔时告诉阿吉特尔:"你只要白天休息,夜晚朝着北面那颗星走,就能走出沙漠。"阿吉特尔照着去做,三天之后果然来到了沙漠的边缘。阿吉特尔因此成为比塞尔的开拓者,他的铜像被竖在村庄的中央,铜像的底座上刻着一行字:"新生活是从选定方向开始的。"

启示:

有合理的目标与方向是事业成功的基本前提。王阳明说:"志不立,天下无可成之事。"志向是人生的起点,反映着一个人的理想、胸怀、情趣和价值观,影响着一个人的成就。你的生活目标选定了吗?你生活中的"北斗星"在哪里?如果你还没确定,那就尽早选择吧。

 活 动 与 训 练

主题:制订职业生涯规划。
目标:全方位了解自我,并制订职业生涯规划。
时间:45分钟。
过程:完成以下内容,进行自我认识与分析。

一、职业生涯畅想

10年后的某一天,上班路上,我想到今天的工作计划是_____。
20年后的同学聚会,我快步走进房间,看见_____。
单位为我准备了退休欢送会,掌声响起,我说_____。

二、职业自我分析

1. 我的自画像

进行自我分析,结合他人对自己的评价,填写下图,形成我的自画像。

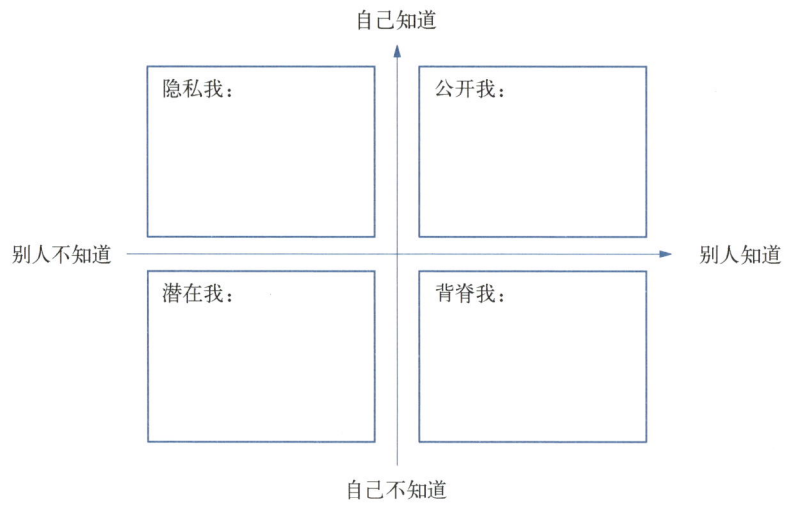

2. 根据霍兰德职业兴趣测验,我的职业兴趣类型是_____。
3. 我的职业能力

(1) 根据自己的一般职业能力,填写下表,在符合自己情况的空格中打"√"。

我的一般职业能力

一般职业能力	很 差	较 差	一 般	较 强	很 强
学习能力					
语言能力					
算术能力					
空间判断能力					
形态知觉能力					
符号知觉能力					
手眼协调能力					
手指灵活度					
手的灵巧度					

(2) 我的特殊职业能力是_____。

4. 我的职业价值观

在图 2-6 中选出 3 个你最看重的职业价值观:_____。

图 2-6 职业价值观

5. 自我分析总结

我是一个_____的人。

三、外部环境分析

1. 家庭环境分析

选择家境类型,并根据家人的期盼和自己的想法填写下图。

      贫困型□   温饱型□   一般型□   小康型□   富裕型□

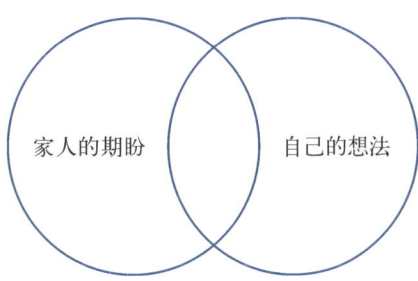

2. 专业环境分析

(1) 本专业学习的公共基础课有_____。

    本专业学习的专业基础课有_____。

    本专业学习的专业核心课有_____。

(2) 本专业毕业生未来的就业领域是_____。

(3) 本专业毕业生的就业发展路径是_____。

四、职业目标定位

1. 总体目标定位

我将来要从事＿＿＿＿＿＿＿＿＿＿＿＿＿＿＿＿＿＿＿＿＿＿＿＿＿＿＿＿＿＿＿＿。

2. 长期目标(5～15年)

职位目标：＿＿＿＿＿＿＿＿＿＿＿＿＿＿＿＿＿＿＿＿＿＿＿＿＿＿＿＿＿＿＿＿。

学历目标：＿＿＿＿＿＿＿＿＿＿＿＿＿＿＿＿＿＿＿＿＿＿＿＿＿＿＿＿＿＿＿＿。

经济目标：＿＿＿＿＿＿＿＿＿＿＿＿＿＿＿＿＿＿＿＿＿＿＿＿＿＿＿＿＿＿＿＿。

家庭目标：＿＿＿＿＿＿＿＿＿＿＿＿＿＿＿＿＿＿＿＿＿＿＿＿＿＿＿＿＿＿＿＿。

3. 中期目标(3～5年)

职位目标：＿＿＿＿＿＿＿＿＿＿＿＿＿＿＿＿＿＿＿＿＿＿＿＿＿＿＿＿＿＿＿＿。

学历目标：＿＿＿＿＿＿＿＿＿＿＿＿＿＿＿＿＿＿＿＿＿＿＿＿＿＿＿＿＿＿＿＿。

经济目标：＿＿＿＿＿＿＿＿＿＿＿＿＿＿＿＿＿＿＿＿＿＿＿＿＿＿＿＿＿＿＿＿。

家庭目标：＿＿＿＿＿＿＿＿＿＿＿＿＿＿＿＿＿＿＿＿＿＿＿＿＿＿＿＿＿＿＿＿。

4. 短期目标(2～3年)

学业目标：＿＿＿＿＿＿＿＿＿＿＿＿＿＿＿＿＿＿＿＿＿＿＿＿＿＿＿＿＿＿＿＿。

知识目标：＿＿＿＿＿＿＿＿＿＿＿＿＿＿＿＿＿＿＿＿＿＿＿＿＿＿＿＿＿＿＿＿。

技能目标：＿＿＿＿＿＿＿＿＿＿＿＿＿＿＿＿＿＿＿＿＿＿＿＿＿＿＿＿＿＿＿＿。

经济目标：＿＿＿＿＿＿＿＿＿＿＿＿＿＿＿＿＿＿＿＿＿＿＿＿＿＿＿＿＿＿＿＿。

五、行动方案设计

1. 路径选择

专家路线□　技术路线□　管理路线□　创业路线□　其他路线□

2. 路线设计：＿＿＿＿＿＿＿＿＿＿＿＿＿＿＿＿＿＿＿＿＿＿＿＿＿＿＿＿。

3. 行动计划

填写具体行动计划表。

具体行动计划

时　间	任　务	措　施

六、规划评估与修订

1. 我对本规划的评价：＿＿＿＿＿＿＿＿＿＿＿＿＿＿＿＿＿＿＿＿＿＿＿。

2. 朋友对本规划的评价：＿＿＿＿＿＿＿＿＿＿＿＿＿＿＿＿＿＿＿＿＿＿。

3. 家人对本规划的评价：＿＿＿＿＿＿＿＿＿＿＿＿＿＿＿＿＿＿＿＿＿＿。

4. 要防范的风险：＿＿＿＿＿＿＿＿＿＿＿＿＿＿＿＿＿＿＿＿＿＿＿＿＿。

思考与讨论

1. 你制订职业生涯规划时是否充分考虑了自己的实际情况?
2. 列出你在进行职业生涯规划时遇到的问题,向专业人士请教。
3. 五年以后,你希望拥有怎样的生活?要实现这一理想,需要具备什么样的条件?在这些条件当中,你具备的有哪些,不具备的有哪些?为了五年以后拥有自己想要的生活,你准备怎么做?经过畅想、讨论之后,你的感想有哪些?

任务四　明确就业方向

学习目标

1. 理解就业选择的关键要素。
2. 能描述一个完整的就业目标。
3. 能用多种方法做出就业选择。

导入案例

特色职业教育拓展就业新渠道

陕西省西安市蓝田县是著名的"厨师之乡"。蓝田厨师久负盛名、规模庞大。蓝田县全县现有 6 万余人从事餐饮行业,他们的就业足迹遍布全球 30 多个国家和地区。

为了进一步发挥蓝田县的厨师资源优势,培养更多厨师技能人才,蓝田县成立了蓝田厨师学校,培养具有较高文化素养、艺术素养,"一专多能"的新一代厨师,让具有地方特色的职业教育帮助拓展就业渠道,助力乡村振兴。

在蓝田厨师学校中,学生在专业教师的指导下练习制作面条、翻勺炒菜、制作蛋糕等技能(图 2-7)。这些专业学习内容能帮助学生们有效地进行职业定位,在未毕业前就因一技之长而拥有了明确的就业方向。

(资料来源:李一博,陕西蓝田:特色职业教育拓展就业新渠道,新华网)

启示:

党的二十大报告强调,就业是最基本的民生。就业选择关系到个体未来的发展领域,对个体的职业发展乃至整个人生具有重要影响。进行科学、合理的就业选择,明确就业方向是其前提条件。广大职业院校学生要密切结合个人情况和所学专业,发挥所长,尽早明确就业方向,以为未来的职业发展打好基础。

图 2-7　学生在练习制作面条

一、就业选择的要点

就业选择的关键就是要解决"干什么""在何处干""怎么干""以什么样的心态干"等问题,可以概括为"四定"——定向、定点、定位、定心。

(一) 定向

定向即确定自己的职业方向。方向与目标有所不同,目标是自己拟定的、期望实现的理想,而方向是为达到目标而选择的一种路径。如果方向错误,就会偏离目标,即使修正也需要花费更多的时间和精力。对大学生来说,进行职业定向需要冷静的头脑和十足的勇气,根据自己的兴趣、理想、专业去选择职业方向。

(二) 定点

定点即确定职业发展的地点。许多大学生毕业后面临去哪儿就业的选择,可见地点也是现实环境中的一个重要因素。各地的经济发展现状和前景不同,甚至差异很大。近几年的调查研究显示,部分毕业生选择就业地点时只盯着经济发达地区,但这些地区竞争激烈、人满为患不说,还存在环境、观念、语言、文化等差异带来的困难,而且发展与晋升的空间与机会并不见得更大。这也是大学生就业时要慎重考虑的。

(三) 定位

定位即确定自己在职业人群中的位置。定位过低会导致个人在职业生涯中无法实现自我价值的最大化,过高则容易因连遭挫折而对职业生涯丧失信心。因此,大学生需要准确地标定自己的位置,根据自己的实际水平,在择业时对职位、薪资、工作内容等做好判断和把握。

(四) 定心

定心即稳定自己的心态。人的一生中必然存在高低起伏,成功与挫折总是结伴而行,个人的职业生涯也不例外。在实现职业理想与目标的过程中,难免会有磕磕碰碰和意想不到的困难。对大学生来说,要保持一种平常心态,敢于直面就业过程中的困难和问题,始终坚定地按照自己的正确计划去实现理想。

> **看一看**
>
> **能工巧匠个个有一手绝活**
>
> 在灯泡上切断钢丝本身难度就高,来自江苏中车电机有限公司维修班的维修工朱加群却说自己可以先将眼睛蒙上,再切断钢丝。灯泡的厚度只有0.4毫米,动作幅度稍大,灯泡就会碎裂。蒙上眼睛的朱加群信手拿起切割机,40秒内在灯泡上连续完美切断了3根钢丝,打破了自己以前的纪录。
>
> 来自农业银行盐城中汇支行的陈磊磊在本职岗位上勤学苦练,点钞水平不断提高,在全市银行业柜面服务明星评选活动中获得了单指单张点钞第一名的好成绩。活动当天,她从主持人手中接过一叠百元纸钞清点。"一共103张!"点钞结束,陈磊磊报出数字。秒表上显示,她用时仅12秒。
>
> 曾超和朱海慧都是江苏中车电机有限公司成品班的叉车工,他们经过成千上万次的刻苦训练,练就了驾驶叉车挂啤酒瓶的绝活。叉车笨重,但开叉车是个精细活。他们开着叉车慢慢挪到啤酒瓶前,扳动叉车上的操作柄,调整叉车叉齿的高度,将叉齿准确无误地定位在啤酒瓶盖下端,就这样连续挂起了8个啤酒瓶。
>
> 调酒师的花式扔酒瓶动作、插花师的作品、食品上的图案雕刻……一个个技能展示让观众眼花缭乱、叹为观止。高质量发展需要高技能人才,高技能人才助推高质量发展。为了让更多的技能人才有出彩的机会,近年来,国家高度重视高技能人才队伍建设,强化政策驱动、赛事促动、载体推动,在全社会积极营造"尊重劳动、尊重知识、尊重人才、尊重创造"的良好氛围。近年来,高级技工成为市场上的"宠儿",不仅是企业争抢的"香饽饽",还有机会走出国门一展身手。

二、就业选择的内容

就业涉及地域、行业、企业和职位四个要素。个体可以将自己的就业目标描述为"多少年后我希望在某地、某个行业、某个企业中的某个职位工作"。

(一) 地域

地域会对一个人的职业发展产生很大的影响。通常经济较发达的地区拥有较好的基础环境,同时竞争压力大,生活节奏快。建议在职业发展的初期慎重考虑就业地域问题,同时在职业发展过程中不要太频繁地更换城市,因为在某个城市积累的资源很可能随着地域的变动而大大贬值,会无形中使机会成本上升。

(二) 行业

不同的行业会对一个人的职业生涯产生巨大的影响。毕业生刚刚走向社会,可能很难马上发现最适合自己的行业,可以多去尝试,但是尽量不要轻易转行。因为没有多年行业经验的积累,很难深入了解一个行业,从而形成自己的核心竞争力。

(三) 企业

企业是个人职业的承载平台。一个好的平台往往能够让人得到成长和锻炼,不断获得职业能力的提升,增强个人对职业的信心和兴趣,不断促进个人职业生涯的发展。大企业有规范和较完善的企业管理制度,可以帮助毕业生养成良好的工作习惯和工作态度。而在小企业中则可以和企业一起成长,甚至成为左右企业发展的中坚力量。

(四) 职位

职位即所从事的具体职务。建议尽可能到企业的"主战场"去,即那些最能够直接提供企业价值的部门,主要是业务部门。一般来说,公司的高层人员大都出身于核心业务部门。当经济不景气,公司需要裁员时,往往是从边缘部门开始,比如行政、公关部门等,而那些公司的核心业务部门反而是需要加强的部门。

> **看一看**
>
> **不同城市的优缺点**
>
> 沿海经济发达地区就业机会较多,平均收入较高,但人才集中,竞争激烈。毕业生可能会有"身在异乡为异客"的感觉,心理上缺乏安全感。
>
> 本地中心城市兼有经济较发达、就业机会较多、平均收入较高的优点,同时,在本地就业使毕业生在心理上也有认同感。但中心城市人才相对集中,竞争激烈的情形依然存在。
>
> 中小城市普遍人才不足,因此大学毕业生更容易崭露头角。随着经济的发展和政府对基础设施建设投入的不断加大,中小城市不足的方面(如交通不便、信息不畅)已经大为改观。有些中小城市的富裕程度及工作条件的优越程度甚至已经超过了部分发展较慢的大城市。

三、就业选择的方法

(一) 经验法

所谓经验法,就是依据老师和父母等以往的经验辅助进行就业决策的方法。这种方法有利有弊,一方面,借鉴先前的经验可以避免走弯路,而且很多时候老师、父母等利用经验,确实能够很好地预测未来的发展;另一方面,老师、父母等的水平有差别,有时可能会预测失误,同时职业市场发展非常快,他们的预测有时会跟不上时代的发展。

(二) 直觉法

有一部分人在做决策时更倾向于依赖自己的直觉。在进行职业生涯规划或求职调查时,他们在发现几个可以让他们感到满意的职业选择之后,才开始进行调研。他们喜欢首先对问题有一个全局性的认识,再决定自己下一步的行动。他们在对若干选择进行调查时,倾向于与人交谈,到工作实地走一走,更重视这份工作是否与其个性匹配。虽然这种决策方法被称为直觉法,但是它来自个体的经验和智慧的积累。直觉型决策者大都愿意说他们是根据运气找到一份适合自己的工作的,但实际上他们的"运气"是"准备撞上了机会"。直觉型决策者主要是靠发现机会进行决策的,因此,他们更有必要在进行求职决策时了解自己的价值观、兴趣、技能和个性。对于直觉型决策者而言,最好的择业方法是幻想和描述一个理想职业,或者是把拥有一个有吸引力的职业的人作为楷模。

（三）比较法

比较法是一种非常理性的决策方法,它采用分析、演绎推理和反复衡量的方法进行思考（图2-8）。

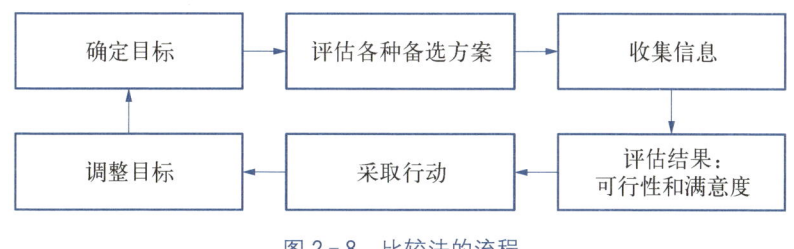

图2-8 比较法的流程

这种方法将问题转化为有确切定义的目标,列举出各种备选方案,评估其各自的结果和影响,从清单中剔除满意度最低的备选方案,通俗地讲就是"货比三家"（图2-9）。在运用比较法时,可以请老师、家人、朋友等有经验的人一起帮忙分析。

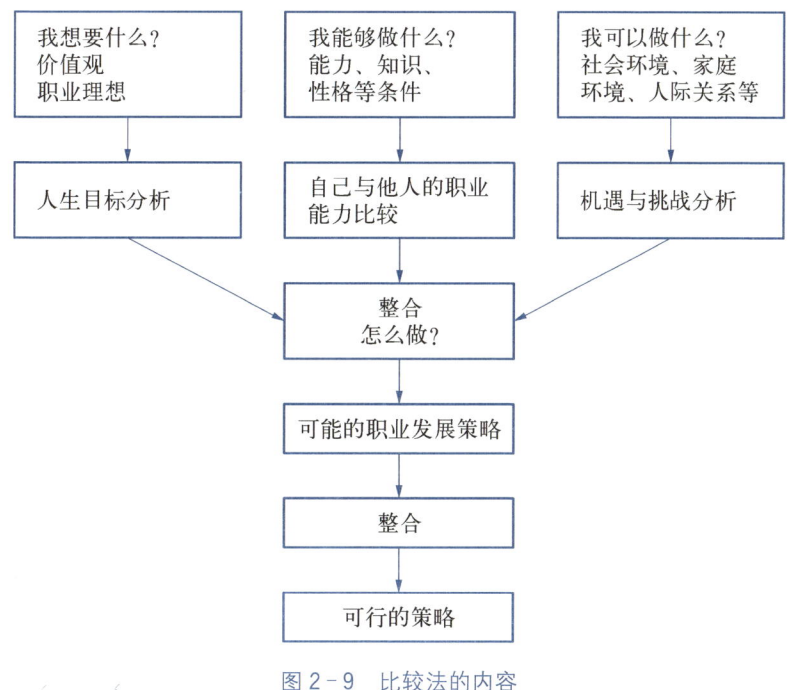

图2-9 比较法的内容

想一想

当个体面对多种选择而无法决定时,平衡单是协助个体理智决策的一种有效工具。平衡单的主要内容包括个体可选择的方案、看重的相应因素、因子的评分和加权等。平衡单主要关注四个主题:个人物质得失、他人物质得失、个人精神得失、他人精神得失。平衡单内的所有评分和权重都是由使用者来设定的。

就业选择平衡单

评分内容		选择一			选择二			选择三		
		+5	0	-5	+5	0	-5	+5	0	-5
个人物质得失	1. 福利薪水									
	2. 个人花费									
他人物质得失	1. 家人开支									
	2. 亲友关照									
个人精神得失	1. 精神状态									
	2. 工作压力									
	3. 个人成就感									
	4. 生活满意度									
他人精神得失	1. 家人的态度									
	2. 朋友的态度									
	3. 同行的竞争									
合计										
各选择总分										

平衡单分析步骤如下。

第一步,列出你最想从事的三份工作。

第二步,考虑每份工作符合这些条件的程度,从-5,0,+5三档中选择,给其打分。

第三步,进行分数累计,列出工作选择的优先级。

教育部奖励基层就业优秀师生

2023年5月26日,教育部启动了2023届高校毕业生就业"百日冲刺"行动暨就业促进周系列活动,举办了"全国高校毕业生基层就业卓越奖"师生代表优秀事迹展,并邀请全国高校毕业生就业创业指导委员会主任委员与中国长江三峡集团党组书记、董事长为首届"全国高校毕业生基层就业卓越奖"的获奖师生代表颁奖。

基层是高校毕业生成长成才的大舞台,也是吸纳高校毕业生就业的重要渠道。进入新时代以来,以习近平同志为核心的党中央高度重视引导、鼓励高校毕业生到基层工作,教育部等有关部门也推出了一系列政策、措施,积极引导毕业生到基层就业。近年来,越来越多的高校毕业生积极响应国家号召,奔赴基层干事创业,涌现出一大批先进典型。

为了进一步强化基层就业导向,奖励赴基层就业并做出突出业绩的普通高校毕业生及优秀指导教师,2022年,由中国长江三峡集团出资,中国教育发展基金会设立了"全国高校毕业生基层就业卓越奖"。2023年1月,教育部部署各地各高校开展首届"基层就业卓越奖"推荐活动,经各省(区、市)遴选推荐,共确定奖励优秀高校毕业生398人,优秀指导教师60人。

下一步,教育部将加大工作力度和政策支持,引导鼓励更多高校毕业生到基层建功立业,进一步发挥高校毕业生在促进基层经济社会发展中的重要作用。广大职业院校毕业生应树立到基层建功立业的远大志向,不忘初心,在实现中华民族伟大复兴的伟大征程中勇担重任。

启示:

基层是建功立业的舞台,也有吸纳高校毕业生就业的广阔空间。我国不断加大政策力度、深化就业育人、强化培养使用、优化服务保障,引导鼓励支持高校毕业生到基层建功立业。这些政策指引了我国广大青年进行就业选择时的方向,为高职生树立正确的择业观、就业观提供了有力根据。

活 动 与 训 练

主题: 编制个人求职计划。
目标: 了解个人求职计划的内容,并对照分析自己的详细状况。
时间: 40分钟。
过程: 根据个人情况,填写下表。

项目二　进行职业规划与生涯决策

个人求职计划表

序号	必备条件	要素	规则	个人详细状况
1	目标和策略	目标定位	要有明确的初、中、高目标层次；至少要在岗位或专业要求、薪酬、工作环境、个人发展等方面有定性和定量要求	
		策略	要有实现目标的基本原则；要有实现目标的时间要求；要有实现目标的基本手段	
2	途径和方法	求职途径	要有至少3种明确的求职途径	
		实施方法	要针对至少3种求职途径提出具体的实施方法	
3	个人条件	能力	具有能够满足用人单位需要的职业能力	
		经验	具有能够满足用人单位需要的职业经验	
		学历	具有能够满足用人单位需要的学历	
		社会关系	具有能够帮助自己就业的社会关系	
		其他	具有求职能力、语言表达能力等有助于求职的条件	

 思 考 与 讨 论

1. 职业理想与理想职业有什么区别？
2. 如果同时有两份工作供你选择，一份很辛苦，很少有自己的闲暇时间，但高薪，一份薪水相对不高，却有很多时间供自己支配，你会如何选择？

项目三

增进职业能力与职场适应

任务一　遵守职业道德规范

任务二　提高个人职业素养

任务三　提升岗位胜任能力

任务四　促进职场生活适应

引导语

作为在校生,我们要在基础知识和基本技能的学习过程中提高认知能力,从而具备独立思考、逻辑推理、信息加工、语言表达和文字写作的素养,养成终身学习的意识和能力。提高合作能力,从而学会自我管理,学会与他人合作,学会过集体生活,学会处理好个人与社会的关系,遵守道德准则和行为规范。提高创新能力,激发自己的好奇心、想象力和创新思维,养成创新人格,勇于探索,大胆尝试创新创造。提高职业能力,从而适应社会需求,树立爱岗敬业、精益求精的职业精神,践行知行合一,积极动手解决实际问题。未来在职场中,我们常常会面临角色的转换和环境的改变,要想迅速在新环境中获得成功,就必须抱着从零开始、重新学习的心态,培养自己对新角色、新环境的适应力。

任务一　遵守职业道德规范

学习目标

1. 能判断某种行为是否符合职业道德规范。
2. 能说出职业道德的五项基本规范。
3. 能理解职业道德与行业道德的关系。

我国首次制定会计人员职业道德规范

为了推进会计诚信体系建设、提高会计人员职业道德水平,财政部于2023年1月制定印发了《会计人员职业道德规范》。这是我国首次制定全国性的会计人员职业道德规范。

进入新时代以来,党中央、国务院部署加快社会信用体系建设、构筑诚实守信的经济社会环境,将会计人员作为职业信用建设的重点人群,引导其职业道德与行为规范建设。此次制定的规范将新时代会计人员职业道德要求总结提炼为三条核心表述,即"坚持诚信,守法奉公""坚持准则,守责敬业""坚持学习,守正创新"。三条表述逻辑清晰、层层递进:第一条"坚持诚信,守法奉公"是对会计人员的自律要求,第二条"坚持准则,守责敬业"是对会计人员的履职要求,第三条"坚持学习,守正创新"是对会计人员的发展要求。"规范提出'三坚三守',强调会计人员'坚'和'守'的职业特性和价值追求,是对会计人员职业道德要求的集中表达。"

各地区、各有关部门将把学习贯彻这一规范作为当前和今后一个时期加强会计职业道德建设的首要任务。一是通过组织开展形式多样的学习活动,充分利用各类媒体平台,大力宣传规范精神,帮助广大会计人员全面理解规范内容。二是将规范作为会计人才培养教育的重要内容,在会计人员继续教育、会计人才培养培训项目中加强职业道德课程建设,引导会计人员深入学习和认真践行规范。三是积极营造良好职业道德环境,鼓励先进、树立典型,推动建立会计人员失德失信行为惩戒机制。

启示:

会计人员承担着生成和提供会计信息、维护国家财经纪律和经济秩序的重要职责。加强会计人员职业道德建设,引导会计人员形成正确的价值追求和行为规范,对于提高会计工作水平和会计信息质量,加强社会信用体系建设,推动经济社会高质量发展具有重要意义。

一、职业道德的含义

职业道德是从业者在职业活动中应遵循的符合自身职业特点的职业行为规范,是通过学习和实践养成的优良职业品质,涉及从业人员与服务对象、职业与职工、职业与职业之间的关系。

职业道德行为规范是根据职业特点确定的,是指导和评价人们职业行为的准则。每个从业者都既要共同遵守职业道德基本规范,又要遵守具备自身行业特征的职业道德规范。职业道德品质是通过知识学习和社会实践,在社会环境的影响下逐渐形成的,它是从业者将向善发展的职业道德意识、意志、情感、理想、信念、观念(精神)固化的结果。

职业道德的含义包括以下八个方面:
(1) 职业道德是一种职业规范,受到社会的普遍认可;
(2) 职业道德是长期以来自然形成的;
(3) 职业道德没有确定的形式,通常体现为观念、习惯、信念等;
(4) 职业道德依靠文化、内心信念和习惯,通过从业者的自律实现;
(5) 职业道德大多没有实质的约束力和强制力;
(6) 职业道德的主要内容是对从业者义务的要求;
(7) 职业道德的标准多元化,不同的企业可能具有不同的价值观;
(8) 职业道德承载着企业文化和凝聚力,影响深远。

二、职业道德的特征

(一) 职业性

职业道德必须通过职业人的职业活动体现。职业道德主要体现在从事工作的人群中,适用范围广。

(二) 普遍性

职业人必须共同遵守基本的职业道德行为规范。职业道德中的爱岗敬业、忠于职守、诚实守信、团队合作、遵守法律、勤俭节约、奉献社会等具有普遍适用性。

(三) 行业性和多样性

职业道德与社会职业分工紧密联系,各行各业都有适合自身行业特点的职业道德规范,由此形成了职业道德的行业性和多样性。

(四) 自律性

职业道德具有促使职业人自我约束、自我控制其职业行为的特性。

(五) 他律性

职业道德具有产生舆论影响力的特性。职业人在职业生涯中,随时都受所在职业领域的职业道德舆论的影响。

(六) 继承性和相对稳定性

职业道德反映职业关系时往往与社会风俗、民族传统相联系。许多职业道德跨越了国界和时代,作为职业精神文明被传承了下来,这就是它的继承性。职业人形成良好的职业道德后,一般不会轻易改变,它会自觉或不自觉地指导职业人的职业行为,并影响他人的职业行为,这就是它的相对稳定性。

(七) 实践性

职业人的职业道德知识、情感、意志、信念、觉悟等必须通过职业的实践活动,在自己的行为中表现出来,并接受职业道德的评价和自我评价。

> **议一议**
>
> 以下说法分别体现了职业道德的哪些特点?
> (1)"百问不厌,有问必答"是对营业员的职责要求,而对于保守国家机密的公务员而言,这样的职责要求则可能导致泄密。
> (2)新职业的出现会产生新的职业道德。
> (3)没有不需要职业道德的职业。
> (4)"保护学生安全"作为教师的职业道德规范,要求教师不能置学生的安全于不顾。

三、职业道德的功能

(一) 传承职业文化

职业道德用准则与规范的形式,向人们展示出看得见、摸得着的思想行为标准,这是实现人的全面发展的重要手段,也是提高劳动生产率的有效工具,更是塑造职业文明的必由之路。

(二) 引导职业风气

在职业活动中,职业风气是职业文明的重要表现形式。职业道德建设可以提高人们的社会道德水平,促进良好的社会风尚和职业风气的形成,有利于完善人格,促进人的全面发展。

(三) 调整职业关系

职业道德具有调整职业关系、维护社会生产和生活秩序的作用。职业道德虽然没有法律效力,但事实上,对于很多具体、复杂的职业关系,需要在职业道德的层面对其进行调整,才能满足职业生活的需要。

(四) 规范职业活动

职业道德对职业活动具有导向、规范、整合和激励等具体作用,引导职业活动向着健康、有序、和谐的方向发展。

四、职业道德的内容

中共中央印发的《公民道德建设实施纲要》规定了所有从业人员在职业活动中都应该遵循的职业道德的五项基本规范,即"爱岗敬业、诚实守信、办事公道、热情服务、奉献社会"。

(一) 爱岗敬业

爱岗敬业是职业道德的基础和核心内涵,是对工作态度的基本要求。爱岗敬业作为处理个人与职业关系的道德规范,要求职业人礼敬职业,既要践行"礼在外表",又要做到

"敬存内心"。只有敬业才会真心爱岗,才会牢固树立由内到外地礼敬职业的职业态度。

(二) 诚实守信

诚实守信是职业道德建设的立足点,也是行业形象的根本。诚实守信是做人做事的原则,也是一种崇高的人格力量。诚实守信要求职业人树立真心做事、实在做人的职业态度,处理好个人与职业的关系,践行诚信无欺、讲究质量、信守合同、维护职业信誉的职业行为规范,处理好与服务对象的关系。

(三) 办事公道

办事公道是职业人处理与服务对象的关系及行业内部关系时必须具备的职业操守。办事公道既强调在办事中坚守公正无私的品德,又要求在职业活动中做到坚持真理、廉洁奉公、不谋私利、不惧权势、照章办事、平等待人。

(四) 热情服务

热情服务就是全心全意为人民服务,尽心尽力干好工作。热情服务既指对服务对象的感情、态度,又包含履行职责、尽力干好事情的道德要求。热情服务的核心要求是致力于做好为人民服务的本职工作。

(五) 奉献社会

奉献社会就是积极自觉地为社会做贡献。这是社会主义职业道德的本质特征。奉献社会自始至终体现在爱岗敬业、诚实守信、办事公道和热情服务等要求之中。奉献社会并不意味着不要个人的正当利益,不要个人的幸福。恰恰相反,一个能自觉做到奉献社会的人,才真正找到了个人幸福的支撑点。奉献社会和个人利益是辩证统一的。

五、职业道德与行业道德

每个行业都有自己的职业道德要求,例如,医务人员的职业道德要求防病治病、救死扶伤;教师的职业道德要求诲人不倦、教书育人;财会人员的职业道德要求实事求是、廉洁自律;商业服务人员的职业道德要求热情细致、服务周到;记者的职业道德要求尊重事实、客观公正;导游的职业道德要求热情服务、不卑不亢。

各行各业由于工作性质、社会责任、服务对象、服务内容、服务方式等方面存在差异,都有自己特殊的职业道德要求。行业道德规范把职业道德基本规范与特定的具体要求结合起来,形成行业道德规范,便于理解和执行,也便于规范从业人员的职业行为。

行业道德规范可以有效调整行业内部关系,维护行业秩序,更好地维护行业的整体形象,促进行业整体发展。

议一议

一家软件公司招聘程序员,待遇非常优厚,求职者众多。小李原来是一家网络公司的程序员,因为更换了就业城市,也在求职的队伍之中。当来到最后的面试环节时,技术主管问他:"听说你原来就职的公司开发出了一个网络维护的软件,你是否参加过研发?"小李回答:"是的。"主管接着问:"你能把这项技术的核心内容介绍一下吗?"小李明白了,原来这家公司是想获得自己原公司的核心技术。

如果你是小李,你会怎么回答?

总结案例

"听得见"的微笑

邓红英(图3-1),中共党员,广西柳州恒达巴士股份有限公司驾驶员。她在公交驾驶员的平凡工作岗位上,做出了不平凡的业绩。她视岗位为生命,把真诚献给乘客,始终如一地践行"一言一语暖乘客心坎,一心一意为乘客着想,一举一动对乘客负责,一点一滴解乘客所难"的服务格言,甘当"老人的儿女、小孩的阿姨、盲人的拐杖、外地人的活地图"。她在车上设置了时钟、意见簿、小药箱、雨伞、卫生筐、报纸、指路卡等便民设施,竭尽全力地为乘客提供便利和服务。车辆堵塞时,她用亲切的语言疏导乘客情绪;车辆进站时,她把车恰到好处地停在候车人面前;乘客遗忘的东西,她想方设法归还。她待乘客如亲人,主动搀扶老人、残疾人上下车,并帮忙找座位,帮乘客提包、放好物品,为外地来的乘客指路。她用微笑传递真情,乘

图3-1 邓红英(左二)和同事们

客上车后,她面带微笑,送上一句温馨的问候。她以车厢作为传播文明的阵地和平台,打造了"微笑待客"的服务金牌,被广大乘客誉为"微笑天使"。

她视安全行车为公交人的第一天职,把安全带给乘客。她始终坚持文明驾驶,注重行车安全,绝不开带病车、斗气车;在车辆转弯、避让行人、进出非机动车道和行经交叉路口时,恪守城市中驾驶车辆先让、先慢、先停和车辆进出站要慢、在繁华街道和复杂路段要慢、检查车辆技术状况要提前、路上行驶发现情况时处理要提前的"三先两慢两提前"的"礼让安全经"。

启示:

邓红英以微笑服务乘客、无私奉献,主动掌握公交车辆的行驶情况,确保广大乘客的安全,从未发生过任何安全责任事故,还想尽办法为乘客贴心服务。她的行为体现了崇高的职业道德。

活动与训练

主题:职业道德演讲比赛。

项目三　增进职业能力与职场适应

目标：通过演讲，了解职业道德的内涵。
时间：45 分钟。
过程：以"我身边的故事与职业道德"为主题演讲，题目自定。要结合自身成长经历和身边的故事，谈谈对职业道德的认识。可以根据自己的实际需要，在演讲过程中采用灵活多样的形式，如辅助背景音乐、PPT 展示。演讲时要求尽量脱稿，时间限制在 3~5 分钟。

思 考 与 讨 论

1. 结合所学专业，谈谈如何践行职业道德。
2. 在新时代背景下，如何理解职业道德的五项基本规范？

任务二　提高个人职业素养

学习目标

1. 理解职业素养的含义。
2. 熟悉职业素养的内容。
3. 掌握提高职业素养的方法。

导 入 案 例

"00 后"咖啡大师贾明润：咖啡也能玩出花样

"这是意式咖啡机，高压蒸汽和水的混合物穿过咖啡层，瞬间萃取出的咖啡口感更为浓郁……"贾明润介绍。这个大男孩已获得国际注册高级咖啡师称号，如今是郑州财经技师学院咖啡课程的教师，正凭借高超的技艺冲刺世界技能大赛。

"不瞒你说，我曾经天天泡在网吧里打游戏，根本不知道咖啡师是什么。"贾明润腼腆地笑笑。当年的贾明润是个令家长、老师头疼的孩子。网吧里嘈杂的人声、激烈的游戏对决让他流连忘返。"时间长了，我突然感觉这样混沌的日子特别没劲，也没有未来，陷入了深深的后悔和迷茫。"然而，重返初三的他因为学业荒废太久，终究和高中失之交臂。

"绝对不能再虚度光阴！"贾明润决定学习一门技术。他最终选择了郑州财经技师学院的旅游与酒店管理专业。精美锃亮的咖啡制作器具，品类众多、风味不一的咖啡豆，丝滑浓郁的奶香……咖啡的世界重新唤起了贾明润学习的热情。

"打发奶泡是特别基础的一个操作，但是要想做好，刚开始也挺难的。"经老师指导,得知在水中加入洗洁精可以练习打发奶泡后,贾明润利用课余时间反复练习"洗洁精水打奶泡"。经过上千次的练习,终于有一天,他可以稳稳地用牛奶打发出绵密稳定的奶泡。"那一刻的幸福感不言而喻,也让我明白要想提高技术必须不断练习,日复一日地努力才能有所精进。"

要想做出成绩,就要下苦功夫。成为一名优秀的咖啡师,必须具备全面的咖啡知识和制作咖啡的各种技巧。"如果想做好一杯手冲咖啡,首先需要明白咖啡豆产自哪里、种植于什么样的环境、采用什么样的处理方式最合适,控制好水温和冲泡时间……这些都是制作一杯有温度的咖啡的基础。"贾明润说。"当然,更重要的还是不断练习和思考。"

坚持本心是他长久坚守的信条,不忘初心是他一直秉持的信念。"我要在自己的工作岗位上继续不忘初心,砥砺前行,发扬工匠精神。从点滴做起,用勤劳的双手、一流的业绩成就属于自己的人生精彩。"说到这里,这个与咖啡结缘的男孩眼里有光。

启示:

为了掌握制作咖啡的技术,贾明润每天反复练习,专注于感受咖啡与水流的融合,最终通过刻苦练习,成为名副其实的"咖啡大师"。为适应市场经济发展的要求,职业素养在当今社会中越来越重要,用人单位对人才的要求也越来越高。高职生应及早意识到职业素养的重要价值,这样才能在日后的就业竞争中脱颖而出。

一、职业素养的内涵

素养是指一个人具备的素质与修养,也就是一个人在品德、知识、才能和体格等方面先天的条件和后天学习与锻炼的综合成果。

职业素养是个体在职业过程中表现出来的生理和心理条件基础上的综合品质,包含职业道德、职业技能、职业行为、职业作风和职业意识等方面。个体在职业方面的行为和观念的总和构成了自身的职业素养。也可以认为,职业素养即反映劳动者对社会职业的了解与适应能力的综合素质。

二、职业素养的意义

(一) 个人角度

从个人角度看,职业素养是一个人职业生涯发展的关键因素。个人缺乏良好的职业素养,就很难取得突出的工作业绩,更谈不上建功立业。因此,提高职业素养有利于促进人的全面发展。

(二) 企业角度

从企业角度看,员工的职业素养关系到企业的整体劳动效率。员工的职业素养与企业的整体劳动效率密切相关。企业唯有聚集一群具备较高职业素养的人员,才能实现生存与发展。

(三) 社会角度

从社会角度看,国民职业素养直接影响社会的稳定,影响国家经济的发展,提高国民职业素养有利于推动社会发展和科技进步。

三、职业素养与普通素养、职业素质、职业能力的比较

（一）职业素养与普通素养

职业世界对人的素养要求构成了职业素养的基本内容，日常生活世界对人的素养要求则构成了普通素养的基本内容。可以说，职业素养是个体通过职业行动和职业生涯表现出来的品质，具备职业素养的人不仅能够符合职业世界对人的基本要求，而且能够以其自身的良好品质应对职业世界的快速变化。普通素养是人们在日常生活的过程中养成的，如道德、良好的判断能力和批判能力、处理日常生活中各项事务的能力。它能保证人们更好地应对纷繁复杂的日常生活，以一种正确、健康的方式处理各种关系。可以将职业素养看作普通素养在职业世界的特殊化，两者的具体要求不同，却相互影响。

（二）职业素养与职业素质

职业素质是指从业者在一定的生理和心理条件的基础上，通过教育培训、职业实践、自我修炼等途径形成和发展起来的，在职业活动中起决定性作用的、内在的、相对稳定的基本品质。每个劳动者，无论从事何种职业，都必须具备一定的思想品德素质、生理素质、心理素质和科学文化素质。职业素质包含一部分先天的生理因素，职业素养是在后天的职业环境中形成的。

（三）职业素养与职业能力

没有运用职业能力完成具体工作任务的过程，就没有职业素养得以实现的载体。同时，职业素养通过指导我们在某种情境下如何行动，又成为职业能力得以更好地发挥的利器。例如，一个具备团队合作能力的人不一定就乐于进行团队合作，如认为团队合作的效率低于独立行动的效率，也可能因为个性更偏向于独立行动。可见，不是具备团队合作能力的人就倾向于在完成某个任务的过程中和别人进行沟通。因此，仅培养职业能力不够，还要培养职业素养，从这一点来看，职业素养是对职业能力的进一步深化和提升。

看一看

修行就在做事之中

明代思想家王阳明在江西讲学的时候，当地一位地方官员听得心领神会，很有收获，他找到王阳明说：我很想深入学习你的心学，但是我公务繁忙，实在抽不出时间来学习，这可如何是好呢？王阳明说：其实，最好的修行就在做事之中。例如你要断案，就从断案这件事上学习心学。当你判案时，要有一颗无善无恶的心，不能因为对方的无礼而恼怒；不能因为对方的奉承而高兴；不能因为同情对方而故意宽容他；不能因为自己的事务烦冗而随意草率结案；不能因为别人的诋毁和陷害而随别人的意愿去处理。这里所讲的一切情况都唯有你自己清楚。这就是良知，良知就是自己知道而别人不知道的。你必须认真省察克治，心中万不可有丝毫偏离而混淆是非，这就是致良知了。如果抛开事务去修行，反而处处落空，得不到心学的真谛。总之，始终秉持公正无私之心来做事，就是修行。如果离开工作去修行，就好像水中捞月。

四、职业素养的冰山模型

美国心理学家麦克利兰提出了个人素质的冰山模型。图3-2为个人素质的冰山模型示意图。而职业素质同样可以用冰山模型来表示。职业素质冰山模型的核心内容是：一个人的职业素养有显性素养和隐性素养之分，其中显性素养占个人职业素养的八分之一，而隐性素养占比高达八分之七。把一个人的全部才能看作一座冰山，浮在水面上的是他所拥有的资质、知识、行为和技能，这些就是个人的显性素养，这些可以通过各种学历证书、职业证书来证明，或者通过专业考试来验证。而潜在水面之下的东西，包括职业道德、职业意识和职业态度，我们称为隐性素养。显性素养和隐性素养的总和就是一个人所具备的全部职业素养。

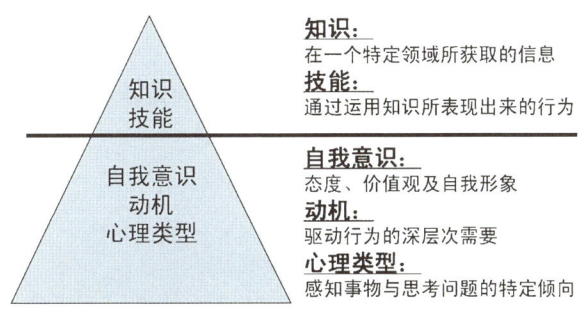

图3-2　个人素质的冰山模型

企业员工职业化程度的高低决定了企业的未来发展，也决定了员工自身的未来发展。是否具备职业化的意识、道德、态度和职业化的技能、知识与行为，直接决定了企业和员工发展的潜力和成功的可能性。具备职业素养，就拥有了相当的职业竞争力，也就迈出了获得成功的第一步。

> **看一看**
>
> **职业素养四张图**
>
> 职场中的职业素养，可以用四张图表示。
>
> **1. 工作境界**
>
> 态度可以决定事业和人生的高度。工作境界可分为三种，如图3-3所示。有人把工作看成谋生手段，他是用力在工作；有人把工作看成职业选择，他是用心在工作；有人把工作看成事业追求，他是用情在工作。有正确态度的人，永远是赢家。
>
> **2. 职场逻辑**
>
> 对个人来说，价值观稳定，工作、学习、生活才有秩序，不然就会陷入混乱。价值观摇摆不定的人，尽管态度积极，也无法形成正确的知识体系。
>
> 职场逻辑可分为四种，如图3-4所示。
>
> （1）情感逻辑。其基本主张是重理性，控情绪。对外界的刺激，我们不能做应激式反应，应该冷静思考。他人的言行伤害不了我们，重要的是我们对他人的言行的回应方式。

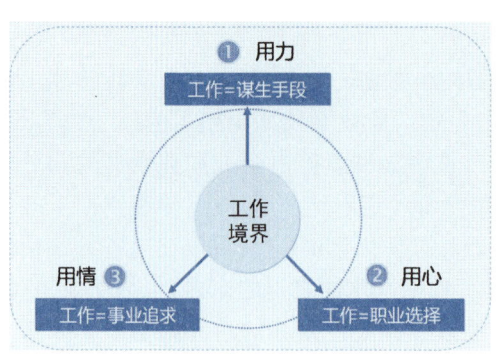

图3-3 工作境界

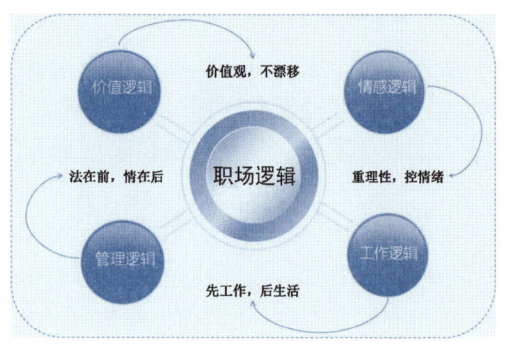

图3-4 职场逻辑

（2）工作逻辑。其基本主张是先工作，后生活。享乐在先与任何企业的价值取向都是背道而驰的。先把本职工作做好，才可能有物质待遇的提升。

（3）管理逻辑。其基本主张是法在前，情在后。

（4）价值逻辑。其基本主张是价值观，不漂移。

3. 职场行为

职场行为有三方面的要求，如图3-5所示。

（1）规范，包含流程、程序、制度、标准。对规范的遵守有三个境界：被迫、认同、自觉。因此，最高境界是自觉遵守规范。

（2）负责有三个境界：承担责任，采取行动；采取行动，效果良好；思考对策，做好预防。所以，负责的最高境界是有预防意识。

（3）合作，就是与他人配合、为他人提供帮助，以促进工作的完成。与规范、负责一样，合作也有三个境界：做好本职工作、主动协助、熟悉对方并主动支持。

图3-5 职场行为的要求

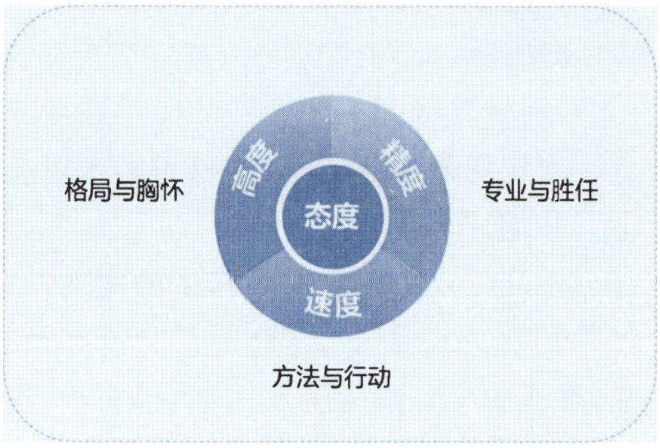

图3-6 职业四"度"

4. 职业四"度"

职业四"度"如图3-6所示。

态度是四"度"的核心。

高度指格局与胸怀。当我们把工作当成事业、用情工作的时候，格局就已经形成了。胸怀决定了格局的大小,容人容事,才能心宽路宽。

精度指专业与胜任。每个岗位都有专业性,找对领路人,专心做事,用心体会,专业度就会不断提升。先把事情做对,再把事情做好,就提升了职业活动的精度。

速度指方法与行动。要把态度、高度、精度落实到具体的行动之中。先把事情做对、做好,再把事情做快。

五、职业素养的要素

(一) 职业道德

在人们进行职业活动的过程中,一切符合职业要求的心理意识、行为准则和行为规范的总和被称为职业道德。它是一种内在的、非强制性的约束机制,是用来调整职业个人、职业主体和社会成员之间关系的行为准则和行为规范。

(二) 职业技能

职业技能是就业所需的技术和能力,包括智力技能、技术技能、人际沟通技能、企业组织管理技能等。

(三) 职业行为

职业行为是人们对职业活动的认识、评价、情感和态度等心理过程的行为反映,是职业目的达成的基础。它是人与职业环境、职业要求的相互关系决定的。职业行为包括职业创新行为、职业竞争行为、职业协作行为和职业奉献行为等。

(四) 职业意识

职业意识是人们对职业活动的认识、评价、情感和态度等心理成分的综合反映,是职业行为和职业活动的调节器,它包括诚信意识、顾客意识、团队意识、自律意识、创新意识、竞争意识和奉献意识等。

> **议一议**
>
> 案例1:病房里,实习生丁茹准备给病人打点滴。刚要注射时,她一不小心,手碰到了一次性注射针头。尽管患者没有看到,当时病房里也没有别人,丁茹的手也刚刚消过毒,但她还是决定更换一支新的注射器。
>
> 案例2:锅炉工小赵值夜班,晚上因为喝了酒而睡着了,被车间主任发现,罚款100元,并被要求做出书面检讨。事后,小赵非但不认真反思自己的问题,反而认为自己被抓是倒霉,还埋怨车间主任不近人情。
>
> 请同学们讨论:职业素养的形成要靠自律还是靠他律?

六、职业素养的提高方法

(一) 品德

"小胜凭智,大胜靠德",就是说小的胜利要靠我们的智慧去争取,而大的胜利和发展则必须依靠我们的品德。纵观那些杰出的成功人士,或许他们成功的过程各不相同,但他们都具备优秀的品德。

(二) 敬业

敬业,就是尊敬、尊崇自己的职业。如果一个人对职业有一种敬畏的态度,他就已经具有敬业精神了。一个人,如果没有基本的敬业精神,就无法成为一个优秀的人,更难以担当大任。只有把工作当成事业来干,工作才能长久,才能卓越,对待工作不是一般努力就可以,而应全力以赴。

(三) 主动

主动就是从"要我做",到"我要做"。不光要具有专业知识,肯埋头苦干,还要积极主动、充满热情、灵活思考。在公司,一个合格的员工不应只是被动地等待别人告诉他应该做什么,而是应该主动去了解和思考自己要做什么、怎么做,并且认真地规划它,然后全力以赴地完成。

(四) 责任

有担当才会有大发展。在职场中,责任感和发展的空间、机会往往是成正比的,也就是说,越敢于承担,越会有大的发展。一个一流的员工,还应该是一个优秀的责任承担者。一旦出现问题,不找借口,不推诿,而是主动承担,并懂得反思,避免同样的错误再次出现,这也是一流员工应该具备的良好品格。敢于担当的人,才能真正挑起大梁,获得更大的发展。

(五) 执行

执行力是所有企业都非常看重的能力,这也和每一个职业人士的发展密切相关。要想保证完成任务,就要做到四个到位,也就是心态到位、姿态到位、行动到位、方法到位。

(六) 协作

在团队中才能实现最好的自我。随着竞争日趋激烈,"独行侠"的时代早已过去,团队精神已越来越被企业和个人所重视。任何一个企业,如果只是一个人优秀,而不是大多数人优秀,甚至是人人优秀,那么不要说做大做强,连起码的生存都会面临危机。团队没有发展,那么个人的发展自然也就无从谈起。

(七) 智慧

有想法,更要有办法。要想成为一流的员工、获得发展,有一点非常重要,那就是做智慧型员工,不是简单地用手,而是用脑、用心去做事。加一点智慧的佐料,工作的汤就会鲜起来。

总结案例

党的二十大代表吴娜：用真情服务当好上海"守门人"

吴娜（图3-7）是上海虹桥机场安检护卫保障部旅检一科党支部书记。一身英姿飒爽的旅检制服，柔声细语地回应旅客的诉求……吴娜给人留下的第一印象便是"亲切"。

2006年，18岁的吴娜还在上海民航职业技术学院念书时，选择到虹桥机场安检的劳模集体"安捷组"中实习跟教，对旅客安检这一岗位的严肃和辛苦有了切实的了解。"我们的岗位与民航安全息息相关，所以工作时始终要保持神经紧张。"吴娜举例说，比如人身检查岗，每检查一位旅客，安检员就要弯腰、起身2次，高峰日一个班次下来，

图3-7 安检传送带旁的吴娜

这样的动作要重复2 000次以上。又比如验证环节，工作人员看着眼前的屏幕，"不仅要练就一双'火眼金睛'，不放过任何一件危险品，同时也要把握安检速度"。

吴娜2007年毕业后正式加入了"安捷组"。细心的她在平凡的岗位和枯燥的日常工作中，也发明了不少新工作方法，提升了虹桥机场的安检服务品质，也拉近了工作人员与旅客的心理距离。比如"登机牌折叠法"。吴娜发现，在验证岗位上，工作人员的双手经常被验讫章的油墨污染，很难搓掉或洗掉，旅客的双手、身份证甚至衣物也可能被未干的油墨弄脏。后来她发现，登机牌有一道折缝，方便航空公司员工在旅客登机时撕下一部分，她就想，如果把验讫章盖在这条缝上，再把登机牌沿着这条缝对折一下，把身份证盖在折过的登机牌上一并交还给旅客，油墨就能被藏起来。如今，"登机牌折叠法"早已被推广到虹桥机场所有安检通道。

年轻的吴娜在岗位上飞快成长，制服上的肩章由"一条杠""二条杠"变成了"三条杠"，她已成为"安捷组"的领头人，带领团队建立了指标量化、规范明确的岗位操作标准，展现安检员的专业形象，为旅客提供明确有序的引导。

"多用眼看一下、多用心想一点，就能给枯燥的工作带来互动的快乐，还能给旅客增添些许旅途中的惊喜。"这是吴娜常说的一句话。为此，吴娜首创了"姓氏称谓法""生日祝福法"等一系列服务创新举措。"人人都喜欢被尊重、被关注、被祝福的感觉，我们看旅客的身份证、登机牌就能知道旅客的姓氏，用'某先生''某女士'代替泛称，旅客往往会很开心。"举措虽小，用心至诚，吴娜和团队首创的这些服务法已被

推广到虹桥机场的每一个安检员,广受旅客好评。

启示:

吴娜时刻牢记工作责任,以细心、耐心的态度,不断积极提升自己的职业素养,最终成长为优秀的上海"守门人"。广大高职生要树立主动进步的观念,乐于学习、善于学习,在日常中完善自身,才能不断在职业生涯中取得新发展。

活动与训练

主题:目标职业素养扫描。

目标:掌握目标职业所需要的职业素养。

时间:30 分钟。

过程:

1. 同学们自由组合成为 5 人一组的活动小组,确定与本专业相关的或感兴趣的三个目标职业。

2. 小组对同一行业和类别的职业进行归类,每个小组选择一类职业,确定同一类别的职业对职业素养的要求有哪些,并按照态度、能力、兴趣、价值观等几方面进行划分。小组代表总结不同行业类别的职业所要求的不同的职业素养,并指出哪些是共性的,哪些是特殊的。

思考与讨论

1. 你想从事一份工作、职业还是拥有一项事业?为此你准备付出什么样的努力?

2. 我们经常听到企业在招聘时提到需要"训练有素"的员工,这里"训练有素"的含义是什么?

任务三　提升岗位胜任能力

学习目标

1. 理解岗位及岗位胜任能力的含义。
2. 熟悉岗位胜任能力的内容。
3. 掌握提升岗位胜任能力的方法。

导入案例

小刘的苦恼

小刘是公司的技术总监、核心技术骨干员工,公司的主打产品就是小刘牵头负责开发的,他的技术能力得到同事的一致认可。总经理为了留住小刘,任命小刘为技术副总。小刘升任技术副总后,主要工作是管理公司的技术部门。管理工作要处理人事调整、组织架构调整、团队建设等,他感觉很吃力,并为此感到苦恼。现在的工作经常要沟通、应酬,经常要给同事做思想工作,这都不是自己爱干的。如果继续这样下去,他会考虑离职。

启示:

职业发展通道是企业结合自身发展战略和员工个人成长目标,为员工设计职业发展方向和提供职业晋升机会的路径,包括管理通道和职业技能通道(图3-8)。总经理考虑到小刘是核心骨干员工,认为他适合做管理,并安排他做技术副总,从事管理的工作。事实上,小刘并不擅长从事技术团队管理工作。

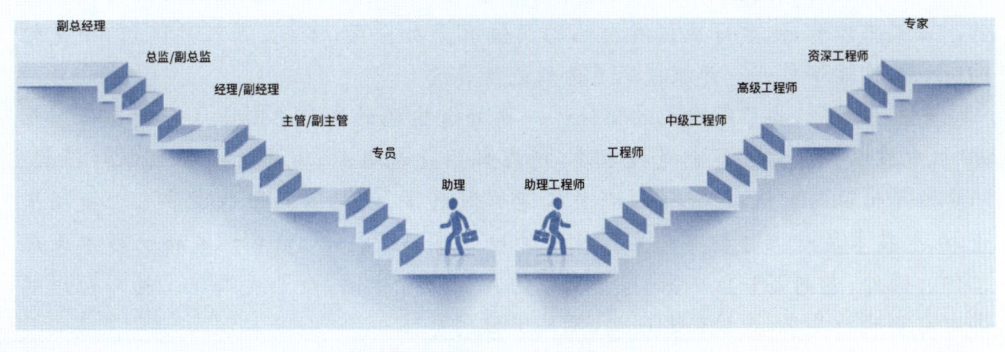

图3-8 管理通道和职业技能通道

一、岗位及岗位构成要素

(一)岗位

岗位是组织要求个体承担的一项或多项责任,以及为此赋予个体的权利的总和。它是社会经济技术发展的产物,是根据组织生产或工作的需要,并按照一定的标准化分工,由具体职责任务、工作规范和员工上岗能力指标要求组成的集合体,是员工从事活动或工作的载体,也是员工生存发展的平台。

> **议一议**
>
> 以5人或6人为一个小组,讨论分析学校里有哪些岗位,这些岗位有什么不同。

(二) 岗位的构成要素

岗位的构成比较复杂,是由岗位基本职责和任务、岗位工作规范、岗位用人标准、岗位劳动报酬等多种要素构成的集合体。

1. 岗位基本职责和任务

岗位基本职责是按照岗位标准要求确定的每名员工必须承担的责任。岗位任务是指员工应该完成的具体生产或工作目标。不同的岗位,其职责和任务是不同的,对其岗位业绩的评价标准也是不同的。如企业分管招聘的人力资源主管,其岗位职责主要是带领和团结下属的工作人员,为企业进行人才招聘,及时为企业的用人部门聘用到合适的人才。其工作任务就是根据企业领导的要求和企业的需要,预测、制订招聘计划;通过多种媒介,进行招聘宣传,扩大候选人的来源;对可能胜任岗位的人才进行识别;向用人部门推荐合适的候选人;办理人员试用的手续;等等。

> **看一看**
>
> **正式工作前的岗位认识**
>
> 小张从某高职院校机电专业毕业后,进入一家电力加工企业从事机电技术工作。正式工作前,他觉得应该对自己的岗位有更加全面、系统、深入的认识,于是他向岗位工作辅导员——资深技术员老刘进行咨询。
>
> 老刘告诉他,要了解自己的岗位。一要知道自己的岗位名称。小张的岗位名称是"机电技术员",岗位类别是技术类,所在部门是机电科,直接上级是机电科科长。二要熟悉岗位的职能,这是一位新员工能够做好事、做对事的最基本要求。概括来说,机电技术员是机电科安全生产技术管理的直接责任者,负责机电科的技术管理工作。此外,老刘还告诉小张,每个岗位的具体职责不同,企业发给职工的岗位说明书中有明确的要求,应该认真研读,明确岗位的责任。
>
> 听了老刘的介绍,小张既期待又紧张,他决定,要一边提高个人的岗位素质,一边更多地了解岗位的特征。

2. 岗位工作规范

岗位工作规范是指特定的岗位对任职者特征的基本要求,主要包括任职者应具备的教育背景、工作经验、知识技能、个性特征、身心要求和其他特殊要求等。

(1) 教育背景,主要包括受教育程度和所学专业。例如,专科学历,数控技术应用专业。

(2) 工作经验,主要是指过去是否具有从事某种工作的经验,以及从业时间。例如,从事心理咨询工作三年。

(3) 知识技能,主要是指从事该岗位工作所需的专业知识和专业技能。例如,精通数控机床系统的操作、管理与维护,了解大型数据库的操作。

(4) 个性特征。个性特征所包含的内容非常广泛,一般来说主要是指该岗位任职者所需具备的最为重要的个性特征。例如,善于与人沟通,工作耐心、细致。

(5) 身心要求。有些工作要求任职者具备特定的身体和心理条件。例如,视力能适应夜间工作、野外作业,心理状态良好。

（6）其他特殊要求，主要是针对某个岗位特殊的工作特点提出的要求。例如，能适应倒班工作制或经常出差。

3. 岗位用人标准

岗位用人标准是用人单位对本单位某岗位所需人员提出的录用标准。通常，岗位用人标准包括以下几个方面。

（1）能力标准，是用人单位对相应岗位聘任人员在专业技术、技能水平、工作经历等方面的要求，是考核其能否满足岗位要求的重要指标。

（2）素质要求，包括职业意识、职业道德、职业修养等方面的要求，是对职业能力的重要隐性内容的要求。

（3）其他要求，包括学历、专业背景要求等。

4. 岗位劳动报酬

岗位劳动报酬体现的是劳动者创造的社会价值，通常由三部分组成。

（1）货币工资，即用人单位以货币形式直接支付给劳动者的各种工资、奖金、津贴、补贴等。

（2）实物报酬，即用人单位免费或低于成本价提供给劳动者的各种物品和服务等。

（3）社会保险，即用人单位为劳动者直接向政府和保险部门支付的失业、养老、医疗等保险金。

> **看一看**
>
> **胜任特征**
>
> 戴维·麦克利兰首次提出了胜任特征的概念，认为胜任特征是能够区分在特定的工作岗位和组织环境中的绩效水平的个人特征。也就是说，这是一种能将某一工作中表现优秀与表现一般的人区分开来的个人特征，主要包括获取信息的技能、分析思考的技能、概念思考的技能、策略思考的技能、人际理解和判断的技能、帮助和服务定向的技能、对他人的影响技能、对组织的知觉技能、建立和管理人际关系的技能、发展下属的技能、指挥技能、小组工作和协作技能、小组领导技能等二十多个方面的胜任特征。

二、岗位胜任能力

岗位胜任是指在岗位工作中，个人能力、人格品质等特征能够满足岗位要求的状态。职业素养高的人一般都能很好地胜任岗位工作。岗位不同，其岗位职责也不同；管理岗位和技术岗位的能力要求差距也很大。总体而言，岗位胜任能力包括以下内容。

（一）岗位专业能力

无论学什么专业，将来选择什么岗位，都必须具备较强的岗位专业能力。学好专业是学生的职责。岗位专业能力个性化比较强，因此因岗、因人而异。同学们要结合自己的具体情况加强专业训练。努力学习，夯实专业技能，这是提升岗位能力必须做的。

（二）岗位学习能力

岗位学习能力是岗位专业能力的支柱，一个学习能力弱的人或学习意识淡薄的人，不可能有出色的岗位胜任能力,更谈不上岗位创新了。择业与就业是岗位学习的开始,而不是岗位学习的终止。

(三)团队协作能力

毕业生从学校走向企业,进入了一个新的组织,其组织性质、人员构成和活动方式都发生了很大变化,目标方向更是不同。具备团队协作能力的人能学会在不同的位置上发挥所长,与其他成员协调合作、进行有效沟通,具有包容心,善于发现别人的长处,不对个人得失斤斤计较。

(四)自我管理能力

对于职场新人来说,管理能力主要是指自我管理能力。自我管理能力是岗位发展的基础,也是团队建设的要素之一。自我管理包括自我学习的管理、工作时间的管理和岗位精神的培养等。一个无法自我管理的员工,不仅不能实现岗位发展,而且迟早会被岗位淘汰。

(五)岗位创新能力

具备了岗位创新意识,还必须锻炼岗位创新能力。想创新且有能力创新,这是新时代企业对员工的客观要求,也是员工岗位发展的必然趋势,更是优秀员工的标志。大学生只有早日培养创新能力,提升自己的竞争力,未来才能在岗位上得到更好的发展。

(六)岗位沟通能力

沟通是人生重要的生存和工作技能,岗位工作也需要与各方沟通才能完成。沟通就是交流思想和想法,互相理解,互通信息,解除误会,提高效率,使组织更加协调。

> **看一看**
>
> **麦可思工作能力研究**
>
> 麦可思将高校毕业生的35项基本工作能力归为五大类,即理解与交流能力、科学思维能力、管理能力、应用分析能力和动手能力(表3-1)。
>
> 表3-1 麦可思工作能力划分
>
> | 五大类能力 | 序号 | 名称 | 具体描述 |
> | --- | --- | --- | --- |
> | 理解与交流能力 | 1 | 理解性阅读 | 理解工作文件中的句子和段落 |
> | | 2 | 积极聆听 | 理解对方讲话的要点,适当提出问题 |
> | | 3 | 有效的口头沟通 | 在交谈中有效地传递信息 |
> | | 4 | 积极学习 | 理解信息中的启示,勇于解决问题,帮助自己做出决策 |
> | | 5 | 学习方法 | 能在工作时选择有效的方法与程序 |
> | | 6 | 理解他人 | 理解他人的反应 |
> | | 7 | 服务他人 | 积极地寻找方法来帮助他人 |

续表

五大类能力	序号	名　称	具　体　描　述
科学思维能力	8	针对性写作	根据读者需求有效地传递信息
	9	数学解法	用数学方法解决问题
	10	科学分析	用科学原理和方法解决问题
	11	批判性思维	运用逻辑推理来判断解决问题的建议和方法的优缺点
管理能力	12	绩效监督	监督和评估自己、他人或组织的绩效以采取改进措施
	13	协调安排	根据他人的需要调整工作安排
	14	说服他人	说服他人改变想法或行为
	15	谈判技能	与他人沟通并且达成一致
	16	指导他人	指导他人怎样去做一件事
	17	解决复杂的问题	识别复杂问题并查阅信息以发现和评估解决方案
	18	判断和决策	考虑各方案的成本和收益，决定最合适的方案
	19	时间管理	管理自己和他人的时间
	20	财务管理	决定怎样花钱以完成工作，并为这些开支记账核算
	21	物资管理	按照工作的特定需要获得设备、厂房和材料，并监督其合理使用
	22	人力资源管理	在工作中激励和指导人们的工作，寻找适合各项工作的人
应用分析能力	23	新产品构思	分析需求和生产的可能性以开发出新产品
	24	技术设计	按要求设计和改进设备与技术
	25	设备选择	决定使用哪一种工具和设备来做一项工作
	26	质量控制分析	对产品、服务或工作程序进行测试和检查，以评价其质量和绩效
	27	操作监控	利用仪表、控制器和其他指示器保证机器正常运行
	28	操作和控制	控制设备和系统的运行
	29	设备维护	对设备进行日常维护并决定什么时候进行何种维护

续 表

五大类能力	序号	名 称	具 体 描 述
应用分析能力	30	疑难排解	判断出操作错误的产生原因并决定对策
	31	系统分析	判断变化对一个系统运行结果的影响
	32	系统评估	识别系统绩效的评估方法或指标,根据系统目标制订行动方案来改善系统表现
动手能力	33	安装能力	按照特定要求来安装设备、机器、管线或程序
	34	电脑编程	为实现各种目的编写电脑程序
	35	维修机器和系统	使用必要的工具来修理机器和系统

三、提升岗位胜任能力的方法

(一) 树立正确的岗位发展观念

走出校门的第一次择业与就业是由学生向员工转化的第一步,是实现岗位发展和成长的关键节点。因此,树立正确的岗位发展观念是十分重要的。正确的做法应该是把工作岗位作为新的学习园地,不放弃每个学习机会,重新确立学习目标,树立正确的岗位意识。树立正确的岗位发展观念就是要对本职工作岗位的工作环境、管理风格、工作目标、岗位职责、过程管理、晋升路径、人际关系等有正确的认知和理解,调整自己的心态,与之相适应。

(二) 提升岗位适应能力

提升岗位适应能力,无论对新员工还是老员工而言都是必修课。进入新的环境后,一要适应环境,重新构建人际关系,融入团队;二要发现自己与岗位要求的差距,制订学习提升计划;三要积极参加培训活动,坚持终身学习的理念,把岗位能力提升作为不断适应岗位发展的支柱。现代人需要树立终身学习的意识,在工作中处处学习、时时学习,通过点点滴滴、持之以恒地学习,不断提升岗位适应能力。

看一看

提升业务额的正确路径

小金是某高职院校市场营销专业的学生,毕业后到一家保险公司做保险推销业务员。她是学校的优秀毕业生,但工作后完成的业务额却不够理想。起初她以为是自己对业务不熟悉的缘故,于是,开始认真学习保险业务。经过刻苦学习,业务额略有回升,却也只达到了其他业务员的一半。半年后,她觉得自己并不适合干这份工作,于是准备向经理递交辞职信。恰巧,经理当时正在和一个客户谈业务,没时间看辞职信。经理对小金说:"我正准备开会,你能替我接待这位客户吗?"小金同意了,她想反正准备离开了,跟客户谈话不必有什么顾忌,因此在谈话中,把自己学到的业务知识都搬了出来,结果非常成功,客户爽快地买了一笔大额保险。经理开会回来后问她还准备辞职吗,她认真想了一下,收回了辞职信。事后她发现,自己不是能力和业务知识不够,而是没有找到与客户交流的正确方法。此后,她积极向老业务员学习,认真学习沟通技巧,真诚对待客户,结果业务额大幅度增加。

(三) 制订合理的个人岗位发展规划

组织(企业)的发展规划和个人的岗位发展规划是一个统一体,实现两者之间的"共振"是现代管理发展的重要理念。组织(企业)发展规划的目的是"把人才放在合适的岗位上",个人岗位规划的目的是"保持对岗位的兴趣",两者的结合点是在合适的岗位上发挥合适的人才的优势。科学地制订自己的岗位发展规划是个人职业发展的重要前提,也是实现个人岗位发展的重要手段。

(四) 融入工作团队

岗位成长必须在团队中实现,脱离了团队,岗位成长是无所依托的。树立岗位发展意识,提升岗位适应能力,目的就是能够在团队中更好地工作和发展。融入工作团队,要接纳团队文化,还要遵守团队制度。作为员工,有必要提升自己的参与意识,融入团队,发挥集体力量,推动组织取得更大的发展。

(五) 增强与岗位匹配的主动意识

一是积极适应新环境。对于刚入职的新员工来说,周围的一切都是陌生的,能否快速适应环境、适应工作、适应岗位,关键在于自己是否主动。职场不比校园,不会有老师不断督促学习,许多时候学不学、学多少,完全在于自己是否主动请教,能否主动发现问题。

二是注重能力拓展。能力与知识、经验、个性特质共同构成了人的素质,这是胜任某项工作的条件。个人素质和能力的提升是一个动态过程,也是决定岗位匹配的关键。很多公司会采用一些办法帮助员工提升个人能力,但是岗位能力的拓展主要还是靠个人的努力。

三是立足岗位创新。创新首先体现在"创"字上,要善于在原有的工作中发现不足,想办法解决,而不是畏难和回避。这就要求员工具备敢于进行岗位创新的精神,敢于挑战自己,在日常工作中不断进步。只有这样,才有可能实现岗位创新。

努力成长为"大国工匠"的"钳工小将"

孟凡东(图 3-9)是徐州工程机械技师学院的一名学生。2021 年,他报名参加了第七届全国职工职业技能大赛。赛前训练中,他每天早晨 5 点起床背书,7 点开始实操训练,一直训练到夜里 12 点,吃住都在钳工工作室里,每天在两平方米的操作台旁一站就是十几个小时,终于一战成名,勇夺大赛钳工组第一名。

"产品就是人品,质量就是生命。我想把竞赛的精神带到我的工作里,把起重机

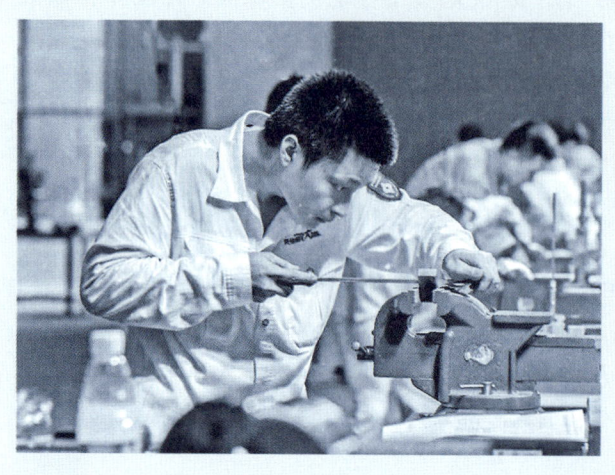

图 3-9 刻苦训练的孟凡东

也做成我手中的工件。"他积极学习车辆调试、装配、保养,连周边环节都清晰记录,力求做到知道整体布局、车辆状态,追求每台经手的调试车辆都无故障。大吨位起重机结构复杂、零件多样、调试困难,但他从不畏惧,一点一滴进行总结。不久后,他助力解决了起重机调试传统的盘架式带来的效率低、个人能力制约等难题,大幅度提升了调试过程的安全性,缩短了产品调试周期,提高了产品一致性,获得一致好评。

启示:

据孟凡东自己说,他开始学技术的想法非常单纯,就是盼着早点工作,好自食其力。随着年龄、阅历的增长,他渐渐地对自己的职业和人生目标有了更明确的想法,想成为一名合格的产业工人,干一行、爱一行、钻一行、精一行。高职生也能创造精彩,我们也应不断磨砺自己、突破自己,争做大国工匠。

 活 动 与 训 练

主题: 分析岗位胜任能力。

目标: 每人至少寻找 10 个岗位进行岗位胜任力分析。

过程: 通过网络查找、实际调查访谈等方法,查找 10 个不同的岗位,然后对其从业者应该具有的能力进行分析,并指出其中你认为最重要的 3 种能力,说明原因。

  思 考 与 讨 论

1. 谈谈你理想的职业岗位目标是什么,这种岗位要求从业者具备哪些能力。
2. 为了实现未来自己理想岗位的人岗匹配,分析一下自己存在哪些不足,并制订提升计划。

任务四　促进职场生活适应

1. 能正确认识学校与职场的区别。
2. 理解从学生到职业人角色的转换。
3. 能适应角色转换。
4. 能缓解职场中的压力。

被"炒鱿鱼"的小童

小童从某高等职业学院毕业后,进入一家大型医药连锁企业工作。面试时她的表现非常出色,公司领导很想将她作为一名骨干来培养。与她同时进入公司的几名同事要么学历没她高,要么学的专业没她对口,这使她产生了较强的优越感。由于刚参加工作,小童缺乏工作经验,公司领导安排她先从基层做起。小童觉得这实在是大材小用,加之初进公司就得到领导赏识,她在随后的工作中经常自以为是,不听老员工的建议,与同事关系不好,工作上也出了不少差错。不到一年,小童就被公司辞退了,这让她很郁闷。

启示:

小童对自己没有清醒的认识,认为自己水平高,理应担任更高的职务,理应受到公司领导的重视和同事的尊重,缺乏必要的谦虚。这是她未能完成职场生活适应导致的。初入职场,不懂得向老员工学习、团结同事,不能将所学理论知识与实际工作相结合,势必影响自己的发展。由此可见,正确地认识职场、适应职场十分重要。

一、学生角色与职业人角色的区别

(一) 活动方式的区别

从学生到职业人,首先存在活动方式上的变化。长期以来,学生习惯于知识和技能由外界给予的活动方式,习惯于输入;而职业人的活动则要求运用自己的知识和能力,向外界提供自己的劳动。这种从接受到运用、从输入到输出的转换,是一个重大的活动方式的改变。

(二) 社会责任的区别

从学生到职业人的转变,要求我们承担更多的社会责任,社会评价的标准也发生了变化。学生的主要责任是学好科学文化知识，掌握职业技能。职业人则以工作实践为主，以特定的身份去履行自己的岗位职责。学生责任履行得如何，主要关系到本人知识掌握的多少和能力培养的程度；而职业责任履行得如何，则关系到所在单位的产品、营销、管理、经济效益等，影响较大。

(三) 独立与否的区别

从学生到职业人的角色转变，要求个人具有承担社会责任的独立性。进入职场后，有了劳动报酬，在经济上就不再依赖父母。这种经济上的独立是一个标志，它表明家庭乃至社会对我们提出了全面独立的要求。

看一看

学生与职业人的角色差异

学生与职业人两种角色存在的差异如表3-2所示。

表3-2 学生角色和职业人角色的比较

环境比较		管理者比较		学习比较	
学校环境	工作环境	你的老师	你的老板	学校中的学习	工作中的学习
1. 时间灵活； 2. 有较长的节假休息； 3. 生活更有规律； 4. 问题有正确答案； 5. 教学任务清晰； 6. 存在分数上的个人竞争； 7. 奖励以客观性标准为基础； 8. 学习任务经常更新	1. 较固定的时间安排； 2. 不能缺工； 3. 无规律和不经常的反馈； 4. 节假休息很少； 5. 问题很少有正确答案； 6. 任务往往不明确； 7. 按团队业绩进行评估； 8. 更长时间的工作循环	1. 鼓励讨论； 2. 预留完成任务的交付时间； 3. 期待公平； 4. 知识导向	1. 通常对讨论不感兴趣； 2. 分派紧急的工作，交付周期很短； 3. 有时很独断，并不总是公平； 4. 结果（利益）导向	1. 抽象性、理论性的学习； 2. 正规性、结构性和象征性的学习； 3. 个人化的学习	1. 具体的问题解决和决策； 2. 以临时性事件和现实的社会生活为基础； 3. 社会性、分享性的学习

从学生角色到职业角色的转换，不仅仅是从"学校人"到"职业人"的身份转换，更意味着从宏大理想向现实追求的转换、从系统学习向实际应用的转换、从松散的校园生活向紧张的工作模式的转换、从家长呵护向自我保护的转换、从以学习为主向以工作为主的转换。进入职场后，我们面临复杂的人际关系，需要尽快融入组织，了解业务流程，掌握人际沟通方法，勤奋刻苦，脚踏实地，踏实工作，同时，还要学会保护

自己。

二、职业生活的适应

(一) 职业岗位适应

职业岗位适应的要求以所在工作岗位的职务、职责为依据,要达到职责所规定的各项内容的要求,包括具备本职岗位所需的工作技能、本职岗位所需的业务知识,具有一定的专业背景及理论水平,了解组织的各项管理制度等方面。职业岗位的适应体现的是对工作技能的熟悉。职业岗位的适应要通过自身的学习、模仿、反复操作和单位对自己的入职教育、实习安排、工作实践、师傅指导、岗位培训、技能训练来实现。

(二) 组织文化适应

一个人走上职业岗位,就会加入组织,受到组织的约束和指导,接受组织的引导和塑造。每个组织都有自己的文化,这种文化的核心是组织的价值观,其表现是组织做事的风格、模式,这集中体现在组织中的人际关系上。要想让个人的行为需求、个性心理特征与组织文化相适应,就要对自己的行为和思想进行一定的改变,才能满足组织的要求和期望,获得组织成员的接纳。具体来说,个人要在社会化的过程中学会如何与人相处、如何工作、如何进步等内容。

(三) 职业心理适应

个人对新职业的各种信息引起的感觉、知觉、注意、情绪、意志等都有一个适应过程,其中情感上的适应尤为重要。情感是人对外界事物的心理反应,环境的变化促使个人调节自己的情感与之相适应。如果对所从事的职业缺乏正确的认识和必要的情感,不仅不会热爱自己所从事的职业,而且会产生失望心理。部分毕业生在就业初期会不同程度地出现依附、从众、恋旧、畏怯、浮躁、空虚、迷茫、苦闷、失落等不良心理,如果不及时调整和矫正,这些不良心理必然会影响工作,影响个人的成才与发展。

(四) 人际关系适应

人际关系适应是指人对新的工作群体的适应过程。大学生在校期间的群体是依据同学关系建立起来的,相对来说比较单一,很少有利益上的冲突。进入职场以后,人际交往发生了变化,变得更加复杂,交往对象扩展到不同经历、不同年龄、不同层次的人。同领导、同事的交往方式与学生时代的交往方式有很大的不同,并且会出现利益上的冲突,这就需要注意协调好各种人际关系,以尽快适应新的群体。

(五) 知识和能力适应

知识和能力适应是指根据职业岗位所要求的知识和能力结构来调整和改善自身所具有的知识和能力结构,使之适应职业岗位要求的过程。毕业生在校期间所构建的知识和能力结构是否与职业岗位相适应,必须经过工作实践的检验。尤其在现今的知识经济时代,知识更新的速度在不断加快,这就要求我们不断调整和改善自己的知识和能力结构,以适应科技发展和职业发展的需要。

> **看一看**
>
> **职场新人需要处理好的四种关系**
>
> **1. 对上司：注重细节**
>
> 上司风格迥异，有的上司是谆谆教诲型，有的上司是大刀阔斧型；有的上司喜欢发布命令，有的上司则愿意倾听员工的意见；有的上司喜欢文字的汇报方式，有的上司喜欢图表的汇报方式。因此，与上司的交流和沟通要注重细节。比如向上司提交方案时，要考虑到上司的阅读习惯，是喜欢纯文字的还是图文并茂的，是喜欢长篇大论的还是言简意赅的。不管上司是怎样的风格，你都要按上司的工作方法和要求去完成工作。
>
> **2. 对老员工：学会放低自己**
>
> 新员工在与老员工相处时也容易步入误区。很多新员工担心老员工会用苛刻甚至挑剔的眼光来看自己，或者故意不支持、不帮助自己成长。新员工可以采取一些方式去有效化解这种焦虑，比如在完成自己工作任务的前提下，积极主动地帮老员工做一些力所能及的事情。新老员工同属一个团队，老员工希望新员工给团队带来更多的新鲜血液、提供更好的支持。所以，新员工如果能够更好地帮助大家完成团队目标和任务，而不是拖后腿，必然能得到老员工的认可，这也是获得认可的最好的方式。
>
> **3. 对兄弟部门：勤交流、多展示**
>
> 许多公司喜欢将不同部门的员工集合起来培训、交流，就是希望通过这种方式让大家对公司有一个宏观的认识，以方便大家在各自的部门顺畅工作。与其他部门的沟通，特别是与自己上游和下游部门的沟通必不可少。此类沟通更倾向于商务交际，职场新人需要做的是把握住每一次交流的机会。比如说，作为一名销售人员，需要经常到财务处报销，会遇到出纳、会计等同事。在和这些人交往时，就不能在业务上给人家添麻烦。另外，在进行新员工培训时，也有很多机会与其他部门的新同事相识。可以很好地在这个集体中展示自己，团结互助、友爱待人，从而获得其他部门的新员工的认可和青睐，也方便日后工作的顺利开展。
>
> **4. 对客户：服务意识摆第一**
>
> 职场新人有机会与客户接触时，要想着自己的一言一行代表着公司的形象。首先，如果新员工对公司不太熟悉，那么当客户提出相关问题时，不能乱说，最好婉转地予以回答，然后请示领导或者请其他同事提供各自意见和解决方案。其次，新员工要抓紧时间学习和了解所在公司的客户管理流程，熟悉实际操作的环节。最后，要时刻注意培养自己的服务意识，提高工作积极性。多向老员工请教和学习，平时多观察和思考，勤于积累，多做工作服务笔记，做一个用心的人。即使遇到"刁蛮"的客户，新员工也要心平气和，站在公司、组织、团队的立场上处理和解决问题。

三、缓解职场压力

（一）正确认识挫折

人们从事工作、学习、研究、创造活动，都是在一定的自然环境、社会环境、人文环境和组织环境中进行的。保持这些活动的顺利是人们的共同愿望,但职业生涯永远一帆风顺而不出现挫折,只是脱离实际的幻想。因此,应当对挫折有充分的心理准备,以达观、坦然的态度对待挫折,这样,在遇到挫折时就不至于过分激动和苦恼,而是保持冷静的态度,比较理智地分析造成挫折的原因,找出相应的对策。

(二)采取针对性措施

1. 针对个人的水平问题

要重新"充电"接受培训,以使自己扭转颓势。可根据实际需要和客观条件,参加一些培训班。如果这样做困难较大、难以兼顾,也可以考虑放弃现在的岗位,脱产学习,集中精力完成学业,再图发展。

2. 针对不熟悉工作的问题

当不熟悉工作时,需要在职业岗位上多加锻炼,从实践中学习,要多听、多看、多问其他人是怎么做的,从中汲取宝贵的职业技能经验及生涯发展经验。

3. 针对组织环境不好的问题

一个单位中存在着严重的不公平、领导对自己有成见并对自己的发展有障碍时,就需要考虑换一个更能发挥自己特长或者自己更加喜欢的组织环境。

4. 针对职业选择失误的问题

如果在职业生涯一开始时就选择失误,在工作实践中已经发现这个职业根本不可能做好,就应该马上重新选择职业,以找到适合自己的岗位,让自己轻松、愉快地工作。再次选择的时候,应当根据个人的条件、组织与自己的相容性和社会能够给予自己的机会,分析"维持现状"和"离开"的优劣,做出决策。

(三)纾解受挫的压力

纾解受挫的压力的方法为暂时脱离受挫折的情境,避免"触景生情",减弱受挫折后的不快心情,变换活动内容,转移心理关注方向。

(四)适当进行宣泄

宣泄即通过某种渠道,采取一定的方法,把受挫折后的压抑情感表达出来,以减轻受挫折后的心理压力,逐步恢复正常的精神状态。例如,向亲人和知心朋友倾诉自己的不快和愤懑,在空旷之处大喊几声。这些虽然不是解决问题的根本办法,却不失为缓解痛苦情绪的方法。

(五)提高逆商

可以通过陶冶情操、开阔胸怀、加强修养、培养意志等方式提高抗挫折能力。人的职业生涯际遇和逆商水平之间也有着一定的关系。要努力通过各种办法提高逆商,这样在职业生涯中遭遇挫折时才能坚强面对。

议一议

罗刚今年30岁,在一家高科技公司担任销售部经理已经4年了。当初,公司销售业绩不佳,罗刚主动请缨,从技术部门来到了销售部门。在他的努力下,公司的销售业绩连年上升。罗刚却苦恼起来。第一,从自己的个性和兴趣来看,他还是倾向于做技术工作。但回去做技术,收入又会下降。第二,现在的公司前途不大,一些竞争对手在向他招手,但他又担心去了新单位未必能干得好。第三,这些年的工作令他的心理压力越来越大,总觉得山穷水尽、心力交瘁。

你认为罗刚应该怎样选择?为什么?4~6人为一个小组展开讨论。

竹子定律

我们总是惊叹竹子的亭亭玉立,却很少仔细观察过竹子的生长过程。竹子的生长周期很长,往往四五年时间才能长几厘米。但是从第五年开始,竹子就会像被施了魔法一样疯长,仅仅六周就能长到15米。其中的奥秘是,竹子把所有的努力都用在了地下,一直在伸长根系。等到时机到来,竹子就会形成爆发性生长。人们感叹竹子的一鸣惊人,但又有多少人能熬过前几年的"几厘米"呢?《广雅·释草》云:"竹……其里曰笨,谓中之白质者也。""笨"字拆开,正是竹之本。竹子生长的秘密,也就是一个人能走向成功的奥秘。

启示:

竹子的生长先慢后快,看似愚笨,却是通往成功的不二法门。唯有如此,方能顶天立地。成功的旅途是非常艰辛的,人生的大部分时间都是在做积累,当力量达到某个临界点时,才能实现个人的飞跃。不要急于求成,不要担心自己的付出得不到回报,因为这些付出都是为了扎根。

 活 动 与 训 练

主题:职场竞争适应程度测试。
目标:初步了解自己的职场竞争适应程度,以便日后通过各种努力提高职场竞争力。
时间:20分钟。

过程： 下面这套测试题，能帮你初步测试自己的职场竞争适应程度有多高，能否应对日趋激烈的职场竞争。在下面的括号中填入代表选项的字母，计算得分，并与同学讨论如何提高职场竞争力。

1. 我喜欢和大家一起工作，可以互相帮助。（   ）
   A. 完全不是   B. 不太一样   C. 一般   D. 很像   E. 完全一样
2. 看到别人开好车，我会想要买辆更好的车。（   ）
   A. 完全不是   B. 不太一样   C. 一般   D. 很像   E. 完全一样
3. 我总想比同事穿戴得更好。（   ）
   A. 完全不是   B. 不太一样   C. 一般   D. 很像   E. 完全一样
4. 看到朋友比我成功，会激励我更加努力。（   ）
   A. 完全不是   B. 不太一样   C. 一般   D. 很像   E. 完全一样
5. 我不会拿自己和别人相比来衡量自己是否成功。（   ）
   A. 完全不是   B. 不太一样   C. 一般   D. 很像   E. 完全一样
6. 有人向我提问时，我即使不懂也要装懂。（   ）
   A. 完全不是   B. 不太一样   C. 一般   D. 很像   E. 完全一样
7. 我不希望与比我强的人共事。（   ）
   A. 完全不是   B. 不太一样   C. 一般   D. 很像   E. 完全一样
8. 我讨厌有人不懂装懂。（   ）
   A. 完全不是   B. 不太一样   C. 一般   D. 很像   E. 完全一样
9. 让我得意的是有个吸引众多同事眼光的异性与我关系密切。（   ）
   A. 完全不是   B. 不太一样   C. 一般   D. 很像   E. 完全一样
10. 我讨厌别人说："凡事不必太要强，不必凡事都争出头。"（   ）
    A. 完全不是   B. 不太一样   C. 一般   D. 很像   E. 完全一样
11. 我认为比我成功的人也不会事事都称心如意。（   ）
    A. 完全不是   B. 不太一样   C. 一般   D. 很像   E. 完全一样
12. 如果能获得特别的肯定，我乐意做个工作狂。（   ）
    A. 完全不是   B. 不太一样   C. 一般   D. 很像   E. 完全一样
13. 即使周遭的人都想表现，我也觉得做好本职工作就可以了。（   ）
    A. 完全不是   B. 不太一样   C. 一般   D. 很像   E. 完全一样
14. 当事情变得越来越棘手时，我会考虑争强好胜是否值得。（   ）
    A. 完全不是   B. 不太一样   C. 一般   D. 很像   E. 完全一样
15. 如果觉得不可能获胜，我会选择放弃。（   ）
    A. 完全不是   B. 不太一样   C. 一般   D. 很像   E. 完全一样
16. 人生中有太多比争强好胜更重要的事情。（   ）
    A. 完全不是   B. 不太一样   C. 一般   D. 很像   E. 完全一样
17. 我不认同把别人踩在脚下而获得成功的做法。（   ）
    A. 完全不是   B. 不太一样   C. 一般   D. 很像   E. 完全一样

计分方法：A＝5分；B＝4分；C＝3分；D＝2分；E＝1分。将以上题目的得分累加，得到总分。

25～35分：你的职场竞争心不强，并强烈地害怕失败。这种害怕和伴随而来的焦虑很可能就是你不愿意竞争的原因，也将成为你职业发展的最大障碍。建议你放开手脚，从实现眼前的小目标开始，一步步达到最后的成功。

36～49分：你觉得参与竞争太过辛苦，所以尽可能避免职业上的竞争，但这只是你的惰性使然。你应该把自己的竞争优势拿出来，仔细分析自己是否有实力参与竞争，你会发现，自己还是有潜力的。

50～65分：你在职场上不会事事与人竞争，通常视情况来决定是否参与竞争。如果竞争成功后的回报足以吸引你，就会让你想参与竞争。切记不要有太强的功利心。

66～79分：你性格开朗，见解独特，好胜心强，喜欢受人关注，喜欢追求成功。对你而言，竞争是一种生活态度。因此，你通常很注意自我形象，有坚定的信心，也愿意为成功而努力，而且成功率较高。

80分及以上：你是竞争爱好者。对你来说，竞争的过程比赢得胜利更为重要。这种性格虽然能使你在职场竞争中获得强大的动力，但你也容易因此失去朋友。要注意把握尺度。

  思 考 与 讨 论

1. 如何正确面对工作中的挫折？
2. 如何调整工作心态？
3. 为尽快适应职业环境，应该从哪几方面入手？
4. 请分析"这山望着那山高"的就业心态。应该如何调整这种心态？

项目四

掌握求职准备与面试技巧

任务一　收集就业信息

任务二　准备求职材料

任务三　调整就业心态

任务四　熟悉职场礼仪

任务五　掌握面试技巧

引导语

党的二十大报告指出:"就业是最基本的民生。强化就业优先政策,健全就业促进机制,促进高质量充分就业。"就业问题既是经济问题,又是关系到千家万户和社会安定团结的社会问题。一个人没有就业,就无法融入社会,也难以增强对国家和社会的认同。失业的人多了,社会稳定就会面临很大风险。人有恒业,方能有恒心。

现在,我国经济发展进入新常态,经济发展方式正在发生深刻转变,经济结构正在进行深刻调整。党和国家正实施积极的就业政策,创造更多就业岗位,改善就业环境,提高就业质量,不断增加劳动者,特别是一线劳动者的劳动报酬。

对于毕业生来说,求职是实现高质量、更充分的就业的第一步,也是走向社会的第一步。要想取得求职的成功,就必须学习、掌握求职择业的方法和技巧。俗话说"工欲善其事,必先利其器"。在求职活动中,求职者要根据自身的素质、特点、客观条件及就业期望等,选择适合自己的求职方法,在求职活动中精心准备,巧妙运用各种技巧,从而提高求职成功率。

任务一　收集就业信息

1. 掌握收集、分析、筛选、鉴别就业信息的方法。
2. 学会有效利用对自己有用的就业信息。
3. 能够通过适合自己的途径收集就业信息。

应聘高薪物流配送的骗局

一天,小耿在某大型信息交流网站上看到一则招聘信息。招聘信息显示,市内物流配送的月薪是 3 000 元至 5 000 元,全国物流配送的月薪是 5 000 元至 8 000 元。

小耿前往面试。面试是在物流园区的一个小房间内进行的。在简单了解他的情况后,对方说,他们单位收发货员的待遇很高,包括餐补、电话补贴、奖金,全部算下来一个月能挣七八千元。入职后有一个月的试用期,并要先去参加一个消防方面的培训。

在签订了一个内容、条款并不明晰的合同后,小耿被要求先交 600 元押金。犹豫再三,求职心切的小耿还是交了。次日,小耿到了指定地点,接待小耿的人收走了他的身份证,并索要了 100 元押金,然后告知他要培训 20 天。"在这 20 天里,我并没有接受消防培训,就是让我在那里当保安。20 天后,那人就让我回去。"小耿来到物流园区,结果发现招聘单位已人去楼空。

启示:

近年来,随着网络的迅速发展,网络招聘也步入高速发展期。巨大的网络空间为求职者提供了海量信息和机会,也为欺诈提供了温床,如职位信息与实际不符,甚至存在传销陷阱。如今,网络招聘骗局正从低级诈骗发展到职业诈骗,诈骗的"套路"不断翻新。它们有的通过培训、兼职陷阱敛财,有的骗取个人信息倒卖获利,有的借招聘之名窃取劳动成果,有的让应聘者点击植入病毒的木马链接盗刷应聘者的银行卡或支付宝……同学们一定要提高警惕,防止上当。

一、就业信息的收集渠道

(一) 各高校的就业主管部门

各高校的就业指导部门每年都会编制、上报就业计划,收集、发布学生就业信息,同毕

微课：获取就业信息的渠道

业生就业所涉及的上级主管部门、人才交流机构保持着密切联系，又是用人单位选择毕业生时所依赖的窗口。这些部门提供的信息，其准确性、权威性、可信度非一般就业渠道可比，而且信息及时、专业对口性强。

查一查

国家大学生就业服务平台（www.ncss.cn）是由教育部主管、教育部学生服务与素质发展中心运营的服务高校毕业生及用人单位的公共就业服务平台（图4-1）。平台集信息共享、远程见面、咨询指导、教育培训、经验交流、弱势帮扶、研究监测、政策发布与辅助管理功能于一体，为相关组织和个人提供全方位、高水平、个性化的深度就业服务。

图4-1 国家大学生就业服务平台

（二）各级就业主管部门和就业指导机构

每年教育部都要制定毕业生就业的有关方针、政策，各省、自治区、直辖市的主管部门也要相应地制定本地区的大学生就业实施方案，地域针对性较强。对于那些有明确就业地点要求的大学生来说，这种渠道的就业信息尤为重要。

（三）各级、各类人才交流会

全国各地方、学校都会定期或不定期地举办规模不等、形式多样的人才交流会，为各类专业人才的合理流动和学生的求职择业提供平台。各地方举办的主要面向本地区用人单位和毕业生的人才交流会可以在较短的时间内汇集众多用人单位的需求信息。在人才交流会上毕业生和用人单位直接见面，不仅可以直接获取许多信息，还可以当场签订协议，比较便捷有效。

（四）新闻媒体

毕业生就业作为社会普遍关注的热点问题，引起了新闻界的普遍重视，新闻媒体常报道有关就业政策、热门话题、讲座、招聘广告等内容。《中国大学生就业》等杂志、各地人才市场报及网络媒体上的就业信息也值得关注。

(五) 社会关系

本专业的教师更清楚你适合到什么单位就业,而且他们往往在科研协作、兼职教学中与对口单位有着广泛的接触。通过他们可以获得许多具体、准确的信息。亲友对你的就业更为关心,他们与社会的各方面都可能有一些联系,也可以帮助提供就业信息。

(六) 社会实践、毕业实习或业余兼职

同学们可以通过社会实践、毕业实习、业余兼职等活动,加强与有关单位的联系,增进彼此间的了解,直接掌握就业信息。

(七) 直接与用人单位联系

一开始可以"广撒网",给自己认为合适的用人单位写自荐信,确定重要目标后,可以进行电话预约,然后登门拜访。这种毛遂自荐的方式也不失为获取就业信息、获得就业成功的有效途径之一。

(八) 互联网

通过互联网获得就业信息是毕业生在信息时代收集信息的一种高效、快捷、便利的途径,而且随着人才市场化、信息化的进程不断加快,网络的普及程度不断提高,网上求职已经成为主要的求职途径。毕业生可以在网上查询到职业需求信息,又可以将个人信息,诸如专业、特长、个人情况、在校的学习成绩等输入系统,供用人单位在招聘时参考。

> **试一试**
>
> 针对上面八种就业信息收集渠道的特点,结合自身实际情况,对其进行优先排序。选择两三种渠道尝试收集信息,对比收集结果,看哪一种渠道更能满足自身的需要。

二、科学处理就业信息

(一) 就业信息分析

对就业信息的分析包括定性分析、定量分析和定时分析。所谓定性分析是指对信息进行质的分析,如对就业信息中的应聘条件、岗位特点、招聘对象的分析。所谓定量分析是从数量关系上对就业信息进行分析,如对某一职业岗位所需人数与应聘人数之间的关系的分析。所谓定时分析是对一定时间内就业信息发布的趋势进行分析。

(二) 就业信息筛选

对收集到的需求信息,毕业生应结合自己的实际情况筛选处理,去粗取精,去伪存真,进行有目的、有针对性的排列、整理和分析。对就业信息进行筛选时主要应考察信息的真实性、时效性和价值性。对信息的真实性进行考察,就是要排除那些虚假信息;对信息的时效性进行考察,就是要排除那些过期无效的信息;对信息的价值性进行考察,就是要认真分析它们对于自己而言所具有的不同价值。比如某些就业信息符合自己的职业方向、兴趣爱好、发展要求等,那么这类信息就比较有价值;反之,就是无价值的就业信息。筛选就业信息应注意以下几点:一是善于对比;二是掌握重点;三是了解透彻;四是适合自己。

（三）就业信息鉴别

就业信息鉴别的目的主要是辨别其真伪，判断其权威性及适用性，鉴别的对象主要是前一阶段筛选出的信息。要想弄清信息的真伪，就需要知道其源于何处、是谁提供的、提供的依据是什么等。要想辨别信息是否具有权威性，就需要掌握信息提供者的背景，比较同类信息的深度。要鉴别信息是否具有适用性，就需要首先了解自身的需求和特征。

（四）就业信息利用

就业信息利用主要包括以下几个方面：及时利用有价值的信息去选择适合自己的工作；根据职业信息的要求及时调整自己的知识、技能结构，提高自己的工作能力，弥补原来的不足；及时分享对他人有用的信息，因为有些信息对自己不一定有用，对他人却十分有用，遇到这种情况，千万不要抓着这些信息不放手。

> **看一看**
>
> #### 就业信息的七个关键要素
>
> 1. 招聘单位的全称及其所有制性质。招聘单位的全称往往包含多种信息，能反映出其所属的行业、管理系统、业务范围和内容、企业级别和所在地区等。所有制包括国有经济、集体经济、个体经济、私营经济、外资经济、混合所有制经济等多种形式。
>
> 2. 招聘单位所属行业及其发展趋势。如一名电工专业的毕业生，既可到供电部门工作，也可到工厂、商店、学校、医院工作。这些用人单位属于不同的行业，其发展趋势各不相同。
>
> 3. 意向岗位在招聘单位中的地位和作用。例如，一家商场中有售货、收款、仓库保管、会计、出纳、保安、保洁、运输、采购及各级管理等多种岗位，每个岗位在商场中都有特定的地位和作用。同样是当电工，在电力安装部门是一线工人，在商场、医院就是二线人员。
>
> 4. 意向岗位的工作环境和福利待遇。工作环境包括人际关系、工作时间（有无夜班等）、户外还是户内、流动还是固定，以及工作场所的温度、湿度、噪声水平等。福利待遇包括工资、奖金、保险等，有无进修机会和晋升可能也应包括在内。
>
> 5. 招聘单位的地理位置和发展前景。地理位置不仅与求职者上岗后每天上下班的距离有关，而且关系到一个单位的发展前景。交通不便、位置偏僻，是发展的不利因素。用人单位的固定资产、流动资金、科技含量、人才构成等因素，也与发展前景密切相关。
>
> 6. 招聘单位对求职者的具体要求，如学历、专业、身高、相貌、体力、户口，以及职业资格、技术等级方面的要求。有些用人单位还在心理素质、能否接受经常出差等方面有特殊要求。
>
> 7. 招聘数量和报名办法，包括用人单位本次招聘哪些岗位的从业者，每个岗位招聘人员的数量，报名的时间、地点、方式，应准备哪些证书（如学历证书、职业资格证书等）和材料（如简历和有关证明等）。

三、警惕就业陷阱

（一）招聘陷阱

（1）招聘会不合法。未经有关主管单位审批的招聘会是不合法的。

（2）用招聘掩盖违法行为。有些企业以招聘为幌子，实际上逼迫毕业生从事传销或其他违法的事情。

（3）变相收费。国家明文规定不允许招聘单位在大学生就业中收取费用，包括资料费、培训费、保证金、押金等。

（二）中介陷阱

中介陷阱有收取高额的中介费用、从事非法中介服务、收费后以种种理由推脱责任等。如非法中介机构之间相互串通，以大城市、高薪、就业落户等噱头开展中介服务，收取不菲的中介费后将应聘者介绍给外地中介，由外地中介找不法用人单位或私人小企业让应聘者打零工，并将其户口、档案长期违法扣留，甚至将其丢失。

（三）协议陷阱

（1）口头承诺。口头承诺没有任何法律约束力，切勿采取这种协议方式。

（2）不平等协议。在签订就业协议时，一定要谨防无保障协议、死协议、卖身协议等不平等协议。

（3）用就业协议代替劳动合同。就业协议和劳动合同具有不同的法律效力，绝不可用就业协议代替劳动合同。

（四）试用期陷阱

试用期陷阱主要指试用期过长。试用期条款是劳动合同中的约定条款，对双方都有约束力，试用期有无或长短由双方依法在劳动合同中约定。

在签订劳动合同的时候要注意试用期的起止日期，确认无误后方可签订劳动合同。劳动合同期限在三个月以上、不满一年的，试用期不得超过一个月；一年以上、不满三年的，试用期不得超过两个月；三年以上和无固定期限的，试用期不得超过六个月。

（五）培训陷阱

毕业生面临的培训陷阱主要有以下几种。

（1）培训机构收了培训费，仍然不给介绍工作。

（2）培训机构与用人单位联手坑害毕业生。毕业生交了高昂的培训费后，被推荐到一些不正规的用人单位，甚至在试用期就被借故辞退。

（3）用人单位的培训陷阱。有些用人单位要求新入职者必须经过培训，合格后方可上岗，结果往往是花费大笔培训费却不能过关。

> **看一看**
>
> **"培训贷"有陷阱**
>
> 近年来，一些不法培训机构利用求职季学生急于找工作的心理，表面上为学生设计各种培训计划，做出提供内推、实习，培训后安排工作等许诺，实际上在培训协议中嵌入贷

款合同,使许多学生在不清楚合同内容的情况下背上了高利贷,坠入"培训贷"的陷阱。对此,全国学生资助管理中心发布预警,提醒广大学生务必保持清醒、提高警惕、明法用法。

预警提醒学生要通过学校等正规渠道寻找实习、兼职或求职机会,对社会培训机构的资质和培训内容要进行深入了解和确认。

广大学生在签订相关合同时,要仔细阅读相关条款内容,弄清楚实际资费标准,不要盲目信任熟人,不要随意出借自己的身份证件,不要在未"吃透"合同条款的情况下轻易签字。要多了解熟悉金融常识,自觉加强法律法规知识学习,提高风险防范意识和自我保护能力,遇到不清楚的问题时,多请教老师、家长和学长,提高自己对"培训贷"的甄别和抵制能力。

全国学生资助管理中心同时提醒广大高校学生工作者,应在保护学生隐私的前提下,密切关注在校学生的大额经济支出,及时向学生,尤其是应届毕业生宣讲不良"校园贷"及其各类变种的危害,避免学生落入陷阱而不能自拔,避免小问题变成大问题。

(资料来源:王家源,"培训贷"有陷阱 学子别盲信,中工网)

(六)安全陷阱

求职过程中存在种种安全问题,大学生稍不留神就可能落入不法之徒设置的圈套中。
(1)不要在求职过程中上交任何能证明自己身份的重要证件的原件及复印件。
(2)在交纳各种费用之前要保持头脑清醒。
(3)对不合理的面试时间和地点、超常规的面试方式都要坚决拒绝。
(4)对工作性质描述不清,任务不明,或遮遮掩掩、行动诡秘的工作岗位要非常留心,不要被所谓的高薪吸引而失去判断力。

毕业生就业时一定要将安全放在第一位,思想上切不可麻痹大意,不可贪图钱财与享受,以免被引诱;行动上一定要细思慎想,以防掉入陷阱;具体环节上要步步为营,以杜绝授人把柄。

看一看

求职陷阱与应对策略

常见的求职陷阱与应对策略如表4-1所示。

表4-1 求职陷阱与应对策略

陷阱	具体形式	不良影响	应对策略
廉价试用	在招聘时,企业并不明确告知试用期。试用期的工资往往很低,企业承诺转正后工资会大幅度增长,但试用期即将结束时,企业便以各种理由把求职者开除	求职者会蒙受很大经济损失,同时也对职业发展不利	在确定入职前,最好多打听消息,询问工作情况,避免做"冤大头"。单位在短时间内连续招聘的人数多,求职成功的可能性较大,说明该单位可能在用人方面存在一定问题

续 表

陷阱	具体形式	不良影响	应对策略
粉饰岗位	招聘单位在招聘广告上把职位写成"储备干部""部门经理",其实却是业务员;有的单位会以到基层锻炼为幌子欺骗求职者,使他们继续工作	求职者就职后往往大失所望,心理落差很大,但是由于种种原因,可能选择安于现状,从而对职业生涯产生很大负面影响	求职的时候要搞清楚职位的具体工作内容,询问工作细节并仔细分析。某些用人单位提供不实的职位,常常冠以好听的头衔,却强调无需经验,这里面肯定大有文章
骗取创意	有些设计公司为了节约成本,通过大规模招聘的方式来获取好的创意或者方案。这类招聘往往要求应聘者做案例,进行创意反馈	这些公司并无实际岗位,求职者会因此失去其他工作机会	求职者事先要和公司约定好策划或者创意的版权归属,声明策划或者创意不得随意使用
面试收费	有人利用毕业生急于求职的心理,伪造招聘信息,或拿来现成的招聘信息改头换面,然后通知毕业生面试,要求毕业生把面试费汇入某个账户	面试是一种双向选择的机会,双方没有为对方提供任何具体服务,不应涉及费用,如果轻信,则会浪费钱财与其他求职机会	凡是要求提前汇款或带现金才有面试机会的信息,不要理睬。如果对方是你心目中向往的公司,可直接找对方人事部确认面试时间、地点
传销骗局	一些公司没有产品或只有价值低廉的所谓"高科技"产品,以洗涤类、营养类、药品类、健身类产品居多。它们通过电话或熟人传话,片面夸大赚钱如何容易,吸引求职者	这会影响求职者的正确求职心态,甚至让钱财"打水漂"	通过正规渠道和正当途径获取就业信息,拒绝道听途说。误入传销陷阱后,想办法摆脱,必要时向警方求助
中介陷阱	现在人才市场上从事职业介绍的机构很多,良莠不齐,中介机构和不法用人单位相互勾结,设下陷阱,骗取毕业生的钱财	此类机构和不法用人单位狼狈为奸,让求职者如入迷宫	一般要求交纳保证金或押金,采用分发名片、街头张贴广告及在公众论坛发布就业信息的中介机构不可靠,求职者可事先打电话询问当地工商行政管理部门、人事部门和劳动管理部门,核实后再做决定

总结案例

做足功课,前路无阻

小刘是市场营销专业的大学生,毕业前她选择了某家电销售公司的销售岗位作

项目四　　掌握求职准备与面试技巧

为自己求职的目标。为了应聘成功,她决定利用招聘会前的一周时间,为那家公司做一份市场调研报告。在接下来的几天里,她对该公司所有的产品做了细致的市场调查,对从市场份额、产品到竞争对手等各方面的情况都了解得清清楚楚,拿出了一份有分量的市场调研报告,最后在招聘会上击败了众多学历高于她的竞聘者,被公司录用。

小刘针对目标公司和岗位,结合自己的专业知识,给应聘单位提供了具有可行性的知识型成果。用人单位最希望的就是招聘到的人能实实在在地解决问题,对症下药,提出切实可行的解决方案,这样的人最能获得应聘单位的认可。

启示:

这个案例给了准备求职的大学生非常好的提示和帮助,也从另一个角度告诉我们,求职是有技巧、有针对性的。"求"不是简单的投简历、面试,而是一个"上下求索"的过程,在这个过程中做足功课,"职"会自然而来。

活　动　与　训　练

主题:筛选招聘信息。

目标:通过互联网查找和筛选企业招聘信息。

时间:20分钟。

过程:

1. 以至少三家企业为调研对象,最好和本专业相关,获取企业基本信息,了解企业用工情况。

2. 进行信息筛选后,请完成下面企业基本信息表和企业用工情况表的填写。

企业基本信息表

企业名称	企业基本信息			
	属于何种行业	发展概况	发展前景	企业文化

企业用工情况表

企业名称	企业用工情况			
	用工需求	岗位设置	岗位用工标准	岗位职责

━━━ 思 考 与 讨 论 ━━━

1. 除了书上列举的,还有哪些收集就业信息的渠道？
2. 如何有效地规避求职陷阱？

任务二　准备求职材料

学习目标

1. 掌握求职信的撰写要领。
2. 能够准确填写就业推荐表。
3. 掌握个人简历的主要内容和撰写方法。
4. 能够制作求职材料。

导 入 案 例

败在华丽冗长的简历上

　　小王在求职前花费 1 000 元钱做了 10 套华丽的简历,每一套都是厚厚一叠。招聘会上,小王看中了一家大集团的海外贸易部,交上华丽的简历。负责招聘的人员快速翻着简历,皱着眉头说:"你是什么专业的,到底要应聘什么部门,有什么特长？写这么多干吗？"说完,他把简历撂在了一尺多高的简历堆上,高声叫道:"下一个！"一个礼拜过去了,小王没接到任何面试的电话。而和小王一个专业的某同学却成功应聘到了小王心仪的那家大集团的海外贸易部。他告诉小王,他的简历只做了两页,一页介绍自己的基本情况,一页是大学期间的社会活动经历。他一说完,小王顿时傻了眼。

启示:

从这个案例中要吸取教训。简历制作应简单明了,突出重点和优势。简历的作用是简明扼要地介绍个人情况,内容为王,装饰过于华丽、内容过于冗长,反而会起反作用。招聘人员一般都有很多事务要处理,所以千万不要指望他们有足够的耐心读完一份冗长的简历。简历一般以一页为宜,如果要强调相关的工作经历,最好不要超过两页。

一、求职材料的概念

求职材料是毕业生在求职择业时,为了便于用人单位了解自己而准备的能说明毕业生本人有关情况的书面材料,一般包括求职信、就业推荐表、个人简历、学历证明、职业资格证书、获奖证明材料等。投递求职材料是求职者与用人单位取得联系、"投石问路"的常用手段。

求职材料非常重要,它是毕业生与用人单位之间交流信息的载体。毕业生可以通过求职材料向用人单位介绍自己的情况和求职意向,表达对用人单位所提供的职位的兴趣和努力工作的决心。这是争取就业机会的重要步骤,是通往就业之路的"敲门砖"。

二、求职信

(一)求职信的分类

1. 有针对性的求职信

这种求职信是在已经知道某个单位招聘信息的情况下写的,具有高度的针对性。在这种求职信中,称呼和内容都要针对特定单位的特定人员,主要介绍自己的主观愿望和特长,以吸引招聘者的注意,获得面试机会。

2. 广泛适用的求职信

这种求职信不分职业、单位和对象,没有求职的具体目标,带有一定的盲目性,成功率相对较低。它主要向用人单位介绍自己的概况,让单位了解自己并对自己感兴趣,普遍在供需见面会和人才市场招聘会上使用。

(二)求职信的内容和格式

1. 标题

求职信的标题通常只有文种名称,即在第一行中间写上"求职信"三个字。

2. 称谓

称谓是对收信人的称呼,写在第一行,要顶格写单位名称或个人姓名,在称谓后附上冒号。求职信的称呼比日常书信所用称呼正规。通常,写给国家机关、事业单位的收信人时,可以用"尊敬的××处长(或科长)"等称呼;写给外资企业的收信人时,可以用"尊敬的××董事长(或总经理)"等称呼;如果写给一般性企业的收信人,可以用"尊敬的××厂长

(或经理)"等称呼;若写给学校的收信人,则可以用"尊敬的××教授(或校长、老师)"等称呼。

3. 正文

正文要另起一行,空两格后写求职信的内容。正文内容较多,要分段写。

(1) 求职的原因。首先简要介绍求职者的基本情况,如姓名、年龄、性别、学校、专业。接着要直截了当地说明从何渠道得到有关信息,以及写此信的目的。这段是正文的开端,也是求职的开始,介绍有关情况时要简明扼要,对所应聘的职位的态度要明朗。为了吸引收信者有兴趣读下去,开头要有吸引力。

(2) 对所谋求的职位的看法,以及对自己的能力的客观评价,是求职信的重点。要着重介绍自己应聘的有利条件,特别突出自己的优势和闪光点,以使对方信服。语言要中肯、恰到好处。态度要谦虚诚恳、不卑不亢,达到见字如见人的效果。文字要有说服力,要给对方留下深刻印象,进而使其相信求职者有能力胜任此项工作。

4. 结尾

求职信的结尾应该包含两部分内容:盼回复和祝福语。例如,先写"期盼得到您的回复""静候佳音"等,然后另起一行,空两格,写表示敬祝的话。例如,写下"此致",然后换行顶格写"敬礼",这两行均不加标点符号。不必过多寒暄,以免画蛇添足。

5. 署名和日期

写信人的姓名和成文日期写在信的右下方,成文日期写在姓名下面。

6. 附件

有说服力的附件是鉴定求职者的凭证,是求职信不可忽视的组成部分。附件不需太多,但必须有分量,足以证明自己的才华和能力,比如自己的外语等级证书复印件(或扫描件)、计算机等级证书复印件(或扫描件)、获奖证书复印件(或扫描件)。附件可在求职信的结尾处注明。

> **比一比**
>
> 请将大家撰写的求职信进行集中展示,评一评,看谁撰写的求职信有特色、有亮点。求职信应是针对对口企业、对口岗位撰写的,并符合要求。

(三)撰写求职信的注意事项

(1) 篇幅尽量简短。只有篇幅简短、重点突出的求职信才能引起用人单位的注意,才能起到好效果。

(2) 突出个性。面对不同的招聘单位和职位,求职信在内容侧重点上要有所不同,必须有很明确的针对性,切忌千篇一律,没有自己的特色。只有突出自己的优势,并很好地体现招聘岗位要求和自身条件的匹配点的求职信,才会被招聘者赏识。

(3) 实事求是。要不卑不亢,适度的谦虚会让人产生好感,但过分的谦虚则容易给人留下缺乏自信的印象;与此相反,虚假浮夸的表述很容易被招聘者识破。因此,陈述要客观真实、适度修饰。

(4) 语句通顺,文字流畅。求职信一般要求打印,不要出现错别字,语句流畅通顺,文字通俗易懂,切忌用华丽的辞藻进行堆砌,少讲大话、空话和套话。

(5) 尽量不要谈薪酬。如果没有要求,不宜在求职信中谈论薪酬待遇。如果招聘者要求说明薪酬要求,那么就适度地说明,例如不低于××××元,或者参照行业薪酬标准的中等水平,并且注明这是可以协商的。

(6) 仔细检查。写完后认真阅读、修改,然后请周围的人帮助修改,避免有歧义的表述,避免重点不突出或者表述层次不清等疏漏,使求职信更准确地体现求职者的信息。

(7) 可以用中、英文两种文字撰写。现在有很多用人单位非常重视求职者的英语水平,用中、英文两种文字写求职信,可以使自己的英语水平得到展示。如果求职的单位是中外合资企业或外资企业,那么中、英文两种文字的求职信就更有必要了。

看一看

图4-2是一份求职信样例。

> **求职信**
>
> **尊敬的××经理:**
>
> 　　您好!我从5月1日的《××晚报》上获悉贵公司正在招聘网络编辑,如果公司想寻找一名生气勃勃、充满活力又能熟练文字处理的年轻人,我自信能够胜任。
>
> 　　我是××职业技术学院的应届毕业生,在校期间,除了一直在校报担任编辑外,还是××网站"生活"版的兼职编辑。三年以来,我对网络编辑的工作已经有了相当的了解,我自信有能力承担贵公司所要求的网络编辑工作。
>
> 　　我对网络有着非常浓厚的兴趣,能熟练使用Frontpage、Dreamweaver和Photoshop等工具。我的个人主页是http://www.xxx.com,日访问量已经超过100人次,欢迎您浏览我的个人主页。
>
> 　　基于对互联网和编辑事务的精通和喜爱,以及我自身的条件和贵公司的要求,我相信贵公司能给我提供一片施展才能的天空,我也相信我的努力能让贵公司的事业更上一层楼。
>
> 　　随信附上我的简历,如有机会与您面谈,我将十分感谢。我的联系电话是13300000000。在此致以最诚挚的祝愿。
>
> 　　此致
>
> 敬礼
>
> 　　　　　　　　　　　　　　　　　　　　　　　　　　张　业
>
> 　　　　　　　　　　　　　　　　　　　　　　　　2023年5月2日

图4-2　求职信样例

三、个人简历

要想从日益激烈的求职竞争中脱颖而出,首先要制作好个人简历,它是求职者介绍自己、推销自己的"人才说明书"。无论是哪一种招聘渠道,都要求提供个人简历。

(一) 个人简历所反映的内容

1. 求职者的能力与素质

招聘者会根据求职者受教育的程度、有无相关工作经历、取得过何种成绩等来判断求职者的基本能力和素质,因此简历中需列举具体的事实来证明求职者能胜任招聘岗位。

2. 求职者的职业诚信

招聘者很看重求职者的职业诚信,会注重求职者工作的稳定性及材料表述的真实性,如果频繁跳槽或经历表述中有隐瞒、欺骗现象,就会使招聘人员对求职者的职业诚信有所怀疑,影响求职者的求职。

3. 求职者的思维特征

招聘者会通过简历表述的层次性、逻辑性、准确性及文字写作能力,来判断求职者的思维特征。

招聘人员往往先通过阅读个人简历对众多求职者进行初步的筛选,因此有精心准备的简历者更容易通过初审。

简历创意介绍

为了在激烈的就业竞争中脱颖而出,众多求职者设计了多种多样的创意式简历,以下几种可供参考。

一、视频简历:视听形式的冲击波

小李的视频简历可谓独树一帜,招聘方先是诧异,继而兴奋地把他的"简历"放入光驱。播放器屏幕上一开始出现的是他在校辩论赛上唇枪舌剑的场面,几分钟后他又出现在舞台上引吭高歌,过了一会儿,镜头锁定在绿茵场上,展示了他一记精彩的凌空抽射……这段视频全方位地展示出了小李的特长和风采,令招聘方十分满意。

视频简历的最大意义在于,它颠覆了传统的求职方式,使传统的个人简历中用文字方式表现的"特长介绍"等多项内容变得具有可视性、可听性,从而在客观上提升了可信度和深刻度。

二、网页简历:信息时代的"无纸化"求职武器

小徐学的是计算机专业,利用自己的专业知识,他花了两个星期的时间为自己做了一个漂亮的简历网页,里面有自己的各种详细介绍,包括一个学习成绩查询系统,自己历年来在各大报纸、杂志上发表的专业文章及链接。招聘者只需要轻轻一点鼠标,关于小徐的各种资料便一目了然。在招聘会上,别人投过去的都是一份文档,而他的简历只是一张印有自己主页地址的名片。

在信息时代,这种简历显现了它的优势:信息细致全面,易于查询,操作方便快捷,完全摒弃了纸质简历的厚重、烦琐,还可以为自己省下一笔不小的复印费。

三、卡通简历:以动漫演绎"个性人生"

小卢把自己的简历以漫画形式展现出来,即把自己画成漫画人物,也把自我介绍中的个人经历、特长都用连环画的形式表现出来,内容详细周密,版面活泼生动,活力和朝气扑面而来,结果她被某幼儿园高薪聘用了。该园的园长解释,他们需要的就是这种富有创意、童心未泯的求职者,从她的特色简历中我们能够看到她应该是一个有爱心、爱护学生的好教师。

卡通简历的成功有它的必然性,也有它的偶然性,它并不适合所有的求职者。如果你求职的意向是部门主管等较为正式的职位,满纸涂鸦的卡通简历不但不能帮上你一点忙,反而会让招聘方觉得你过于天真、不成熟,断送了自己的前途。因此,要视你的求职意向灵活选用。

四、写真简历:美丽时代的眼球效应

当招聘人员不断地翻阅一大堆千篇一律、密密麻麻的文字简历时,突然几张精美的个人写真照片映入眼帘,能使人眼睛一亮、赏心悦目,使招聘者对应聘者产生一定的好感。正是基于这种微妙的心理作用,这种先声夺人的写真简历颇为流行。

写真简历中照片的数量不宜过多,选取较有代表性的几张即可,而且穿着要端庄、职业化,显示出自己的自信与大方,切忌给人花哨、不务实的不良印象。

(二) 个人简历的撰写方法

微课:简历的构成要素

简历要求求职者对个人的成长经历有重点地、简要地做概述。用人单位将简历传递的信息与招聘岗位进行匹配,通过判断求职者对应聘岗位的胜任程度,决定其能否进入面试环节。因此,简历一定要与应聘岗位高度匹配。

1. 自我分析——自己拥有什么

首先,明确职业价值观。求职者一定要明确地知道自己想要一份什么样的职业,即明确工作价值观,它支配着求职者的选择。

其次,梳理与应聘职位相关的学业、经历、培训等,写明自己参加过的社团活动、志愿服务、社会兼职、相关的休闲活动。

最后,进行能力分析。通过对过往经历的梳理,明确自己所具备的知识技能、可迁移技能和自我管理技能,并列举事实证明。

2. 企业分析——企业需要什么

首先,对所应聘的企业进行深度分析。例如,企业所处的行业,该行业的发展前景,企业的成长史、企业文化、目前的运营情况、薪酬和福利待遇、晋升空间,判断其是否与自己的工作价值观相匹配。

其次,对所应聘的岗位进行分析。例如岗位职责、任务、劳动强度、工作环境、对应聘者的能力要求。

3. 信息展示——人职匹配

首先,要明确求职岗位。没有求职意向的简历只能被称为履历。在简历中要明确自己的求职岗位。

> 看一看

求职简历样例

图4-3所示的是一份求职简历样例。

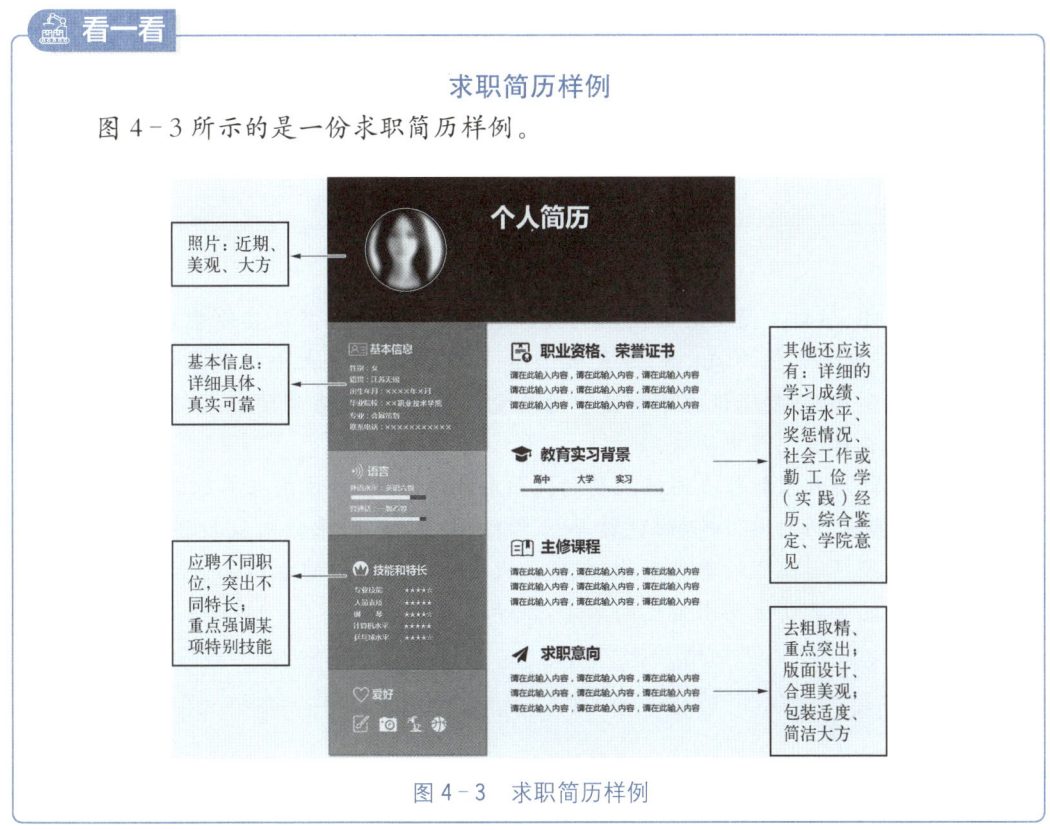

图4-3 求职简历样例

其次,简历中信息的展示。要将"自身拥有的"与"企业需要的"进行匹配,要给用人单位一种"众里寻他千百度,蓦然回首,那人却在灯火阑珊处"的感觉。

最后,信息展示要分轻重。与应聘岗位紧密相关的信息要优先写、重点描述,与应聘岗位无关的信息不要写,学会舍弃。

(三)个人简历制作的注意事项

1. 真实

对简历最主要、最基本的要求就是真实。诚实地记录和描述,能够使阅读者产生信任感,而用人单位对求职者最基本的要求就是诚实。个人简历中不能弄虚作假、编造经历。

2. 简练

招聘人员每天要面对大量的求职简历,一般在粗略地进行阅读和筛选时,在每份简历上所用的时间不超过一分钟。如果简历篇幅很长,阅读者缺乏耐心,难免漏看部分内容,这对求职者是很不利的。

3. 突出重点

重点突出才会给人留下深刻的印象。个人的优势是整份简历的点睛之笔,是最能吸引人的地方。

4. 勿过度包装

从实际效果来看,多数用人单位更看重应聘者的真才实学,对过度包装的简历不会有特别的好感。

5. 有自己的特色

用人单位在招聘期间，通常都会收到大量简历。如何让负责招聘的人对你的简历留下深刻印象，并决定给你一个面试的机会？这就需要我们在简历中针对应聘单位的性质和应聘职位突出自己的特色。

看一看

简历投递小窍门

统一复印、装订。简历后面所附的复印件，如奖学金证书及其他荣誉证书复印件，最好统一使用白色的A4纸，避免大小不一，同样颜色和大小的纸张会给招聘者一种专业的感觉，还要保证打印和复印的质量。另外，应将各类资料装订在一起，防止这些材料在传递过程中丢失。

注意在简历和求职信上写好应聘的岗位和联系方式，方便用人单位进行反馈。

将已投递简历的单位建档，包括单位名称、联系人、联系方式及投递的材料等，同时记住已经投递简历的单位名称，以免某天接到招聘单位的电话时手忙脚乱。

在打印的求职信上签上自己的名字，以示诚意和尊重。

四、就业推荐表

就业推荐表是由各学校毕业生就业指导服务中心统一印制的，其中包括姓名、性别、民族、出生年月、政治面貌、学校名称、专业、学历、培养类别、外语水平、健康状况、特长、奖惩情况、在校表现、院系推荐意见、学校毕业生就业指导中心意见等（图4－4）。

姓　名		性　别		民　族		照 片
出生年月		身　高		政治面貌		
学　历		学　制		健康状况		
所学专业				培养方式		
生源地区	省	市		县		
外语水平				计算机水平		
个人爱好				特　长		
联系电话				手　机		
电子信箱				邮政编码		
通信地址						
获奖、评优及社会实践情况						
学院见、团组织综合评语及就业推荐意见： 辅导员签字： 学院党总支签章 年　月　日						
学校毕业生就业主管部门意见： 签　章 年　月　日						

图4－4　大学生就业推荐表样例

填写就业推荐表时的注意事项有以下几点。

（1）不能涂改。就业推荐表具有代表校方的作用，有关部门加盖了公章。因此，填表的时候一定要细心、认真。特别是院系推荐意见等部分，一旦有涂改的痕迹，就可能引起用人单位的误解。因此，发现错误时，应当换一张重新填写。

（2）展示自己的突出优势。如果自己具有一些突出优势，可以在就业推荐表里展示，比如发表的重要作品，或者突出的外语能力、突出的学生工作经历。

（3）保证就业推荐表的唯一可信性。就业推荐表的原件不可仿制，更不可谎称遗失而补办。这样做会影响学校的声誉，从而造成不良影响。毕业生在双向选择的过程中可以使用就业推荐表的复印件进行自我推销，只有与用人单位签订协议时，才向用人单位或人事主管部门交出就业推荐表的原件。一定要保管好就业推荐表原件。

五、求职材料的制作

求职材料不是求职信、个人简历、就业推荐表等各类文件的简单装订，而应当是一份能吸引用人单位、展示自我才能的精美手册。

1. 整理编撰

原始的材料很多，一般按照以下五个方面分类整理：个人简历性材料、专业学习材料、奖励评论性材料、社会实践材料、特长爱好材料。求职时不能将所有材料简单叠加后交给用人单位，必须针对用人单位和求职目标的具体要求，结合自己的实际情况，将材料合理取舍、有机组合，从而充分体现出你的竞争优势。

2. 适度包装

对编撰后的材料应加以包装。首先要设计好封面。封面设计的基本原则和要求是美观、大方、醒目、整洁，不可过于花哨。成功的设计，会给用人单位留下良好的第一印象。一个好的封面应包括学校名称（可附上学校的标志性图案）、专业名称、"求职材料"字样、个人姓名、联系方式（包括通信地址、手机号码、邮箱地址等）。为了不显得单调，可以在封面的右下角设计一个简单的图案。但切不可把图案当成封面的主体，否则就会喧宾夺主。

材料要按照适当顺序编排，统一用 A4 标准纸打印后装订。包装要适度，装帧不能太华丽，保持整洁、大方很重要。

3. 全面审查

对包装好的求职材料，必须做全面的认真审查，确保无任何错误、遗漏或残缺。

总结案例

网上投递简历不可忽视细节

首先，要核对简历中的基本信息。简历中预留的电话和邮箱非常重要，但容易被忽视。有的应聘者的简历中预留的电话已停机，还有的应聘者预留的邮箱被判定为垃圾邮箱，这些失误会影响用人单位的联系顺畅程度，甚至直接导致求职失败。因此，简历完成后应复核手机号和邮箱是否书写正确、是否畅通。

其次，投递简历要注意命名格式。一般校招中，企业对应届生的简历会有命名要求，一般格式为应聘岗位＋学校＋专业＋姓名，如果有明确的命名要求，请按照企业要求正确书写。

最后，注意邮件正文的撰写。很多求职者的邮件只有附件而没有正文，显得简略、不正式。一般而言，邮件的正文需要明确介绍自己的意向岗位和个人简介。例如，意向岗位是分析化学研发工程师，投递邮件的正文可以写："我的意向岗位是分析化学研发工程师,专业背景是某高职院校化学专业,有××学习、实践经历,相信自己能胜任岗位。"这样的正文简介让招聘者打开邮件就能了解你的求职意向。

启示:

想要让求职过程得以有效展开,不仅要有一份过关的简历,而且要确保招聘人员能看到我们投递的简历,并对我们产生良好的第一印象。人们常说"细节决定成败",在网上投递简历这一求职环节体现得尤为明显。

 活 动 与 训 练

主题:掌握求职简历的制作。

目标:学会制作、评价、完善求职简历。

时间:45分钟。

过程:

1. 学生课前制作自己的个人简历。

2. 5~7人为一组,小组长收集本组同学的简历,并与其他小组交换。

3. 各组阅读收到的简历,进行讨论,按照下表的标准,选出最好和最差的简历,对全班同学进行分享与点评。

简历评价表

项　　目	是	否
1. 格式:是否有吸引力?		
2. 外观:是否简明?布局是否清晰和易于阅读?打印是否整齐?格式是否正确?		
3. 长度:是否简明、恰当?		
4. 突出:是否说明了与申请职位最相关的经历?		
5. 表达:用词是否生动?职业目标描述得是否清楚?		
6. 切题:经历是否与申请的职位有关?		
7. 完整:是否包括了所有的重要信息?		
8. 准确:是否准确地反映了本人的情况?是否有助于取得一次面试机会?		
9. 技能:是否反映出了与申请职位有关的技能?		

4. 全班讨论,找出优秀简历的共同点,据此修改自己的简历。

思考与讨论

1. 根据自身专业、爱好及求职意向,制作一份个人简历。
2. 制作个人简历的要点和技巧有哪些?

任务三 调整就业心态

 学习目标

1. 能做好择业前的心理准备。
2. 能积极应对求职前后的心理变化。
3. 能主动强化心理素质。

 导入案例

求职路上,学会"收拾心情"

小梁毕业于某职业院校。他从毕业至今只找过两份工作,工作时间加起来不超过 6 个月,其余时间全部处于待业状态。第一份工作是在一家食品企业从事销售工作,3 个月后离职。离职的原因一是看不惯身边"小人"太多,二是认为老板"眼睛长在头顶上",认为他表现不佳。他不能理解与人相处时为什么不能以真面目示人。他离职后心情极度郁闷,不愿与人交流,整日闷在家里,更别说再次求职了。

2023 年 3 月,父母又通过熟人给他找了一份工作。但不到一个月的时间,他就因为枯燥的工作内容、无聊的同事、低廉的薪水、漫长的实习期等原因产生了离职的念头,甚至对人生的价值产生了怀疑。最后,他不顾父母、朋友的相劝,还是决定离职。

启示:

小梁两次求职都因不能适应职场而退出,这种情况是初入职场的毕业生中常见的。他们由于能力和社会经验不足等原因往往不能快速调整心态、融入职场,甚至可能由于一次求职失败就产生了错误的认知。这时候就需要在第一时间意识到自己出现了不正确的心态,并且积极地采取科学的办法去调整,"收拾心情"后再次上路。

一、常见的就业心理问题

（一）自负或自卑

由于毕业生自我评价能力的不完善，其自我评价往往不准确。或者脱离社会，对社会客观环境缺乏正确认识；或者过于依赖自我感觉，而对自我缺乏理性的认识和评价。

自我评价过高容易产生自负心理，这种情况多出现在学习成绩好、工作能力和社交能力较强的同学中。他们择业时往往以个人的主观择业标准去衡量社会需要，忽视了现实对毕业生综合素质的要求，高估了自己的知识和能力水平，期望值过高，容易脱离实际，以幻想代替现实，择业目标和现实存在极大的反差，在求职择业过程中挑三拣四、自命不凡。同时，在日趋激烈的人才竞争中，一些毕业生因为自己所在的学校知名度不高、所学专业属于冷门专业，或者自己在班上的综合排名靠后等情况，产生了自卑心理。自卑是一个人对自己的否定，常表现为缺乏正确的自我认识，自惭形秽，缺乏信心和勇气。过度自卑还会导致精神不振、消极厌世，甚至走向极端。自卑心理严重影响毕业生的求职择业，使其不敢正面对待就业问题，同时阻碍其聪明才智和创造力的正常发挥。由于缺乏自尊心、自信心，毕业生看不到自己的优势和优点，不敢主动向用人单位推销自己，不敢主动参与就业竞争，陷入不战自败的困境中。例如，在参加用人单位的面试时，常常面红耳赤、语无伦次、答非所问，面试前准备的"台词"忘得一干二净；或者由于谨小慎微，唯恐一句话说错、一个问题回答不好会影响自己在用人单位代表心目中的形象，不敢说话，没有把自己的特点和优势表现出来，由此失去到感兴趣的单位发展的机会。

（二）畏惧挫折

由于事先对严峻的就业形势缺乏充分的认识和心理准备，一些毕业生在就业过程中遭遇几次失败后，对自己的能力产生了极大的怀疑，因而害怕面试，甚至采取逃避的态度，应聘时过分担心自己某方面的能力或经验不足，过分谦虚，不敢自荐，与就业机会失之交臂。部分毕业生在面对就业过程中的挫折和打击时表现得很脆弱，心理承受能力低下。他们习惯于校园生活，对环境的适应能力差，在择业过程中一旦遇到挫折或不顺就怨天尤人，感到无能为力，失去信心，往往会出现不思进取、情绪低落、情感淡漠、意志麻木等情况。当再次遇到机会的时候，他们有心灰意冷、担心失败的心态，从而失去重整旗鼓、再次进取的勇气，失去了很多机会。其实"失败乃成功之母"，求职失败以后，只要吸取教训，更勇敢地面对市场竞争，寻找机遇，把握机遇，机遇就会眷顾你。

（三）盲目从众

从众是我们日常生活中常见的一种现象，毕业生在求职择业时也往往会出现这种情况。部分学生缺乏对自身的理性认识，对自身的条件和性格特点不能全面分析，不能客观地分析社会的需要，因而在就业时产生了随波逐流的盲从心理，而没有"量体裁衣"的求职意识，不懂得适合自己的、能够发挥自身特长的岗位才是最好的。他们在求职择业时，瞻前顾后、勇气不足、人云亦云，自己毫无主见。对自己的优势及劣势知之甚少，对所选的单位、工作岗位一无所知，盲目追求高待遇，热衷于热门职业，应聘的人数越多，他们对该职业的渴求越强。也有学生看到别人去大城市或经济发达地区择业，自己就跟着效仿。受社会功利主义的影响，择业时名利心过重，对金钱和名利的看法出现了偏差，相当多的毕业生把择业目光投向相对稳定、待遇优厚的行业,而不考虑自己的主客观条件,以致在激烈的竞争中失败,造成了心理落差。把自己限制在狭窄的求职道路上,会错失不少就业机会。

(四)攀比嫉妒

毕业生在求职过程中往往存在很强的竞争意识,容易产生嫉妒心理。在寻找工作单位时,毕业生往往会和自己周围的同学进行比较,在这种心理的作用下,即使有些单位非常适合自身发展,但因其某个方面比不上同学选择的就业单位,毕业生就轻易放弃,事后却后悔不已。有些毕业生甚至极端地认为自己在择业上的失败与自己的同学有很大关系,是那些比自己条件好的同学抢去了自己的饭碗,进而对周围的同学产生愤恨。愤恨是从嫉妒中分化产生出来的带有攻击性的心理,易诱发其他恶性心理,在就业过程中有可能导致恶性竞争或恶意伤害。要对嫉妒心理加以引导,使其向积极的方向转化。

(五)焦虑抑郁

毕业生在就业过程中情绪易出现异常波动,较多表现为焦虑不安甚至抑郁等。焦虑是因心理冲突或遭受挫折,以及可能要遭受挫折而产生的一种紧张、恐惧的情绪状态。焦虑心理产生的因素主要有以下几个方面:第一,缺乏对纷繁复杂的现实社会的理性认识,产生了步入社会前的心理恐惧;第二,缺乏充分的就业准备,对就业的选择把持不定,产生顾此失彼的彷徨心理;第三,缺少择业方向和择业方法,始终不能顺利就业,因择业挫折产生就业恐慌。过度的焦虑会对毕业生择业就业产生消极影响,它不仅会抑制毕业生的正常思维,而且会使毕业生的注意力难以集中,记忆力明显减退,从而影响毕业生正常的学习和生活。一项毕业生就业前情绪状态的调查表明,毕业生毕业前夕的抑郁、焦虑心理普遍存在,来自边远地区,或性格内向、有生理缺陷、学习成绩欠佳的毕业生表现得更为突出。焦虑、抑郁等情绪问题使他们精神负担沉重,紧张烦躁,会严重影响其正常的生活和就业。

(六)依赖他人

择业依赖是指在择业中缺乏独立意识和自主承担责任的意识。择业依赖心理主要是个人独立决策能力不强、缺乏进取精神而造成的,往往表现为不主动出击,消极逃避就业,抱着等、靠、要的依赖思想,依赖家人,试图通过关系就业;依赖学校、老师送工作上门,总念着"车到山前必有路""天上也会掉馅饼",试图坐等就业;即便有选择就业岗位的机会,也拿不定主意,要向家长寻求决策帮助,以致贻误择业时机。在面对就业问题时,不少学生没有完全意识到自己是就业主体,缺乏独立意识,不把立足点放在自身努力上,忽视自身素质的培养与提高,而是热衷于托关系,依靠亲友给自己找门路。这部分学生通常自立意识不强,缺乏独立承担责任、解决问题的能力。这一倾向与毕业生的自身成长经历的局限性是分不开的。毕业生缺乏求职择业的经验,仅拥有较为简单的与家人、朋友、老师的社会关系,在突然要面对重大的人生选择时,难免产生一定程度的依赖心理,如果不设法消除这种依赖心理,使自己的心态更趋于成熟与独立,会对毕业生就业十分有害。

(七)犹豫不决

在目前的就业形势下,部分毕业生在择业过程中表现出各种矛盾心理:他们既希望自主择业,又觉得风险太大;既想追求丰厚的薪水,又不愿意承受过大的压力。他们在双向选择时瞻前顾后、犹豫观望、徘徊不定，前怕狼，后怕虎，这山望着那山高，该拍板时不敢拍板，即使做出一个决定，也忐忑不安、顾虑重重。这类学生缺乏对自己的清醒认识，对利害得失过分注重，很容易在徘徊、犹豫中错过就业良机。

二、就业心理问题的调适

(一) 客观地认识自我

1. 自我认知

面对择业中的各种矛盾和问题，毕业生首先要正确认知自我。可以对自己的气质、性格、兴趣等职业特征进行测验，通过测验分析，明确自己的个性特点，自己的优势和劣势是什么，自己最适合干什么工作，找出适合自己的职业方向，从而减弱择业时的盲目性，避免遭遇不必要的心理挫折。

2. 参照对比

毕业生要正确地认识自我，可以将自己与其他人做比较。一是要通过与自己条件相当、情况类似的人的比较来认识自己；二是要通过他人的评价和态度来认识自己，看看别人眼中的自己是怎样的；三是要参加社会活动，如参加社会实践、毕业实习，根据对活动的结果的分析来认识自己，寻找客观的评价尺度来认识自己。

(二) 端正就业态度

1. 降低就业期望值

就业期望值由工作薪酬、工种前景、用人单位规模、工作地域等方面构成。毕业生择业时都期望谋求到理想的职业，但要使期望变为现实，必须认清形势，正确设定就业期望值。毕业生在择业时，要认真考虑所学的专业，了解社会对该专业毕业生的需求情况，要根据自己的个人特征、家庭情况等确定职业期望值。在择业时要以自己所长满足社会所需，千万不要因为期望值太高或想一步到位而错失就业的机会，要树立"先就业、再择业"的观念。

2. 树立正确的择业观

择业观是毕业生人生价值观的重要组成部分，它与毕业生的世界观、道德意识及心理认知水平相互影响、相互制约。毕业生择业过程中出现的急功近利、求闲怕苦等心理误区，在一定程度上会影响他们的职业发展，制约他们认知水平的提高。毕业生要树立正确的择业观，正确处理国家、集体和个人发展之间的关系，把个人职业发展与社会要求有机地结合起来，树立自尊、自强、自立、自爱的意识，发扬艰苦创业精神，在正确的择业观指导下全面促进自身素质的提高。

(三) 进行恰当的心理训练

1. 进行心理测验

通过心理测验，可以了解自己的心理特点和问题，从而有针对性地调节情绪，克服心理弱点，发挥优势。例如，毕业生可以进行人格测验、职业心理测验等，根据测验的结果来决定自己的职业选择，调整自己的情绪，使之达到良好的状态。

2. 自我慰藉

自我慰藉又称自我安慰。在遇到挫折和困难的时候，要学会说服自己，适当让步，或者用"退一步海阔天空""亡羊补牢,犹未晚矣"等话语来安慰自己,以摆脱烦恼。

3. 转移注意力

解除苦恼的最好办法便是把注意力从消极情绪转移到积极情绪上,例如找人聊天,及时疏导、排遣郁闷。毕业生有一个优势,就是身边有一群拥有相似的经历和目标的同学,他们能帮助自己消除烦恼。

4. 放松训练

这是一种在心理上和身体上放松的方法。放松训练可以帮助人们迅速减轻或消除各种不良的身心反应,如焦虑、恐惧、紧张、失眠等。

(四) 咨询专家

人的心理出现矛盾时,特别是有较大的心理负担之后,内心冲突激烈,自我调节难以奏效,接受专业人士的帮助就显得非常重要。毕业生可以求助于心理咨询专家,帮助自己消除择业挫折带来的焦虑、烦恼、抑郁等不良情绪。

总结案例

化自卑为自信

小张是某高职院校乳品专业的学生,在毕业前的岗位实习阶段就被一家非常知名的乳品企业破格录取。谈到他的求职之路,小张说:"个子矮、成绩差、家庭贫困是我在高考前的所有标签,压得我抬不起头、喘不过气。面对父母充满期待的眼神,我只能拖着疲惫的身躯缓慢前行,不知道路在哪里,我要去哪里、能去哪里,不知所措。也许是高考前的奋力一搏,也许是命运的安排,我竟然通过了高考的考验。从父亲苍老皱纹里透出的喜悦和红彤彤的录取通知书里,我总算看到了生命里的一丝曙光。"

"改变是从大学开始的,同样层次的分数和有相似经历的同学,以及区别于高中的课程设置、不同的上课方式让我发现自己原来并没有那么差。我还当上了班长。来自农村的我并不怕吃苦,也非常善于动手操作,这让我脱颖而出,从此一路高歌,把自己身上的标签一一改为善于动手操作、善于团结合作、善于沟通表达、勤奋刻苦。"

启示:

自卑是所有人都有的,就看你如何看待,如何化劣势为优势,如何定位自己,找到自己的长处,并将其发挥出来。

项目四　掌握求职准备与面试技巧

 活 动 与 训 练

主题：透视大学生就业心态变化的新趋势。
目标：分析当前大学生就业心态的变化，树立正确的就业观。
时间：20分钟。
过程：

1. 阅读背景材料。

随着我国社会经济的不断发展，产业结构调整逐步升级，新产业、新业态、新模式不断涌现，吸引大批青年进入新兴经济领域，从事相关新兴职业，打破传统用工制度，以灵活就业形态和线上线下融合的方式，谋求个性体现与职业发展的统一。

新形态就业呈现出无边界工作场域、去雇主化、兼职兼业的特点。大学生就业心态演变的新趋势表现为个体化与自主性的职业选择、兴趣驱动的职业追求、工作与生活边界的淡化、高流动性的职业历程和终身式的持续学习与创新。

2. 回答以下问题。
（1）你如何看待大学生就业心态的变化？
（2）采访你的父母，了解他们的就业观念与当下的就业观念有什么不同。

 思 考 与 讨 论

1. 你如何理解专业知识与目标职业之间的关系？
2. 对准备创业的大学生，你是如何看待的？
3. 面试失败后应如何调整失落的心理状态？

任务四　熟悉职场礼仪

 学习目标

1. 理解职场礼仪的重要性。
2. 掌握常见的职场礼仪。
3. 学会在不同场合应用不同的职场礼仪。
4. 了解职场礼仪禁忌。

导入案例

点菜的差异

某公司领导为了犒劳新员工,特意请几位刚入职的同事到一家餐馆吃饭。小沈是个谨慎的人,领导和颜悦色地让他们点单,而且客气地说"随便点",她也不敢懈怠,还是礼貌地请领导先点。领导点了一款中档套餐,小沈立刻有了参照标准,点了跟那款差不多价位的套餐,其他几个同事也纷纷效仿。可偏偏小孔点了一款最贵的套餐,让几个同事大跌眼镜。小沈事后问小孔为什么不从众,她却不以为意地说:"你没听到领导说随便点吗?"

启示:

在职场中,很多细节都会体现出个人的情商与素质。点菜时不能毫无顾忌、随心所欲,既要适度表现自己的参与感,又要大方得体,令人觉得舒适自然。掌握职场礼仪,有助于我们更好地进入职场、适应职场、赢在职场。

一、职场礼仪的含义

职场礼仪是指人们在职业场所中应当遵循的一系列礼仪规范。学会这些礼仪规范,是塑造职业形象的重要途径。礼仪是普通人修身养性、持家立业的基础,而职场礼仪从某种意义上讲,比智慧和学识更重要。

作为学生,提前了解职场礼仪不仅能够为你将来的职场生活打下坚实的基础,而且对你的人际交往能力有着潜移默化的影响,能给你提供更多的机会。如作为一名应试者,职场礼仪就是你的"敲门砖"。端正的坐姿、大方自然的回答,都会展现你优秀的一面。职场礼仪不仅可以有效地展现一个人的教养、风度、气质和魅力,还可以体现一个人对社会的认知水平和个人的学识、修养。

二、职场礼仪的类型

根据应用场合,大体可将职场礼仪分为电话礼仪、介绍礼仪、名片礼仪、会面礼仪、迎送礼仪、电梯礼仪、用餐礼仪、乘车礼仪、微笑礼仪、着装礼仪十类。

1. 电话礼仪

有来电时,应尽快接起,不让电话铃响超过三声。接起电话后先要报出自己的公司或部门,再问对方是谁。待对方报出身份后,最好确认一次,左手持听筒,右手随时做笔记,听不清楚时请对方再说一次。对方交代的事项要记录下来,并复述一次,确认无误。对方如指名让其他同事听电话,先说声"您稍等一下",再帮忙找到被指名的人。通话结束时,要让对方先挂电话。

2. 介绍礼仪

介绍的核心原则是尊者居后,即将职位低的介绍给职位高的,将年轻的介绍给年长的,将主人介绍给客人。当被介绍时,应表现出结识对方的热情,如起立或欠身致意,双目应该注视对方,介绍完毕后,与对方握手问好。

3. 名片礼仪

投递名片时,应遵循由尊而卑、由近而远的原则。用双手的拇指和食指执名片两角,让文字正面朝向对方。接名片时要用双手,并马上仔细看一遍上面的内容,如有疑惑,马上询问。

交换名片时,可以右手递名片,左手接名片。若是收存名片,应放入衬衣口袋或西装内侧口袋,不要放在裤袋中。若是接下来与对方说话,不要将名片立刻收起来,应该放在桌子上,并确保它不被其他东西压住。参加会议时,应该在会前或会后交换名片,不要在会中与他人交换名片。

4. 会面礼仪

打招呼在人际关系建立之初能起到润滑剂的效果。在和上级、同事还不熟悉的时候,可以从打招呼开始。每天一进公司,可以对所有同事说声"早上好";若是面对客户,打招呼之后可以补上一句"又来打扰,不好意思"之类的客气话;对好久没会面的客户,可以加一句"久未联系,请别介怀"或者"别来无恙"等礼貌的言语。

5. 迎送礼仪

客人来访时,应主动从座位上站起来,引领客人进入会客厅或者公共招待区,并为其送上茶水。如果是在自己的座位上谈话,注意声音不要过大,避免影响周围的同事。

6. 电梯礼仪

进入职场后,就连乘电梯也大有学问。陪同客人或长辈乘电梯,电梯门开时,可先进入电梯,一手按住开门按钮,另一手挡住电梯门,再请其他人进入电梯。

进入电梯后,按下客人要去的楼层按钮,途中有其他人员进入,可主动问询其要去几楼,帮助按下楼层按钮。在电梯内尽量不要背对客人。抵达要去的楼层时,应一手按住开门按钮,另一手做出请出的动作。客人走出电梯后,自己马上走出电梯,并热心引导方向。

7. 用餐礼仪

点菜原则主要有看人数,人均一菜是较为通用的规则;看菜肴组合,应有荤有素,有冷有热,尽量做到全面;点菜时不要讨价还价。

用餐时的位次排列也有一定的讲究,总体原则是以远为上,面门为上,以右为上,以中为上,观景为上,靠墙为上。

(1)一般接待宴请。

一般接待宴请的主客双方位次排序如下。离门最远、面门的位置为主1位,即主人中地位最高者的座位。按照以右为尊的原则,主1位右边是客人中地位最高者的座位,即客1位。主1位左边为客2位。然后依次确定座位,主客双方人员交叉排列。背对门、离门最近的位置为主6位,是位次最低的位置(图4-5)。

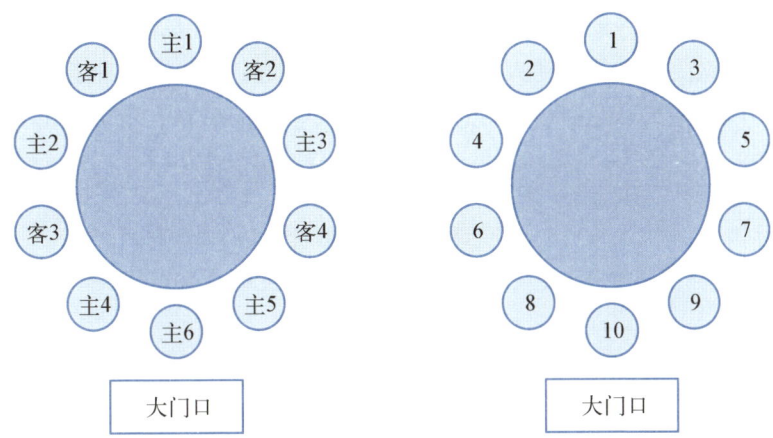

图 4-5 一般接待宴请的座位安排　　图 4-6 内部宴请的座位安排

(2) 内部宴请。

内部宴请一般为均由企业内部人员参加的宴请。离门最远、面门的位置为 1 号位,为本次宴请人员中地位最高者的座位;接着按照以右为尊的原则,确定 2—9 号位。背对门、离门最近的位置为 10 号位,是位次最低的位置(图 4-6)。

8. 乘车礼仪

商务乘车遵循的原则就是把客人放在最安全的位置上。车辆不同,驾车人不同,座位的尊卑也有所不同。以双排五座轿车为例加以说明。由专职司机驾车时,遵循"以右为尊,后排为上"的原则。位置的次序为:后排右边为 1 号座,最尊贵的位置;其次是后排左边的 2 号座;后排中间是 3 号座;4 号座是前排司机右边的位置,也就是副驾驶座,也被称为"随员座",一般是接待人员的位置。由主人亲自驾车时,遵循"以右为尊,前排为上"的原则。位置的次序为:副驾驶座为 1 号座,其次为后排右边的 2 号座,后排左边为 3 号座,后排中间为 4 号座(图 4-7)。

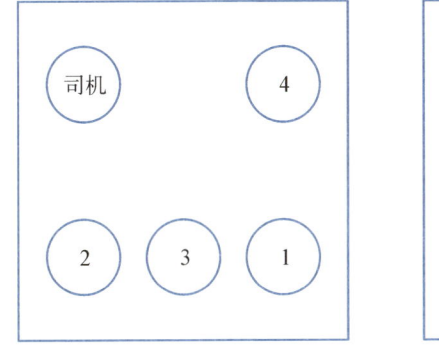 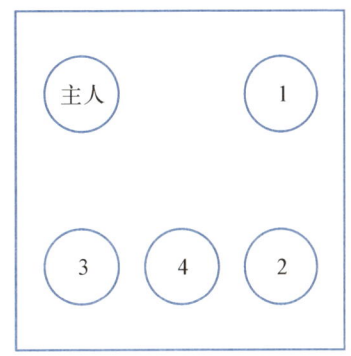

图 4-7 双排五座轿车的位次

9. 微笑礼仪

微笑是有自信心的表现,是对自己的魅力和能力抱有积极的态度的表现。微笑能有效地缩短双方的距离,给对方留下美好的心理感受,从而形成融洽的交往氛围。在不同的场合、不同的情况下,恰当地运用微笑,可以反映出你良好的修养和宽广的胸怀。

发自内心的微笑会自然调动人的五官。眼睛略眯起、有神,眉毛上扬并稍弯,鼻翼微张,嘴角上翘,唇不露齿,做到眼到、眉到、鼻到、肌到、嘴到,才会亲切可人、打动人心。

> **看一看**
>
> 职场中应避免的笑
>
> （1）假笑,即虚假的笑,皮笑肉不笑。它有悖于笑的真实性原则,是毫无价值可言的。
>
> （2）冷笑,即含有怒意、讽刺、不满、无可奈何、不屑、不以为然等意味的笑。这种笑非常容易使人产生敌意。
>
> （3）怪笑,即笑得怪里怪气,令人心里发麻。它多含有恐吓、讥嘲之意,令人十分反感。
>
> （4）媚笑,即有意讨好别人的笑。它非发自内心,而是出自一定的功利性目的。
>
> （5）怯笑,即害羞或怯场的笑。例如,笑的时候,以手遮掩口部,不敢与他人对视,甚至面红耳赤,语无伦次。
>
> （6）窃笑,即偷偷地笑,多表示洋洋自得、幸灾乐祸或看他人的笑话。
>
> （7）狞笑,即面容凶恶的笑,多表示愤怒、惊恐、威吓。此种笑容毫无美感可言。

10. 着装礼仪

身在职场,不仅要懂得穿衣的基本原则,还要注意一些其他因素,如场合、身份、自身条件、时间与季节。

（1）着装要与环境相协调。置身于不同的环境、不同的场合,就必须有不同的着装,要注意穿戴的服饰与周围环境的和谐。比如,在办公室工作就需要穿着正规的职业装或工作服,出席比较喜庆的场合时可以穿着潇洒、鲜亮、明快的服装。

（2）着装要考虑个人身份、角色。每个人都扮演着不同的角色,这样就有了不同的社会行为规范,在着装打扮上也自然有不同的规范。当你是一名柜台的销售人员时,就不能过分打扮自己,以免有抢风头的嫌疑;当你作为企业的高层领导出现在工作场所时,就不能随心所欲地穿着。

（3）着装要和自身条件相协调。要了解自身的优点和缺点,达到扬长避短的目的。比如身材矮小的人适合穿造型简洁明快、小花形图案的服装;肤色偏黑或发红的人切忌穿深色服装。

（4）着装要和时间与季节相协调。注重环境、场合、社会角色和自身条件而不顾时节变化的服饰穿戴,同样也不合适。比较得体的穿戴,在色彩的选择上也应注意季节性。

三、职场礼仪禁忌

在进入职场前,了解一些职场礼仪禁忌,能让你成为一个受欢迎和尊重的职场工作者。下面列举12种职场礼仪禁忌。

(一) 直呼上司的名字

除非上司自己说"别拘谨,你可以叫我某某某",否则下属应该以敬称称呼上司,例如"郭总""李董事长"。

(二) "高分贝"打私人电话

在公司打私人电话已经很不应该,如果还肆无忌惮、高谈阔论,更会让上司、同事们反感,同时也会影响其他同事的正常工作。

(三) 开会时不将手机静音

开会时将手机关机或调成静音、震动模式是一种良好的职场习惯。当会议上有人做报告或布置工作时,突然有手机铃声响起,必定会干扰会议的进行,这不仅是对发言人的不尊重,还影响了其他参加会议的人。

(四) 让上司提重物

跟上司一同出门时,对提重物等事情要尽量代劳,让上司也跟你一同提东西是很不礼貌的。

(五) 自称不清晰

如打电话找某人时,留言时千万别说:"请通知他,我是某先生/某小姐。"应该先说本人的姓名,再留下职务和电话,比如:"你好,敝姓王,是某公司的营销主任,请某某看到留言后,回我电话好吗?谢谢您的转告。"

(六) 只对"自己人"有礼貌

如只帮自己熟悉的朋友或同事开门,却不管后面的人是否还要进去,就把门关上了,这是相当不礼貌的。

(七) 迟到、早退或太早到

不论上班还是开会,都不要迟到、早退。若有事可能导致迟到或早退,一定要提前说明,不能临时提出。此外,太早到也是不礼貌的,主人可能还没准备好,或还有别的宾客,此举会给对方造成搅扰。万不得已时,不妨先打个电话给主人,询问能否将约会时间提早,也可以先在外面逗留片刻,等时间到了再进去。

(八) 谈完事情不送客

职场中,送客是基本的礼貌。若是很熟的朋友,也要起身送到办公室门口,或者请秘书或同事帮忙送客;普通客人则要送到电梯口,帮他按电梯,目送客人进了电梯,门完全关闭,再转身离开;若是重要客人,更应该帮其叫出租车,帮客人开车门,关好车门后,目送对方离开后再走。

(九) 只跟上司打招呼

只跟上司等居高位者打招呼,会让人觉得你太过势利。在与上司打招呼后,别忘了跟他们身边的秘书或同行的其他职员打招呼。

(十) 他人请客,专挑昂贵的餐点

他人请客时专挑昂贵的餐点是十分失礼的。价位最好在主人选择的餐点价位上下。若主人请你先选,选择中等价位就够了,千万别把人家的好意随意挥霍。

(十一) 不喝他人倒的水

如主人倒水给你喝,一滴不沾是不礼貌的。即使不渴或不喜欢,也要举杯轻啜一口再

放下。若是主人亲自泡茶或煮咖啡给你喝,喝完千万别忘了赞美两句。

(十二) 想穿什么就穿什么

"随性而为"的穿着或许能让你看起来青春、有活力、特别,不过,上班就要有上班的样子,穿着专业的服饰有助于提升工作形象,也是对工作的基本尊重。

以上是常见的职场礼仪禁忌。职场礼仪是要靠职场工作者平常的日积月累养成的。一个职场工作者如果没有良好的职场礼仪作为基础,在职场中就难以取得良好的发展。

> **看一看**
>
> **职场新人的注意事项**
>
> (1) 多做自我介绍。在到岗的前几天,加一下部门同事的微信,给自己一个容易记住的标签,让大家尽快记住你。
>
> (2) 主动认领任务。当同事没时间顾及你时,最好主动去认领任务,表现出自己的主动性。
>
> (3) 多多观察。每个单位和部门都有自己的文化,要有意识地去观察。
>
> (4) 对工作成果负责。不要想着自己是新人,会有别人为你把关,一开始就要对自己的工作负责。
>
> (5) 主动求助。新人容易陷入"面对问题自己死磕"的困境。可以联系分派任务给你的同事或领导,寻求帮助。不用担心能力受到质疑,这是你们沟通的机会。
>
> (6) 每天做记录。记录当天做过哪些事,哪些做得不够好,可以做怎样的改善;明天有哪些安排,准备怎么开展等。
>
> (7) 多参加团建活动。有团建活动的时候,一定要积极参加。
>
> (8) 适当表达对他人的赞美。发现同事值得肯定的方面时要对其进行赞美,受到别人的赞美时也不要急于否认。
>
> (9) 不做与工作无关的事。尽量不在工作时间处理私事,也不要玩游戏、购物、打私人电话等。
>
> (10) 制订规划。对自己今后3年至5年的发展有一个预计和规划。
>
> (11) 学会转达信息。如果同事不在座位上,而其办公电话响起,可以帮忙接听并记录内容。
>
> (12) 出差时服从安排。不提与工作无关的要求,不借机办私事。
>
> (13) 主动跟人打招呼。碰到上司、同事都应主动打招呼,这更容易给别人留下好印象。
>
> (14) 投资自己。离开校园并不意味着停止学习,可以学习英文、会计、设计等课程,或参加有用的线下活动、社交活动等,不断充实自己,才会更有竞争力。

巧妙拒绝的语言技巧

小王从高职院校毕业后,进入某公司工作,因表现出色,被提拔为部门经理。一天,上司打来了电话,说:"我朋友的孩子想到公司来工作,不知你能不能给安排一下?"面对上司亲自打来的电话,小王不好意思直接拒绝,便回答:"先面试一下看看吧。"第二天,新人便来了公司,小王面试后,发现他的能力不符合公司的要求。小王有些为难:拒绝吧,会让上司没面子;不拒绝吧,公司就多了一个不干活的人,日后还不知道有多少人会这样相求。

经过深思熟虑,小王有了主意。第二天,他请上司来自己部门指导工作。一边参观,他一边对上司说:"在您的指导下,公司发展得还算不错。今年我们加强了管理与用人制度,效果非常好。如果有其他要求,还请您继续指导。"

上司满意地点了点头。接下来,小王又说:"对于您推荐来的人,因为专业不对口,我们认为不能通过,这主要是怕影响今年的公司业绩。如果其他部门有合适的工作,我日后会再让他来试试,您看这样处理可以吗?"

小王这样一说,上司有些不好意思了,说:"我之前没考虑到他的专业问题。那就按你说的办吧!"如此一来,小王成功拒绝了上司的推荐,而且没有伤一点和气。

启示:

与人沟通时应善于运用语言礼仪,在拒绝时可以采取巧妙的手段,既达到拒绝的目的,又不影响双方的关系。巧妙拒绝的方法有以下几种。

第一,但是法。首先肯定对方的意见,然后说"但是",把对方没有考虑到的情况列出来,说明你的具体意见。这样并没有明确拒绝对方,就已经起到了拒绝的效果。

第二,商量法。在拒绝对方时,不使用过于生硬的语句,而代之以商量的口吻。例如"你看这样是不是更好一些?""我们能否换个角度考虑一下这个问题?"

第三,让对方自我否定。通过帮助对方分析不合理之处,指出不良后果,让对方自己主动改变主意,也不失为一种拒绝的办法。

第四,借助别人的力量。当自己无法直接拒绝时,可以借助别人的力量加以拒绝。但注意不要让对方产生自己缺少诚意、推诿塞责的感觉。

活 动 与 训 练

主题:职场小剧场。
目标:模拟职场中的场景,体验规范的职场礼仪,加深对职场礼仪的理解。
时间:30分钟。

项目四　掌握求职准备与面试技巧

过程：5人一组，每组选择一个职场场景，通过小短剧的形式进行现场模拟表演。一组表演时，其他同学认真观看，在该组表演结束后指出表演中存在的有违职场礼仪的职场行为，并提出改正建议。

1. 课后观看喜剧电影《实习生》，谈谈你从主人公身上学到了什么，并对影片中涉及的职场礼仪进行简单归纳。
2. 职场新人应该在哪些职场礼仪上进行改进与提高，以更好地适应复杂的职场环境呢？

任务五　掌握面试技巧

1. 了解面试的常见种类。
2. 掌握面试中常见问题的回答技巧。
3. 掌握面试着装技巧。

非语言沟通能力体现个人素养

某公司要招聘一名职员，报名者众多。不少应聘者在面试后都没有被录用，而小刘在面试过程中，还没有说一句话，就给主考的人力资源部经理留下了很好的印象。主考的人力资源部经理对大家说："当时，他虽然还没有说话，但他的举止已经是一份最好的答卷了。他进门后沉着地向大家点头示意，说明他有很好的修养。进来之后，他选择在最前排的中间位置就座，表明他希望别人注意他，是一个善于自我推销、充满自信的人。他就座的地方人很多，说明他善于与人沟通，有较强的团队精神和交往能力。"

启示：

一个人的非语言沟通能力可以产生吸引人的力量。如果求职者在面试时的举止、动作符合身份、适合场合、能够恰如其分地传达出个人的意愿，就能有效地给别人留下良好的印象。

一、面试技巧及其重要性

面试是用人单位招聘时最重要的一种考核方式,是供需双方相互了解的过程,是一种经过精心设计,以交谈与观察为主要手段,来了解应试者的情况和能力的测评方式。毕业生因为面试经历少,不懂面试技巧,信心不足,常常不知所措。掌握面试技巧,是毕业生求职择业时面临的新课题。

二、面试的常见种类

根据面试的实施方式,可将面试分为五类。

(一)"一对一"的个别面试

这类面试常用于第一轮面试,主要目的是排除一些素质较差者。

(二)"多对一"的主试团面试

这类面试中会由多个部门的人员组成主试团,考察应聘者的人格素养、业务素质、行为风格等。

(三)"多对多"的小组面试

这类面试的面试对象有多个,便于对应聘者进行比较。

(四)小组讨论面试

这类面试是由应聘者组成一个临时工作小组,讨论给定的问题并且做出决策,目的是考察应聘者的领导能力、组织能力、口头表达能力、说服力、洞察力、处理人际关系的技巧等。

(五)评估中心面试

专业化程度高的外企通常会用一两天的时间通过评估中心进行人才选拔。评估中心将对应聘者进行一系列综合性的考核,包括无论题的讨论、团队创建游戏、辩论等,目的是考察应聘者的适应能力及在全新的、毫无准备的情境中处理问题的能力。

微课:面试类型

三、面试中常见问题的回答技巧

面试前了解一些常见问题的回答技巧是很有帮助的。下面列举几个求职者在面试中经常会遇到的常见问题,能流畅地回答出这些问题的应聘者,往往能够给面试官留下不错的印象。

(一)请你介绍一下自己好吗?

要学会三层表述法。

(1)专业背景+硬实力,重在强调个人专业背景及硬实力,如毕业学校、学历、专业、获奖情况、个人技能,并将你要应聘的岗位明确地表达出来。

(2)核心匹配能力,重在突出个人能力与岗位的匹配,可通过工作经历、实习经历、活动经历等具体论述。

(3)被吸引点+表态,通过描述公司在行业中的地位来突出公司对你的吸引力,表达自己的向往。

注意,不要从头到尾把简历复述一遍,要多找与岗位密切相关的价值点,多补充简历上无法展开说明的内容。多练习几遍,既不能像背诵一样,又不能太生疏。

常见面试问题的回答思路

(二) 你对我们公司及应聘的岗位了解多少?

应聘前要清楚地了解应聘公司及应聘岗位,主要方法有以下几种。

(1) 通过熟人了解。如果有同学、校友在自己感兴趣的公司工作,可以通过他们提前了解公司情况。

(2) 查看企业官网或专门的招聘网站。重点看企业简介(基本情况、愿景、目标等)、业务介绍、产品情况和人力资源状况等,了解公司背景、业务模式和成长的机会。

(3) 关注企业微信、微博,对企业文化、办公氛围有初步认识。

(4) 通过第三方平台,如校园论坛、求职网等了解。利用各种针对求职应聘的网站,找到更新的、时效性更强的招聘信息。

(5) 一定要明确应聘岗位有哪些工作要求(硬性要求+技能要求+软素质要求)。

(三) 你的优点和缺点有哪些?

面试官关注的重点一般在以下两方面。

(1) 求职者有没有撒谎,是否真实地阐述了自己的优缺点。

(2) 所阐述的优点是否恰好是这个职位所需要的。

比如,如果你应聘销售,千万别说自己性格内向。你可以说:"我的缺点是文笔不太好,写东西平平淡淡,但是我口才不错,属于会说不会写的那种人。"再比如,你应聘设计师,可以说:"我这人有点强迫症,干什么都喜欢抠细节,不过我设计的速度和质量比别人要强一些,所以不会因为抠细节而忽略整体,或者拖慢速度。"

注意,夸自己时不能空泛,要有数据、摆事实。

(四) 你过去最失败的一次经历是什么?

重要的不是过去失败的经历和原因,而是从过去的失败中学到了什么,有什么反思,吃过什么亏,长了哪些见识,把所吸取的教训转化成为你日后成功的养分。

注意,体现出的素质和能力最好与应聘岗位相关。

(五) 你的职业规划是怎样的?

对于职业规划类的问题,面试官最核心的关注点有三个。

(1) 自我认知:你对自己是否了解。

(2) 动机和价值观:你为什么选择来这里。

(3) 组织承诺:你能在这里踏实地干几年(最核心)。

面试官并不关心你真正的职业规划,而是关心未来的3~5年里,你是否能在公司稳定地工作下去。要表现自己靠谱、工作稳定、心态平和的一面。

(六) 你从上一份工作离职的原因是什么?

哪些理由可以说?

(1) 公司距离我家太远,路上时间太长,一天来回要将近4个小时,短期还可以,长期确实坚持不下来。

(2) 因为之前的工作太安逸,没有挑战性,也没有什么发展空间,我希望有一份比较有挑战性的工作,毕竟我还年轻。

(3) 公司转型后,职位的定位和我的发展初衷不一致。

(4) 我目前在公司的发展已经到顶,短期内不会有什么发展空间,公司本身就不大,我希望到更大的平台发展。

公司不好、管理不好、团队不好等理由不建议说。

(七) 你对薪资有什么要求?

面试官希望听到哪些内容?

(1) 求职者对于自身价值的判断。

(2) 求职者对薪酬的态度。

(3) 求职者期望的薪酬与企业的薪酬标准是否一致。

如何恰当地和面试官谈薪酬?

第一,主动收集薪酬信息,了解面试岗位的薪酬范围。如面试企业的薪酬结构和现状,同类岗位的市场平均薪酬,目标公司相关职位的薪水状况、行业情况。

第二,明确自己的价值和能力。如你的优势是什么,有多大价值,你做过什么,你能为企业带来什么直接和间接的价值。

第三,明确给出自己的薪酬预期范围。

对面试官提出的问题要直接回答,不要反问。如"你们对这个职位可以给的薪酬是多少?""你们觉得我值多少钱?"这些回答会让人产生反感。

(八) 你还有什么问题要问我们吗?

提问环节反映的是你对公司的熟悉程度、对职位的兴趣度、学习能力、理解力、敬业度等。

以下问题可以询问:

(1) 公司明年的规划和阶段性发展目标;

(2) 团队工作风格/团队文化,对职位考核的核心期望;

(3) 后续面试流程安排(以便自己更好地做准备);

(4) 面试结果反馈周期;

(5) 对方对自己的期望、评价与建议。

注意,面试中谈过的问题不要再问。

看一看

面试测评的主要内容

面试测评的主要内容如表4-5所示。

表4-5 面试测评的主要内容

项目	内容
仪表风度	仪表风度指应聘者的体形、外貌、气色、衣着、举止、精神状态等。仪表端庄、衣着整洁、举止文明的人,一般做事有规律、注意自我约束、责任心强
专业知识	作为对笔试的补充,招聘者通过面试了解应聘者掌握专业知识的深度和广度,是否符合招聘职位的要求。面试时对专业知识的考察更具有灵活性,比如可以随机提问,也可以要求应聘者现场解决一定的技术问题等

续表

项 目	内 容
工作技能	面试不但可以验证应聘者个人简历中对工作技能的描述,而且可以考察应聘者的职业道德、责任心、主动性、思维力、口头表达能力等与职业技能相关的一系列基本状况
表达能力	面试中,应聘者能否将自己的思想、观点、意见和建议顺畅地用语言表达出来,不但可以表现出其表达的逻辑性、准确性、感染力等是否符合职业要求,同时还可以表现出其音质、音量、音调等是否符合职业要求
应变能力	这主要看应聘者对招聘者所提问题的理解是否准确、贴切,回答是否迅速、准确;对于突发问题的反应是否机智、敏捷、恰当;对于意外事情的处理是否得当、妥善
人际交往	在面试中,通过询问应聘者经常参与哪些社团活动,喜欢同什么类型的人打交道,在各种社交场合扮演什么角色,可以了解应聘者的人际交往倾向和与人相处的技巧
自我控制	自我控制能力对于一些从事特定工作的人(如服务人员、营销人员)尤为重要。要考察其在遭遇挫折、委屈、压力时是否能够克制、容忍、理智,对工作是否有耐心和韧性
工作态度	招聘者往往要了解两点:一是应聘者对过去的学习、工作的态度,二是应聘者对应聘职位的态度。一般认为,对过去无所谓的人,在新的工作岗位上也很难做到勤勤恳恳、认真负责
求职动机	招聘者要了解应聘者为何希望来本单位工作,对哪类工作最感兴趣,在工作中追求什么,从而判断本单位能否满足其要求和期望,更重要的是由此了解应聘者对招聘职位的渴望程度和潜在的工作热忱
业余兴趣	招聘者往往会询问应聘者休闲时爱好哪些运动,喜欢阅读哪些书籍,喜欢什么样的电视节目,有什么样的爱好等。了解一个人的兴趣与爱好,对以后进行工作安排有好处
行为习惯	招聘者通常会非常注意应聘者的行为方式,特别是细小的行为。因为下意识的行为可以真实地反映一个人的性格特征、道德修养等

四、面试的注意事项

(一) 面试前

求职者在接到面试通知的电话后,应如何准备呢?

第一,应与对方的工作人员确认准确的面试地点、面试时间、面试程序和方法等基本信息,并记录下来,以免遗忘。

第二,应迅速查找该企业的原始招聘信息,了解用人单位的情况、应聘岗位的知识和技能要求,并提前查找交通路线,规划好面试当天的行程,时间安排要充裕,以免在面试当天出现迟到等尴尬状况。

第三,应提前整理好自己的文件袋,带上面试必备的用品,如个人简历、身份证、学生证、就业推荐表、自荐书、各类证书、纸、笔。

第四,要做好与面试岗位相关的知识准备,熟记用人单位信息,回顾与目标岗位相关的课程知识,准备简单的自我介绍。如有空余的时间,可以先客观评估自己,准备若干面试问题,提前模拟面试,必要时可为自己计时,做到心中有数。

第五,准备一套较为得体的面试服装,配饰不要夸张,以相称为宜。面试前应保证充足的睡眠,以饱满的精神迎接面试。

> **看一看**
>
> ### 面试前 15 分钟的准备
>
> 在面试开始前的 15 分钟,可以参照下面的方法做准备。
>
> (1) 找个位置坐下,稍做休息。待呼吸舒缓后,可以询问一下工作人员是否需要签到,面试时间是否有改变,以及一些相关的事项。
>
> (2) 再次整理一下仪表。男士注意一下领带的松紧(如果系领带的话),女士可以稍微补一下妆,但切勿上浓妆。还需要检查一下鞋子是否需要擦一擦灰尘(记住擦鞋的纸巾一定要扔到该扔的地方),鞋带是否松了,头发是否凌乱,脸上是否有尘土,若略显疲倦,可以去洗手间洗一洗脸,但要擦干之后再回到休息室。
>
> (3) 在心中演练一下面试中的自我介绍和对可能出现的问题的解答。如果感到紧张,可以闭目静坐,让呼吸均匀而缓慢,做一个放松训练。总之,要保证自己处于一定的兴奋水平,既不松懈,又不紧张。
>
> (4) 要文明礼貌。尽管还未进入面试考场,但应注意坐姿端正,言语礼貌文雅。
>
> (5) 等待时可以与其他应试者交谈。和其他应试者之间可以用积极的语言相互鼓励,切忌说一些"我很紧张"之类的话,这会给你带来消极的心理暗示。总之,一定要保持积极的心理状态。
>
> (6) 不要费尽心思地想从面试考场出来的人的口中问出什么来。当有应试者从考场出来后,有些人一拥而上,问个不停,其实根本就问不出什么,反而造成了自己的慌张和忙乱,并且会给人留下不稳重的印象。

(二) 面试中

面试当天,以提早 10 分钟到达为宜,这样可以有时间整理一下思路,可以进行深呼吸,平定一下紧张的情绪,避免匆忙中出现疏漏。利用这一时间,可以观察公司的工作环境,要懂得耳听六路、眼观八方,并友好、礼貌地对待遇到的每个人,包括面试的竞争对手。

进入面试室后,面试官告诉你"请坐"时方可坐下,并道"谢谢"。坐时身体要略向前倾。面试时,不要靠椅子背坐,也不要坐满椅子,但也不宜坐得太少,一般以坐椅子的三分之二为宜。女士要并拢双腿。

面试时,要谨慎多思,落落大方。回答提问之前,应对自己要讲的话稍加思索,想好了的可以说,还没有想清楚的就不说或少说,切勿信口开河、夸夸其谈、文不对题、话不及义。应答时要表现得从容镇定,如果答不出就大方承认有的东西还没有经过认真考虑。考官在意的并不一定是问题本身,如果你能从容地谈出自己的想法,虽然不够完整或不够成熟,也不致

影响大局。与面试官交谈时不能漫不经心地四处张望,在交谈时应尽量显得自然、大方。

(三) 面试后

面试结束后应该站起来对面试官表示感谢,若面试官有另外的交代,应认真倾听,倾听时要仔细、认真地品味对方的言外之意、弦外之音,以便正确判断面试官的真正意图。找准时机,表达出与主考官们的交谈使你受益匪浅,并希望今后能有机会再次得到对方进一步指导的意思,有可能的话,可约定下次见面的时间。告别时,应与对方礼貌地握手。握手通常以三至五秒钟为宜,要注意把握好力度,双目注视对方,面带笑容,同时应配以适当的敬语,如"再见""谢谢"。

面试结束并不意味着求职过程的完结。面试者要及时分析自己在面试中的得与失,注意调整自己的心情,准备全身心投入下一个单位的面试考验。因为在接到聘用通知之前,面试结果还是个未知数,你不应该放弃其他机会。一般来说,如果你在面试的两周后或主考官许诺的时间到来时还没有收到对方的答复,就应该打电话给招聘单位,询问面试结果。

应聘中不可能人人都一次成功,万一你在竞争中失败了,也不要气馁,这一次失败了,还有下一次,就业机会不只有一个,关键是必须总结经验教训,找出失败的原因,并针对这些不足重新做准备。

五、面试着装技巧

女性和男性的面试着装,可分别参考图 4-8、图 4-9。

图 4-8 女性面试着装示例

图 4-9 男性面试着装示例

(一)女性面试着装

1. 服装要得体

着装一般以正装为宜,体现女性的干练、优雅,切忌穿太紧、太透和太露的衣服。

2. 鞋子要相配

鞋子应和整体相协调,在颜色和款式上与服装相配。中跟鞋是最佳选择,不要穿鞋跟长而尖的高跟鞋。如果平时不穿高跟鞋,也无须勉强,可选择坡跟鞋。

3. 袜子很重要

袜子不能脱丝,肉色是最为适合的。在比较正式的场合不宜露着光腿。在包里放一双丝袜备用,以便脱丝时能及时更换。

4. 饰物要少而精

包:公文包或手提小包中带一个即可,切忌两个都带。

帽子:不管你是否有戴帽子的习惯,面试时都必须脱帽。

首饰:首饰应尽量少戴。

眼镜:尽量选择适合自己的镜框。另外,千万不可戴太阳镜去面试,当然更不能戴反光镜。

丝巾:要注意与衣服的协调搭配,如花色丝巾可配素色服装,而素色丝巾则适合艳丽的服装。

5. 发式要适宜

女性的头发应保持干净、朴素,头发上的饰物不要多,追求自然美。

6. 注意手和指甲

女性的指甲修剪要得体,长度适中。指甲油要淡,不要将指甲涂成红色等特别刺眼的颜色。

(二)男性面试着装

1. 西装要笔挺

西装的色彩以黑色、深蓝、深灰为宜。

注意事项:要拆除衣袖上的商标;要熨烫平整;要扣好纽扣;要不卷不挽;要慎穿毛衫;要巧配衬衣;要少装东西。

2. 衬衫要理想

白衬衫"永不败",能给人有朝气、干净之感。

条纹衫较保险,但条纹的间距不要过大,线条不要过粗。

格子衫要慎穿,若格子的面积比较大,就不适宜于正式场合穿着。

3. 领带要选好

领带的颜色要根据衬衫或者西装的颜色来选择,以深色为最佳。除了要注重颜色的搭配,还要注意领带的款式,尽量选择图案简单的,避免选择带有圆点、花纹的款式。

4. 皮鞋要擦亮

穿西装一定要穿皮鞋,且要上油擦亮,皮鞋的颜色要与西装相配套。

5. 袜子要搭配

穿皮鞋还要配上合适的袜子,使它在西装与皮鞋之间起到一种过渡作用。深色袜子可以配深色的西装,也可以配浅色的西装,浅色的袜子则只能配浅色西装。穿皮鞋最忌讳的搭配就是白袜子。

6. 头发要干净、自然

男性的头发要整洁,梳理须自然,发型简单、朴素,鬓角要短,头发长度不宜超过衬衣领子。

7. 注意个人卫生

男性的指甲要勤修剪,不能粗糙不齐,这样容易令人生厌,给人留下不好的印象。胡须要刮净。

> **看一看**
>
> **面试时的形体语言**
>
> **1. 把握时机进屋**
>
> 自己的名字被喊到,就有力地应答一声,然后再敲门进入。开门、关门要尽量轻,进门后不要随手将门关上,应转过身去正对着门,用手轻轻将门合上。回过身来,上半身前倾30度左右,向面试官鞠躬行礼,面带微笑,说声"您好",要彬彬有礼而大方得体,不要过分殷勤、拘谨。
>
> **2. 专业化的握手**
>
> 在面试官的手朝你伸过来之后,要自信、稳重地伸手,使你的整个手臂呈L型(90度),与之相握后有力地摇两下,然后把手自然地放下。握手应该坚实有力,有感染力。
>
> **3. 如钟坐姿显精神**
>
> 进入面试室后,等面试官说"请坐"时方可坐下。坐下后不要背靠椅子,也不要弓着腰。并不一定要把腰挺得很直,这样反倒会给人留下死板的印象,应该很自然地将腰挺直。
>
> **4. 眼睛是心灵的窗户**
>
> 对面试官应全神贯注,目光始终聚焦在面试官身上,在不言之中,展现出自信及对对方的尊重。眼睛是心灵的窗户,恰当的眼神能体现出智慧、自信及对公司的向往和热情。
>
> **5. 微笑的表情有亲和力**
>
> 微笑是增强自信的第一步,也能为你消除紧张。面试时要面带微笑,亲切、谦虚,有问必答。听对方说话时,要不时点头,表示自己听明白了,或正在注意听。同时也要不时面露微笑,当然也不宜笑得太僵硬,一切都要顺其自然。
>
> **6. 适度恰当的手势**
>
> 说话时做些手势,加强对某个问题的形容是很自然的,可手势太多也会分散人的注意力,需要配合表达适度使用。交谈很投机时,可适当地配合些手势讲解,但不要频繁耸肩、手舞足蹈。切忌抓耳挠腮、用手捂嘴,这样显得紧张、不专心于交谈。忌拍对方的肩膀,这很失礼。

 **总结案例**

细节即是修养

一位知名企业的总经理想要招聘一名助理。一时间,应征者云集。经过严格的初选、复试、面试,总经理最终挑选了一个毫无经验的青年。

副总经理对于他的决定有些不理解,于是问他:"那个青年胜在哪里呢?他没带一封介绍信,也没受任何人的推荐,而且毫无经验。"

总经理告诉他:"的确,他没带来介绍信,刚刚从大学毕业,一点经验也没有。但他有很多东西更可贵。他进来的时候在门口蹭掉了脚下带的土,进门后又随手关上了门,这说明他做事小心仔细。当看到那位身体上有些残疾的求职面试者时,他立即起身让座,表明他心地善良、体贴别人。进了办公室,他先脱去帽子,回答我提出的问题时也干脆果断,证明他既懂礼貌又有教养。"

总经理顿了顿,接着说:"求职面试之前,我在地板上扔了本书,其他人都从书上迈了过去,这个青年却把它捡起来了,并放回桌子上;当我和他交谈时,我发现他衣着整洁,头发梳得整整齐齐,指甲修得干干净净。在我看来,这些细节就是最好的介绍信,修养是一个人最重要的品牌形象。"

启示:

"泰山不拒细壤,故能成其高;江海不择细流,故能就其深。"要想获得成功,应当事事从小处着手。而关注细节的人无疑也是能够捕捉创造力火花的人。一个不经意的细节,往往能够反映出一个人最深层次的修养。

 活 动 与 训 练

主题:掌握面试流程与技巧。

目标:

1. 学会模拟面试的情景表演。
2. 掌握面试的一般流程,做到从容应对、不卑不亢。
3. 掌握面试的一般技巧。

时间:45分钟。

过程:

1. 5~7人为一小组,其中2名同学作为面试官,1名同学进行面试记录,其余同学作为应试者。
2. 各组以抽签的形式,与其他小组交换进行模拟面试。
3. 面试结束后,面试官和记录员对本组的面试情况进行总结。
4. 教师分析模拟面试中各位面试者的表现,进行归纳总结。

1. 换位思考,如果你是面试官,你更注重应聘者哪方面的素质,是其经验、技能还是潜力?谈谈你认为其重要的理由。

2. 如何提高自身的竞争力,在竞争激烈的面试中脱颖而出?

项目五

认知就业流程与劳动保护

任务一　积极参与实习

任务二　遵循就业流程

任务三　签订劳动合同

任务四　保护就业权益

引导语

　　大学生面临就业压力，又缺乏社会经验，因此必须了解实习、就业流程等。实习是一个重要的环节，能在岗位综合实践中培养学生良好的职业道德、专业技能和综合职业能力，强调理论联系实际，使学生在实践中加深对理论知识的理解与掌握，并为最终实现"零距离"、高质量就业奠定坚实基础。同时，大学生应深入了解目前国家关于毕业生就业的有关方针、政策和规范，熟悉自己在就业过程中的权利和义务，这是大学生保护自我权益的前提。如果在就业过程中，公司的规定不符合国家政策及相关法律法规，侵犯了自己的权益，则可以依据国家政策及相关法律法规的有关内容，维护自己的合法权益。大学生应自觉遵循有关就业规范，接受其制约，保证自己的就业行为不违反就业规范。

任务一　积极参与实习

1. 熟悉实习的有关知识。
2. 熟悉高职院校学生实习的注意要点。
3. 熟悉实习的管理和评价体系。

小疏忽差点酿大错

实习护士小刘某天实习时,根据带教医生的嘱咐执行加药操作。她未核算胰岛素剂量,误将一瓶胰岛素(400 单位)当成 4 单位全部抽吸。幸亏在加入药瓶时,带教医生及时发现并立即制止了她的操作,从而避免了一起严重护理事故的发生。医院在全科护士会议上通报了此事,小刘感到十分惭愧。

启示:

实习生缺乏实践经验,理论不扎实,在实习过程中要不断学习,工作态度要严谨;实习过程中既要增强对工作对象的安全意识,又要保护自己不受伤害;要学会从经历中总结教训和经验,使自己更快更好地融入实习工作。

一、高职院校学生实习的意义

(一) 是职教改革的重大举措

高职院校学生实习是按照专业培养目标和人才培养方案的要求,由学校安排或者学生经学校批准自行到企事业等单位进行专业技能和职业能力培养的实践性教育教学活动,是职业教育专业教学的重要组成部分。加强高职院校学生实习的规范管理,强化高职院校学生实践能力和职业技能的培养,切实加强学生的生产实习和社会实践,使实习课程化是高职院校深化教育教学改革,强化内涵建设,实现专业设置与产业企业岗位需求对接、课程内容与职业标准对接、教学过程与生产过程对接、毕业证书与职业资格证书对接、职业教育与终身学习对接的重要抓手,是提高高职院校毕业生就业质量的重要举措,对学生实践能力及职业素质的培养具有积极的意义。

(二) 是高技能人才成长的重要途径

现在很多单位在招聘人才时,看重的不是学历文凭,而是对理论知识的实际应用能力。高职院校学生实习是学生在完成学校的文化理论基础课、专业课及专业实训课的学习后开展的集中性实践教学环节,是提高学生实践能力的重要途径,是强化学生职业工作能力的有效措施,是高等职业院校有效推进工学结合、校企合作人才培养模式发展的重要方式,是培养高素质技术技能人才的重要途径。

(三) 是一门重要课程

高职院校学生实习承担着培养学生掌握必要的专业知识和职业技能,提高学生就业、创业能力和适应职业变化的能力的任务,与专业课程体系中的其他课程共同肩负着职业教育人才培养的重任。高职院校学生实习是一门重要的核心课程,能在岗位综合实践中培养学生良好的职业道德、专业技能和综合职业能力,强调理论联系实际,使学生在实践中加深对理论知识的理解与掌握,并为最终实现"零距离"、高质量就业奠定坚实基础。

二、高职院校学生实习的特征

(一) 管理主体多元

实习期间,学生的学习和生活空间发生了很大的变化。他们走出校园,走进了真实的工作环境。仅仅依靠学校教师管理学生是不行的,因为此时此刻学生参与更多的是实习单位的生产劳动,实习单位对学生的实习状况是最了解的,而且学生生产的产品质量必须符合实习单位的质量标准,所以实习单位对学生岗位实习的管理是最有效的。实习单位与学校共同构成管理学生的主体。高职院校的学生既是实践育人的对象,又是实习实践的主体。

(二) 学生身份特殊

在学校,学生的主要任务是学习科学文化知识,是单一的学生身份。而高职院校学生在实习期间,不仅是学生,而且是实习单位的"准员工"。作为高职院校的学生,他们受到学校规章制度的约束,不能无故违反学校纪律;同时作为实习单位的"准员工",必须遵守实习单位的规章制度,与正式员工一样参与生产。

(三) 实习地点分散

目前,高职院校安排实习、落实实习单位时,大都采取学生自主选择和学校统一安排两种方式。为了保证所有的学生都能参与实习,学生们被"化整为零",分散进入不同的企业进行实习。实习地点的分散,要求高职院校花费大量的人力、物力和财力参与实习的管理,增加了学校和企业开展实习评价和考核的难度,给提高高职院校学生实习的质量带来了挑战。

(四) 实习时间跨度大

高职院校学生实习的时间一般安排在第六学期,也有高职院校将实习的开始时间提前到第五学期。但是,学校对实习学生的管理并不是从此时才开始,在学生开始实习之前就需要对学生进行思想政治教育、实习动员、实习安排等。由此可见,实习的时间跨度较大,不仅包括对学生选择实习单位的指导和引导,而且包括实习过程中的管理与指导,实习结束后的评价、考核和总结。缺少对实习单位选择的指导和引导,学生就难以选择合适的企业与合适的岗位;缺少实习过程中的管理与指导,就难以达到实习的目标;缺少实结束后的评价、考核和总结,学生就难以认识到自身需要进一步加强的环节。

(五)管理内容复杂

学生在校园中的学习和生活环境比较简单,学生的学习和生活趋势是可预测的,而学生走进真实的工作环境进行实习,其所处的环境变得较为开放和复杂,学生适应环境需要一定的时间和过程,管理的复杂程度也相应提高。这就使得学生实习期间的偶然因素有所增加,对实习的规范管理也带来了挑战。实习的管理内容不仅涉及与专业相对应的职业岗位学习,而且涉及实习期间学生的日常生活,例如,学生执行学校规章制度、落实实习目标的状况,学生在企业实习期间的出勤情况,是否遵守劳动纪律,以及是否服从学校安排。

三、高职院校学生实习的主要形式

(一)认识实习

认识实习指由高职院校组织学生到实习单位参观、观摩和体验,形成对实习单位和相关岗位的初步认识的活动。认识实习一般安排在学生进入实习环节或专业学习的初期,是学生对企业生产实际过程的直接认识与认知,有助于学生巩固专业知识,也是培养学生解决实际问题能力的第二课堂。通过认识实习,学生可以有针对性地对知识结构及技能进行调整与充实,以更好地满足社会的需要。认识实习的任务有以下方面。

(1)深入实际,认真观察,熟悉实习单位、相关岗位的职责、操作流程、用人要求及管理制度等具体内容,初步掌握所在岗位要求的各项技能。

(2)开阔视野,培养实践能力和创新能力,培养在生产实际中观察、分析、解决问题的能力。

(3)学习工人师傅和工程技术人员刻苦耐劳的优秀品质和敬业奉献的良好作风,通过劳动锻炼树立正确的劳动观念、就业观念和敬业奉献精神。

(4)了解工作中人与人的关系,正确处理人际关系,学会团结共事。

(5)虚心学习、广泛请教,锻炼、提高观察能力、思维能力、筹划能力和应变能力等,培养艰苦奋斗的精神和实事求是的作风。

> **看一看**
>
> **花式点钞能手霍慧英**
>
> "上学的时候,我没有像其他同学一样,放学了就解放自己,而是利用休息时间勤加练习,同学们用三指点钞,我就练四指,日复一日,总结经验与技巧,使每个搓钞点都更精确。"霍慧英(图5-1)分享道。她还从田径运动员脚绑沙包的负重训练中得到启发,独创了橡皮筋"负重训练法",用橡皮筋将点钞的四指扎起,有效增强手指的力量,提升肌肉持久度,使点钞动作更轻盈、迅速。毕业考试时,她以年度点钞速度最快、一级能手的成绩称霸校园,为自己的学生生涯画上圆满的句号。工作后,她又将这一技能送入学校,鼓励同学们认真学习,培养爱好,找到自己的闪光点。入行后,霍慧英并没有停止自己学习的步伐,她依旧保持谦逊的态度,在日复一日、年复

一年的刻苦练习中,创造出各类点钞花式,创下了一分半钟内为客户完成整套借记卡综合新开户(建客户号、借记卡、网上银行、手机银行、短信通知、存款)流程的纪录;她还以超越点钞机为目标,不断地创新和突破自我,练就了过硬的技术本领,先后创下单指单张频率最快、单指单次剔钞张数最多、单指点钞完胜传统多指多张等多项纪录。

图 5-1 "十全十美"花式点钞的霍慧英

(二) 岗位实习

岗位实习指具备一定实际岗位工作能力的学生,在专业人员指导下,辅助或相对独立参与实际工作的活动。在岗位实习中,学生要接受企业的管理和教育,拓展专业知识,提高专业技能,将所学的专业知识和企业岗位所涉及的各种知识运用到实际工作中。岗位实习的任务有以下方面。

(1) 熟悉岗位工作的操作流程,将所学的专业知识与技术应用到解决工作中的实际问题上,能熟练完成所在岗位的工作任务。

(2) 养成良好的职业道德,做到爱岗敬业、诚实守信、办事公道、服务群众、奉献社会。

(3) 养成良好的心理素质和身体素质,能正常完成工作任务、正确对待工作压力。

(4) 增强行业通用能力、专业岗位必备能力,在实际工作中提升职业素养,提升专业技术水平。

(5) 增强团队合作精神和沟通能力,能顺畅地完成工作中的团队合作和人际交往。

(6) 增强自我学习、知识更新、技能提升的意识与能力。

四、高职院校学生实习的目标

(一) 总目标

高职院校学生实习的总目标是让学生通过在职业情境中和实际职业岗位上实习,强化职业意识,掌握职业技能,增强在真实岗位上解决实际问题的能力,全面提高自身的综合职业能力,为毕业后走上工作岗位做好充分准备,成为发展型、复合型和创新型的技术技能人才。

(二) 知识目标

高职院校学生实习的知识目标是:认识实习阶段,认知岗位,体验工作过程,了解岗位工作要求;岗位实习阶段,熟悉工作标准和工作内容,提高实践技能水平,掌握工作要领,独立开展岗位工作,具有工作协调能力和创新创造能力,具备良好的职业素养,具备综合运用所学专业知识解决实际问题的能力。

(三) 技术技能目标

高职院校学生实习的技术技能目标是：认识实习阶段，培养通用能力；岗位实习阶段，提升技能水平，培养专业基本能力，塑造职业精神，培养综合职业能力、技术的应用和革新能力，实现与就业岗位"零距离"对接。

(四) 职业素质目标

高职院校学生实习的职业素质目标是：认识实习阶段，认识工作的意义，增强对职业岗位的感性认识，初步培养专业素质、职业素养、沟通协作能力、心理素质和身体素质；岗位实习阶段，树立正确的职业态度，增强职业意识和职业道德，强化职业作风和职业行为，全面培养独立性、责任心、敬业精神、团队意识、职业操守、时间管理能力等，明晰职业价值取向，理解企业文化，促进职业适应与自我塑造，熟悉职业内在的规范和要求，并能在岗位工作过程中表现出良好的综合素质。

> **看一看**
>
> ### 《职业学校学生实习管理规定》新变化
>
> 　　实习是职业教育重要的教学环节，是专业学习和技术技能训练的重要途径，必须高度重视、规范管理。2022年1月，教育部联合工业和信息化部等八部门对《职业学校学生实习管理规定》进行了修订，进一步明确了学生实习的行为准则。
>
> 　　修订后的《职业学校学生实习管理规定》包括总则、实习组织、实习管理、实习考核、安全职责、保障措施、监督与处理、附则等8章50条，进一步明确了实习参与各方的权利和义务，规范了实习各环节的基本要求。主要修订内容有以下方面。
>
> 　　一是进一步强调了实习的性质，并优化了其内涵和边界。强调学生实习的本质是教学活动，是实践教学的重要环节。适应数字时代职业场景、岗位形态的变化，重新界定实习分类，将"跟岗实习""顶岗实习"统一为"岗位实习"；规定符合条件的生产性实训基地、厂中校、校中厂、虚拟仿真实训基地等可作为实习单位。
>
> 　　二是聚焦职业学校实习治理水平，提出系列措施。明确学校选择实习单位的具体条件，要求实习单位名单须经校级党组织审议并对外公开，实习中遇突发事件或重大风险，应按照属地管理要求做好分类管控。
>
> 　　三是推动实习深度融入校企协同育人。支持结合学徒制培养、中高职贯通培养等合作探索多种形式的实践性教学改革，规定职业学校应当优先选择与学校有稳定合作关系的企(事)业单位，同时鼓励和引导企(事)业单位等按岗位总量的一定比例，设立实习岗位并对外发布岗位信息。加快推进学生实习保险全覆盖。

四是加强部门和地方协同配合。教育部门会同有关部门建立实习管理协调落实机制,工信、财政、人力资源和社会保障、应急管理、市场监管等各部门结合各自职责,鼓励支持学校和实习单位开展学生实习,同时对违规行为严肃追责问责。要求跨省实习须事先经学校主管部门同意,按程序报省级主管部门备案,有关省份要建立跨省实习常态化协同机制。

五是划定了实习管理"红线"。针对实习内容专业不对口、强制实习、收费实习、简单重复劳动、中介机构参与、违规安排加班和夜班等问题,进一步划定"红线",有针对性地明确了处理规定,切实保障实习学生的合法权益。首次配发了实习协议示范文本,明确必须由职业学校、实习单位、学生三方签署协议后方可实习。

幼儿园教师的"六阶段"实习

某职业院校高度重视实习管理工作,组建了专业建设指导委员会和校企合作指导委员会,切实加强对实习工作的设计规划、统筹管理。在园校紧密合作、互惠共赢的理念指导下,在极具特色的人才培养模式育人环境中,学生们跟随园校"双导师"

的引领,通过参加"理实一体课堂""精英园长沙龙"等校内学习实践活动,以及"三学年、六阶段、理实多轮交替"的校外实践活动,顺利实现了就业"软着陆",完成了由学前教育专业学生到幼儿园教师、由在校生到职业人的身份转变。

"六阶段"的安排如下。

一是"了解职业"。新生入校时即选派部分实践基地的实践导师参与入学教育,邀请优秀毕业生代表分享学习经历和工作经历,让学生初步了解职业,增强角色认同感和使命感。

二是"接触职业"。安排一年级学生入园见习一周,以见习幼儿园一日流程和保育工作为主,在幼儿园教师的指导下,完成简单的保育工作,与幼儿正常沟通,使学生完成最初的职业认识。

三是"模拟职业"。邀请幼儿园教师参加,在学校教师指导下,以校内仿真实训室作为教学环境,开展以幼儿园实践为主题的系列班会、以幼儿园教学活动为主题的模拟课堂,鼓励学生与教师大胆交流,在答疑解惑中完成实习过程的模拟体验。

四是"体验职业"。安排二年级学生开展三周的岗位实习,实习任务进一步细化并逐周推进:学生第一周能独立完成不少于两天的幼儿园保育工作,书写保育员一日工作流程;第二周能完成教学活动设计方案,并尝试独立组织集体教学活动一次;第三周能独立制作教具学具、创设环境,并在实习班级内组织开展一次公开汇报课。

五是"职业适应"。学生在学校和实践基地的管理考核下,开展六个月以上的岗位实习,完成职业适应。

六是"职业提升"。学生通过参加各类毕业生技能大赛,提升职业素养和职业技能。

启示:

通过实习,学生基本具备了担任幼儿园实习教师的能力,完成了具体的职业体验。期间,园校"双导师"全程指导并参与评价。这种实习非常有利于学生向职业人转变。

 活 动 与 训 练

主题: 本专业毕业生就业情况调查。

目标:

1. 通过走访本专业学长、学姐,了解本专业毕业生就业初期的基本状况。
2. 学会撰写分析报告,并与全班分享。

时间: 1小时。

过程:

1. 5~7人为一小组,在课前对本专业的学长、学姐进行访谈,了解他们在就业初期的基本情况。可以采用面谈、电话访谈等形式。

2. 访谈后对其情况展开分析,撰写分析报告。

3. 各小组在课上进行访谈材料(如访谈记录、聊天记录、截图、邮件等)展示,并展示本小组的分析报告。其他小组可进行提问。

4. 教师进行分析、点评。

 思 考 与 讨 论

1. 实习前应该做好哪些准备?
2. 你觉得在实习中可能会遇到哪些困难?
3. 联系自身实际,谈谈你对实习有哪些期望。

任务二　遵循就业流程

 学习目标

1. 熟悉就业管理与服务部门的工作流程。
2. 熟悉用人单位的招聘流程。
3. 掌握就业流程。

签约的顺序不能错

小张是某高职院校电子专业的应届毕业生,学习成绩和综合素质在班级当中属于中上水平。他找工作时总持观望态度,"这山望着那山高",总是期望能找到更理想的工作,以致错失了几次很好的就业机会。眼看着自己的同学都落实了就业单位,小张非常着急,因此也迫切希望尽快找到一家适合自己的单位。这时一家生产电器元件的中外合资企业经过两轮面试及两周的试用以后,正式通知小张签订就业协议,并对他说:"就业协议书拿来拿去比较麻烦,你先让学校盖好章,我们可以当场签。"小张同意了,于是在领取就业协议时要求就业办的老师在空白协议上事先盖章。老师提醒他,如果学校事先盖章可能会对他产生不利的影响,但是他没有听取老师的劝告。当天他就拿着协议到公司签约,人事部主管在与他就协议的服务期限、工资、违约金等事项进行细致协商并在协议上详细注明后,要求小张签字,并以公司总经理出差、单位公章没在为由要他第二天来拿就业协议。小张签约心切,爽快地答应了。第二天小张一拿到协议就愣住了,原本没有约定条款的就业协议上现在多了两条附加条款:"本协议所约定的收入为税前收入并包括四金;毕业生自签约之日起开始上班,由此至正式报到期间为实习期,实习期工资为每月1 500元。"他想争辩,却发现没有任何理由。

启示:

这个案例涉及学生毕业、毕业时间、就业协议书、劳动合同等概念,还涉及毕业、就业的流程和岗位待遇的认定问题。对于关系到自己切身利益的重大事项,签约之前一定要协商清楚,否则就会出现不必要的争议。这家企业的做法也是短视的,并不利于企业的长远发展。现在社会上的企业良莠不齐,毕业生在签约时应当谨慎一些。

一、就业管理与服务部门的构成与工作流程

(一) 就业管理与服务部门的构成

就业管理与服务部门一般分为三个层次。

(1) 国家层面：教育部主管全国高校毕业生的就业工作，履行主管毕业生就业工作的职能。

(2) 地方层面：各省、自治区、直辖市和中央各部委的有关部门主管本地区、本部门的毕业生就业工作。

(3) 高校层面：学校负责本校毕业生就业的具体事宜。

(二) 就业管理与服务部门的工作流程

一般在大学生毕业前半年，各省、自治区、直辖市和中央各部委的有关部门会制定对本地区、本部门所属高校毕业生就业工作的具体意见。每年10月左右，教育部向各地区、各部门提供下一年度的毕业生资源情况。每年11月至下一年5月，"供需见面""双向选择"集中开展。高校毕业生就业工作结束后，有关部门对当年的就业情况进行汇总，上报教育部。

学校就业管理部门的工作流程一般如下：① 统计毕业生生源情况；② 制作专业介绍，发布毕业生信息；③ 审查毕业生资格；④ 发放就业推荐表和就业协议书；⑤ 向用人单位发送邀请函；⑥ 开展就业指导活动，组织校园招聘会；⑦ 形成就业情况汇总并上报教育主管部门。

各高职院校会根据自身的办学理念和特色，设置就业工作领导机构，成立毕业生就业工作领导小组。根据学校毕业生就业工作领导小组的要求，大学生就业指导中心挂靠在学工处，制订全校毕业生就业工作的实施方案，负责就业指导等相关工作。院系就业工作小组负责制订本院系的就业工作计划，为毕业生提供就业咨询和服务，提供就业信息，做好就业月报等。各毕业生班班委负责就业材料发放、就业信息传达等。

二、用人单位的招聘程序

用人单位的招聘程序主要有以下步骤。

(一) 确定需求和招聘计划

根据本单位的发展需求，制订当年或长期的招聘计划。这一工作主要由用人单位的人力资源管理部门负责。

(二) 发布招聘信息

用人单位的人力资源管理部门制订的人才招聘计划通过单位主管部门领导审批后，用人单位在单位官网、人才网、报纸等载体上发布招聘信息。

(三) 举行单位宣讲会

用人单位可以通过校企合作等方式，在有就业合作的各大高校举行宣讲会。学校就业指导中心发出正式通知，召集大学毕业生与招聘单位进行面对面的沟通。

（四）收集生源信息

用人单位对通过大学生自己求职、学校推荐等途径获取的生源信息系统、科学、有效地进行分类整理，挑选优秀求职者。

（五）分析生源信息

根据生源基本信息，进一步了解应聘毕业生的个人情况和个人职业规划，以便更好地为人才的培养和管理服务。

（六）组织笔试和面试

很多招聘单位会组织毕业生进行笔试和面试，以便更好地了解求职者的综合能力和个人意愿。

（七）签订协议

如果招聘单位和求职者双方达成共识，应届毕业生应与招聘方签署就业协议。

（八）上岗培训

待签署完协议、正式入职后，用人单位会根据对岗位的需求，对就职人员进行岗前培训，以使其更好地胜任本职工作。

> **想一想**
>
> 假如你是招聘单位的人员，你会对应聘者提出哪些问题？你最想了解应聘者的哪些信息？

三、大学毕业生的就业流程

（一）了解就业政策

大学毕业生的就业是一项政策性很强的工作，学校和用人单位必须按照相关政策来指导和规范毕业生的求职择业活动。了解相关的就业政策对于毕业生来说是一项十分重要的任务。

（二）收集信息

从招聘会、招聘市场、网络上获取招聘信息时，毕业生必须学会对收集到的信息进行整理、删减、归纳和总结。否则，铺天盖地的求职信息很容易让毕业生在求职时盲目选择，从而误入求职陷阱，损害个人权益。

（三）自我分析

自我分析主要包括测评自身的综合素质、能力，分析自己的气质、性格特点，了解自己内心的需要，分析自身的优势和劣势。

> **想一想**
>
> 你的自我分析结果如何？你更看重这些因素中的哪几个？

（四）确定目标

先初步确定择业的行业定位、地域定位，再进一步缩小范围并准确定位。

> **试一试**
>
> 请你查询与自己所学专业对口的职业岗位的任职要求有哪些,自己试一试确定择业领域和择业岗位。

(五) 准备材料

应聘材料包括个人简历、学历证书、学位证书、个人获奖证书、职业资格证书、技能证书等。同时,还需要准备个人身份资料,如个人身份证复印件等以备用。

(六) 参加招聘会

招聘会在用人单位与毕业生间架起了见面、沟通的桥梁。在招聘会上,用人单位与毕业生初步"结识"。用人单位向毕业生宣传单位的发展、建设状况,同时收集众多毕业生的材料或登记表。毕业生参加招聘会,大多仅完成材料递交工作。

(七) 参加笔试

笔试可以检验毕业生运用大学期间所学的知识、所培养的技能去处理实际工作的能力,要注意书写工整、卷面整洁、答题细心。

(八) 参加面试

通过面对面的沟通、交流,用人单位可以了解毕业生的表达能力、思维能力、处事能力,以及其他不能通过笔试反映出来的个人素质。必须事先做好准备。

(九) 签订就业协议书

就业协议书一般应包括以下条款:服务期、工作岗位和工作内容、劳动保障和工作条件、工资报酬和福利待遇、就业协议终止的条件、违反就业协议的责任,以及双方认为需要增加的条款等。

(十) 走上岗位

毕业生走上岗位后需要有一个适应和角色转换的过程。必须坚定信念,相信自身的专业技能和实践能力水平。要脚踏实地,爱岗敬业,努力工作,不辜负学校、老师、家长对自己的培养。要学以致用,回报社会。

四、就业协议书的签订

高校使用的就业协议书是由教育部高校学生司统一制定的,一式三份,学校、毕业生、用人单位三方共同签署后生效。它具有一定的广泛性和权威性,是学校制订就业方案、用人单位申请用人指标的主要依据,对签约的三方都有约束力。

微课:就业协议书

(一) 目的

通过供需见面和双向选择,毕业生与用人单位达成一致意见之后,就需要以协议的形式对其加以确定。签订就业协议书,目的在于明确毕业生、用人单位、学校三方的权利和义务,维护国家就业计划的严肃性。

(二) 定位

就业协议书体现了签订劳动合同之前的用工意向,是办理入职手续的依据。

(三) 作用

就业协议书可以约束用人单位按照双向选择时的约定接收学生,约束学生按照双向选择时的约定到用人单位就业。

（四）主要内容

其主要内容包括用人单位和学生的基本情况、双方的意愿和约定、终止协议的条件、协议生效时间、缔约过失责任、违约责任（违约金）、附加条款、双方签章、学院及学校就业中心鉴证章。

五、关于违约金的规定

一般情况下，用人单位不得与劳动者约定由劳动者承担违约金。用人单位为劳动者提供专项培训费用，对其进行专业技术培训的，可以与该劳动者订立协议，约定服务期。劳动者违反服务期约定的，应当按照约定向用人单位支付违约金。违约金的数额不得超过用人单位提供的培训费用。

对负有保密义务的劳动者，用人单位可以在劳动合同或者保密协议中与劳动者约定竞业限制条款，并约定在解除或者终止劳动合同后，在竞业限制期限内按月给予劳动者经济补偿。劳动者违反竞业限制约定的，应当按照约定向用人单位支付违约金。

总结案例

是否该支付风险抵押金？

小赵学的是信息技术专业。在招聘会上，他看到一家待遇和条件都不错的IT公司正在进行招聘，经过一番努力，小赵终于被公司录用。当他报到时，公司负责人告诉他："你刚毕业，没什么工作经验，我们提供给你的薪金是每月3 500元。今后，公司还会给你很多培训机会。为了避免日后由于你个人的原因给公司造成损失，在咱们正式签劳动合同前，请你先交2万元风险抵押金，这是公司的规定。"小赵很看重这份工作，但不知是否该交风险抵押金。

启示：

用人单位在与劳动者订立劳动合同时，不得以任何形式向劳动者收取定金、保证金（物）或抵押金（物）。由此看来，公司的要求是非法的，小赵不应交风险抵押金。

活 动 与 训 练

主题：就业流程信息梳理。

目标：掌握就业流程。

时间：30分钟。

过程：

请同学们根据本任务的知识，画出高校毕业生的就业流程图，并对其进行讲解。

思 考 与 讨 论

1. 用人单位的招聘流程是怎样的？
2. 在什么情况下求职者需要向用人单位支付违约金？

任务三　签订劳动合同

劳动合同示范文本

 学习目标

1. 了解就业协议书与劳动合同的区别。
2. 掌握劳动合同的具体内容。
3. 了解签订劳动合同的程序。
4. 了解与用人单位解除劳动合同的相关规定。

 导 入 案 例

是否该交违约金

小杜毕业后进入某工厂做车工，与工厂签订了为期五年的劳动合同。第二年回家过春节时，小杜看到家乡的变化很大，很多人通过做买卖挣了大钱，小杜决定辞职，在家乡开家小商店。春节后，小杜回到工厂，立即写了辞职报告，要求解除劳动合同，厂领导不同意，认为按规定应提前30天通知工厂。小杜没有理会工厂的意见，径直离开了工厂。小杜开个体商店应享受政策优惠，在办手续时，有关部门要求他出具解除劳动合同的证明。小杜再去联系厂领导，但厂领导明确表示不能为他出具劳动合同证明，原因是他没有提前30天通知解除劳动合同，小杜擅自离去给工厂的生产造成了损失。

启示：

《中华人民共和国劳动法》第三十一条规定："劳动者解除劳动合同，应当提前三十日以书面形式通知用人单位。"这是对劳动者单方面解除劳动合同的程序要求。

一、就业协议书与劳动合同的区别

（一）两者的作用不同

就业协议书是指明确毕业生、用人单位、学校三方在毕业生就业工作中的权利和义务的文件；而劳动合同是指劳动者与用人单位确立劳动关系、明确双方权利与义务的协议，是劳动者从事何种岗位工作、享受何种待遇等的依据。

微课：劳动合同

（二）两者的主体不同

就业协议书由毕业生、用人单位、学校三方协商签订；而劳动合同由劳动者与用人单位签订，这些劳动者可以是高校毕业生，也可以是其他人，学校不是劳动合同的主体，也不是劳动合同的见证方。

（三）两者的内容不同

就业协议书的主要意义在于将毕业生与用人单位双方互相选择的关系确定下来，一般没有详细规定双方具体的权利与义务；而劳动合同则是用人单位和劳动者在确定建立工作关系之后签订的关于双方权利与义务的协议。劳动合同的具体内容包括劳动合同期限、工作内容、劳动保护和劳动条件、劳动报酬、社会保险和福利、劳动纪律、劳动合同终止的条件、违反劳动合同的责任等。因此，毕业生与用人单位签订了就业协议书不等于签订了劳动合同，毕业生在与用人单位签订就业协议书之后，还必须签订劳动合同，以保护自己的合法权益。目前的实际情况是，通常毕业生到单位工作后，双方才签订劳动合同。

（四）两者的效力不同

就业协议书的依据是《高等学校毕业生分配制度改革方案》和《普通高等学校毕业生就业工作暂行规定》，而劳动合同的依据是《中华人民共和国劳动法》（以下简称《劳动法》）。前者属于部门规章，后者属于国家基本法律，部门规章的法律效力低于国家劳动基本法律。

就业协议书的效力始于签订之日，终于毕业生到用人单位报到之时。就业协议书的作用仅限于对学生就业过程的约定，一旦毕业生到用人单位报到，就业协议的使命也就完成了。就业协议书不能替代劳动合同，不是确定劳动关系的凭证。

（五）两者的处理部门不同

在就业协议书发生问题需要处理时，一般先由毕业生和用人单位进行协商，如果取得一致意见，则报送毕业生所属的学校主管部门，由学校主管部门审查认可后，报上级主管部门批准，予以调整。而若劳动合同发生问题，则毕业生和用人单位需要向劳动争议调解委员会或劳动仲裁机构报送，请求处理，还可以根据《劳动法》处理劳动纠纷。

二、劳动合同的形式

（一）固定期限劳动合同

固定期限劳动合同是指用人单位与劳动者约定了合同终止时间的劳动合同。劳动合同期限届满，双方的劳动关系即告终止。但如果双方同意，也可以续订劳动合同。这类劳动合同在具体期限上，可以由双方当事人根据工作需要和实际情况来确定，如半年、一年、五年、十年，甚至更长，但它的根本特征在于劳动期限是不变的，即劳动合同的起始时间和终止时间是固定的。

（二）无固定期限劳动合同

无固定期限劳动合同是指人单位与劳动者未约定合同终止时间的劳动合同。这类合同的双方当事人应当约定劳动合同终止的条件。只要不出现双方约定的终止条件或法律、法规规定的其他情况,无固定期限劳动合同一般不能终止。这种合同适用于技术复杂、需要长期保持人员稳定的工作岗位。此外,法律规定,对符合条件的职工,除劳动者本人提出订立固定期限劳动合同外,用人单位应当与其订立无固定期限劳动合同。

> **查一查**
>
> 可以订立无固定期限劳动合同的情形有哪些?

(三) 以完成一定工作任务为期限的劳动合同

以完成一定工作任务为期限的劳动合同是指用人单位与劳动者约定以某项工作的完成为合同期限的劳动合同。该项工作开始的时间就是劳动合同履行的起始时间。该项工作完成,也就意味着劳动合同的终止。

三、劳动合同的具体内容

劳动合同的条款包括必备条款和约定条款两部分。

必备条款包括:

(1) 用人单位的名称、地点和法定代表人或主要负责人;

(2) 劳动者的姓名、住址和居民身份证或者其他有效证件号码;

(3) 劳动合同期限,主要分为有固定期限、无固定期限和以完成一定的工作为期限三种;

(4) 工作内容,主要包括工种和岗位,以及该岗位工作者应完成的生产(工作)劳务、工作班次等内容;

(5) 劳动保护和劳动条件,主要包括劳动安全和卫生规程、女工和未成年工的保护规定、工作时间和休息休假等内容;

(6) 劳动报酬,主要包括劳动者的工资、奖金、津贴和补贴等内容;

(7) 劳动纪律,主要包括企业规章制度、劳动纪律及其执行程序等内容;

(8) 劳动合同终止的条件;

(9) 违反劳动合同的责任。

除以上规定的必备条款外,劳动合同的当事人还可以通过协商约定条款。双方当事人可以就用人单位出资招收录用、出资培训、劳动者保守用人单位的商业秘密等事项约定双方的权利和义务。但双方的约定条款不能违背法律法规和有关规章的规定。

微课:试用期

> **看一看**
>
> **聘 用 合 同**
>
> 聘用合同是指事业单位与职工按照国家有关法律、政策,在平等自愿、协商一致的基础上订立的关于履行有关工作职责的权利、义务关系的协议。只有事业单位和拟聘用人员双方意思表示一致、自愿达成协议时,聘用合同才成立。聘用合同具有一般合同的法律特征,是劳动合同的特殊形式。

四、劳动合同的签订程序

劳动者和用人单位签订合同时,应遵循一定的手续和步骤。根据《劳动合同法》的有关规定及订立劳动合同的实践,劳动合同的签订程序一般分为以下三步。

(一) 要约和承诺

劳动者或用人单位提出签订劳动合同的建议,称为要约。另一方接受建议并表示完全同意,称为承诺。一般由用人单位提出和起草合同草案,提供协商的文本。

(二) 协商

双方对劳动合同的内容,包括工作任务、劳动报酬、劳动条件、内部规章、合同期限、保险、福利待遇等进行认真磋商。协商的内容必须做到明示、清楚、具体、可行,充分表达双方的意愿和要求。双方经过讨论、研究,相互让步,最后达成一致意见,在新要约的基础上表示新的承诺。

(三) 签约

在认真审阅合同文书,确认没有分歧后,由用人单位的法定代表(负责人)或者其书面委托的代理人代表与劳动者签订劳动合同。劳动合同由双方分别签字或盖章,并加盖用人单位印章。订立劳动合同可以约定生效时间,没有约定的,以当事人签字或者盖章的时间为生效时间。当事人签字或盖章时间不一致的,以最后一方签字或者盖章的时间为准。

> **看一看**
>
> **无效的劳动合同**
>
> 《劳动法》规定,无效的劳动合同有两种:一是违反法律法规的劳动合同,二是采取欺诈、威胁等手段订立的劳动合同。欺诈是指一方当事人故意告知对方当事人虚假的情况,或者故意隐瞒真实的情况,诱使对方当事人做出错误意见表示的行为;威胁是指以给公民及其亲友的生命健康、荣誉、名誉、财产等造成危害为要挟,迫使对方做出违背真实意愿表示的行为。无效的劳动合同,从订立的时候起就没有法律约束力。劳动合同部分无效的,如果不影响其余部分的效力,其余部分仍然有效。劳动合同是否无效,应由劳动争议仲裁委员会或者人民法院确认。

五、劳动合同的解除

《劳动合同法》延续了《劳动法》关于劳动合同解除分类及基本原则的规定,即劳动合同解除分为劳动合同双方当事人协商一致解除、劳动者单方解除、用人单位单方解除;只有符合法定情形,才能解除劳动合同。同时,为了更好地维护劳动合同双方当事人,尤其是劳动者的合法权益,《劳动合同法》对劳动合同的解除做出了对《劳动法》的补充修改规定。

(一) 补充规定了劳动者可以立即解除劳动合同的类型

《劳动法》规定,劳动者单方解除劳动合同分为提前三十日以书面形式通知用人单位解除劳动合同和随时通知用人单位解除劳动合同两种类型。《劳动合同法》补充规定了第三种类型,即用人单位以暴力、威胁或者非法限制人身自由的手段强迫劳动者劳动,或者用人单位违章指挥、强令冒险作业危及劳动者人身安全的,劳动者可以立即解除劳动合同,不需事先告知用人单位。因为劳动者在以上情形下面临着人身危险,法律不要求劳动者履行通知用人单位的义务后再解除劳动合同。

(二)修改了劳动者可以随时通知解除劳动合同的情形

根据《劳动法》规定,在试用期内的,用人单位未按照劳动合同约定支付劳动报酬或者提供劳动条件,或以暴力、威胁或者非法限制人身自由的手段强迫劳动的,劳动者可以随时通知用人单位解除劳动合同。《劳动合同法》对此做了修改和补充。

一是规定将用人单位以暴力、威胁或者非法限制人身自由的手段强迫劳动情形下,劳动者可以随时通知用人单位解除劳动合同,调整为劳动者可以不需事先告知,立即解除劳动合同。

二是为了更好地维护劳动者合法权益,同时督促用人单位遵守有关法律法规,补充规定了劳动者可以随时通知用人单位解除劳动合同的情形,包括:① 用人单位未按照劳动合同约定提供劳动保护的;② 用人单位未依法为劳动者缴纳社会保险费的;③ 用人单位的规章制度违反法律法规的规定,损害劳动者权益的;④ 用人单位因本法第二十六条第一款规定的情形致使劳动合同无效的;⑤ 法律、行政法规规定劳动者可以解除劳动合同的其他情形。

三是考虑到用人单位工作交接的合理需要,规定将劳动者在试用期内可以随时通知用人单位解除劳动合同,变更为劳动者在试用期内可以提前三日通知用人单位解除劳动合同。

(三)补充规定了用人单位可以随时通知劳动者解除劳动合同的情形

《劳动法》规定,劳动者在试用期间被证明不符合录用条件的;严重违反劳动纪律或者用人单位规章制度的;严重失职,营私舞弊,对用人单位利益造成重大损害的;被依法追究刑事责任的,用人单位可以随时通知劳动者解除劳动合同。《劳动合同法》除了延续以上规定外,为了保护用人单位的合法权益,还补充规定了用人单位可以随时通知劳动者解除劳动合同的其他情形,即:① 劳动者同时与其他用人单位建立劳动关系,对完成本单位的工作任务造成严重影响,或者经用人单位提出,拒不改正的;② 因本法第二十六条第一款第一项规定的情形(即劳动者以欺诈、胁迫的手段或者乘人之危,使用人单位在违背真实意思的情况下订立劳动合同),致使劳动合同无效的。

(四)增加了用人单位提前三十日以书面形式通知劳动者解除劳动合同及其替代方式的内容

《劳动法》规定,有下列情形之一的,用人单位可以提前三十日以书面形式通知劳动者解除劳动合同:

(1)劳动者患病或者非因工负伤,医疗期满后,不能从事原工作,也不能从事由用人单位另行安排的工作的;

(2)劳动者不能胜任工作,经过培训或者调整工作岗位,仍不能胜任工作的;

(3)劳动合同订立时所依据的客观情况发生重大变化,致使原劳动合同无法履行,经当事人协商不能就变更劳动合同达成协议的。

《劳动合同法》一方面延续了《劳动法》以上规定，另一方面考虑到在这三十日内，劳动者往往需要去寻找新的工作，因此，借鉴一些国家和地区实行的代通知金制度，规定了用人单位提前三十日以书面形式通知劳动者解除劳动合同的替代方式，即在符合以上三种法定情形时，用人单位可以提前三十日以书面形式通知劳动者本人，也可以额外支付劳动者一个月工资，然后解除劳动合同。

（五）修改了用人单位裁减人员的规定

《劳动合同法》一方面强化了对用人单位与符合条件的劳动者订立无固定期限劳动合同的要求，另一方面考虑到用人单位调整经济结构、革新技术以适应市场竞争的需要，放宽了用人单位在确需裁减人员时进行人员裁减的条件。

一是增加了用人单位可以裁减人员的法定情形。《劳动法》规定，用人单位只有在濒临破产、进行法定整顿期间或者生产经营状况发生严重困难，确需裁减人员时，才可以裁减人员。《劳动合同法》除延续《劳动法》以上规定外，增加了两种用人单位可以裁减人员的情形：

（1）企业转产、重大技术革新或者经营方式调整，经变更劳动合同后，仍需裁减人员的；

（2）其他因劳动合同订立时所依据的客观经济情况发生重大变化，致使劳动合同无法履行的。

二是放宽了用人单位裁减人员的程序要求。《劳动法》规定，用人单位裁减人员的，应当提前三十日向工会或者全体职工说明情况，听取工会或者职工的意见，并向劳动行政部门报告。《劳动合同法》将《劳动法》以上规定内容调整为，用人单位需要裁减人员二十人以上或者裁减不足二十人但占企业职工总数百分之十以上的，才应当按照以上规定的程序执行；裁减人员不足二十人且占企业职工总数不足百分之十的，无须按照以上规定的程序执行。

与此同时，为了降低裁减人员对劳动者工作和生活的影响，《劳动合同法》与《劳动法》相比，补充规定了用人单位在裁减人员中应当承担的社会责任。

一是补充规定了裁减人员时，应当优先留用下列人员：

（1）与本单位订立较长期限的固定期限劳动合同的；

（2）与本单位订立无固定期限劳动合同的；

（3）家庭中无其他就业人员，有需要扶养的老人或者未成年人的。

二是细化了关于用人单位裁减人员后，在六个月内录用人员的，应当优先录用被裁减人员的规定，即规定用人单位在六个月内重新招用人员的，应当通知被裁减的人员，并在同等条件下优先招用被裁减的人员。

（六）增加了用人单位提前三十日以书面形式通知劳动者解除劳动合同以及裁减人员的限制情形

根据《劳动法》规定，即使具备用人单位提前三十日以书面形式通知劳动者可以解除劳动合同以及裁减人员的一般情形，但是如果劳动者有下列情形之一，用人单位也不得与劳动者解除劳动合同：

（1）患职业病或者因工负伤并被确认丧失或者部分丧失劳动能力的；

（2）患病或者负伤，在规定的医疗期内的；

(3) 女职工在孕期、产期、哺乳期内的;
(4) 法律、行政法规规定的其他情形。

另外,《中华人民共和国职业病防治法》(以下简称《职业病防治法》)规定,用人单位对未进行离岗前职业健康检查的劳动者,不得解除与其订立的劳动合同;在疑似职业病病人诊断或者医学观察期间,不得解除与其订立的劳动合同。《劳动合同法》除延续《劳动法》《职业病防治法》以上规定外,还补充规定了一种情形,即劳动者在本单位连续工作满十五年,且距法定退休年龄不足五年的。

教育部部署全力促进2023届高校毕业生高质量充分就业

高校毕业生就业工作事关高质量发展、民生福祉和社会稳定。为全力促进2023届高校毕业生高质量充分就业,教育部部署各地、各高校开展了促就业攻坚行动。

促就业、稳就业,开拓岗位是前提。各地、各高校深入开展"访企拓岗促就业"行动,高校与相关单位建立就业合作渠道,汇聚市场化社会化岗位资源。截至2023年5月3日,行动参与高校共2 415所,走访用人单位17.1万家,新开拓就业岗位253.1万个。

为用好校园招聘主渠道,各地各高校抓住求职招聘关键期,开展"万企进校园"招聘活动。全国31个省(区、市)和新疆生产建设兵团组织开展线下大型招聘活动累计12.5万场,参会企业145万余家,提供岗位信息3 511万余个。

为帮助毕业生了解就业形势、掌握求职方法,教育部国家大学生就业服务平台推出了系列"互联网+就业指导"公益直播课。截至2023年5月,平台已面向2023届高校毕业生制作播出28期公益直播课,累计观看量超1亿人次。教育部、财政部合力实施"中央专项彩票公益金宏志助航计划",2023年预计完成线下培训10.5万人次,线上培训50万人次。

启示:
在就业竞争日益激烈的情况下,毕业生除了摆正就业心态,还要了解政府相关部门发布的相关就业政策,这样才能少走弯路。

主题: 模拟签订劳动合同。
目标: 掌握劳动合同的形式、基本内容。
时间: 20分钟。
过程: 一部分同学作为公司代表,与另一部分同学模拟洽谈并签订劳动合同。

思考与讨论

1. 签订劳动合同时应注意哪些事项?
2. 签订劳动合同的程序包括哪些步骤?

任务四　保护就业权益

学习目标

1. 熟悉劳动权益保护的相关法律。
2. 能够合理维权。
3. 能够认识职业健康并有意识地加强自我保护。

导入案例

让新员工跪地乞讨的"上岗培训"

某地曾上演了这样一幕:路上每隔100米左右就有一名衣着整齐的年轻人跪地乞讨,引起行人的议论,原来这是某公司的一种培训。一名穿蓝衬衫、黑西裤、黑皮鞋的小伙双膝跪地,面前放着两枚硬币。他说,自己刚进公司,准备做业务员,但要成为正式员工必须经过一系列培训,在街上跪着乞讨也是培训项目之一,目的是锻炼员工的"厚脸皮",以利于今后的推销工作。公司负责人介绍:"让员工在最繁华的商业街当众下跪,就是让他们把不好意思'跪掉',敢于面对客户。做销售不能有半点不好意思。"

启示:

让员工当街下跪,是一种明显的侮辱人格的行为,其行为构成侵权。以这种行为来锻炼员工的意志是不可取的,因为劳动者不是简单的工作机器人。

一、毕业生就业权益自我保护的五大意识

构建有效的毕业生就业权益保护体系,切实维护多方主体利益,关系到和谐的就业关系的建立,关系到学校和社会的稳定,是促使毕业生就业市场有序发展的当务之急。毕业生要真正有效地做到就业权益的自我保护,必须牢固树立以下五种意识。

(一) 法律意识

市场化的就业体制要求依靠市场这只"无形的手"来实现人才资源的合理配置。市场经济是法治经济,毕业生就业也必须走法治化之路。因此,毕业生必须了解与就业相关的法律法规、政策制度,了解劳动用工的相关规定,并且在学习这些法律、政策、规定的过程中,逐步培养一种根据法律进行思维的意识,即法律意识,进而在这种意识的指导下,真正做到懂得法律、遵守法律、运用法律。

微课:就业权益保护

法律意识要求毕业生在求职过程中运用法律思维来思考遇到的问题,知道法律的规定是怎样的,了解哪些情况是违法的,哪些情况是法律允许的。有了这种意识,才能认识到行为的性质及法律后果,才有了进行自我保护的前提。

(二) 契约意识

从某种意义上说,市场经济就是契约经济,市民社会就是契约社会,契约意识要求当事人尊重、信守契约。由于我国就业体制的特殊性,就业协议在明确单位和毕业生权利义务等方面扮演着重要角色,契约意识的作用在毕业生就业过程中显得更加突出。

契约意识在就业过程中主要体现在两个方面,一是要求毕业生充分重视和深刻理解就业协议书的重要性,要有通过签订就业协议书来保护自己合法权益的意识;二是就业协议书一旦签订即生效,毕业生必须具有严格遵守、履行就业协议书内容的意识。谨慎签约、积极履约有利于毕业生保护自己的合法权益。协议一旦订立,双方都必须遵守,任何一方都不得无故毁约、违约。

(三) 维权意识

当合法就业权益受到侵害,是积极运用法律手段或者其他方法来维护自己的合法权益,还是息事宁人,当作什么事都没发生过?不同的处理方法体现了维权意识的强弱。具有强烈的维权意识,在碰到问题时能够拿起法律的武器积极维护权利,是毕业生进行权益自我保护的实质性的一步。毕业生只有养成了维权意识,才能够平等地与用人单位对话,切实保障自己的合法权益。

毕业生可以采用下列方法维护自己的就业权利:请学校出面调解,向劳动监察部门申诉、举报,向劳动仲裁机构申请仲裁,向人民法院提起诉讼等。

(四) 证据意识

法律是用证据说话的,毕业生在就业过程中应多留一个心眼,牢固树立证据意识。证据意识的培养主要体现在三个方面:一是收集证据的意识,要求毕业生在就业时要有意识地让对方出示或者提供相关资料,如要求公司出示营业执照,要对方出示表明身份的证件等;二是保存证据的意识,要注意保存现有的证据,以便将来在仲裁或诉讼时支持自己的观点,如要注意保存单位招聘时的海报,与单位往来的传真、邮件等;三是运用证据的意识,毕业生要有用证据证明事实的意识,知道什么样的事实需要用什么样的证据证明,知道一定事实的举证责任是在对方还是在己方等。

(五) 诚信意识

一些用人单位无视求职者的利益,甚至采用欺骗的手段,使整个人才市场处在一种缺乏信任的不正常状态下,用人单位缺乏诚信也助推了毕业生在求职时的诚信缺失。毕业生诚信意识的培养主要包括两个方面,一是毕业生自己在求职过程中必须如实向用人单位介绍自己的情况,要实事求是。如果毕业生故意隐瞒自身情况,欺骗用人单位,可能导致就业协议无效,并要承担缔约过失责任。二是要能够意识到用人单位是不是诚信,比如意识到用人单位介绍的情况是不是真实的,其招聘的真实目的是什么等。

第二点对毕业生的要求更高,因为判断用人单位是否诚信,必然要求毕业生有比较丰富的阅历和经验,并能通过不同的方法和途径全面了解用人单位的情况。然而,严峻的就业形势使得部分毕业生不敢向用人单位问太多问题,许多初涉职场的毕业生认为用人单位说的都是对的,用人单位要求的就应该去做,不知不觉中自己的权益已经遭受侵犯。因此毕业生必须强化诚信意识,以保护自己的合法权益。

二、毕业生的就业权利与义务

(一)毕业生的就业权利

1. 自主择业权

自主择业权是指毕业生享有的自主选择就业或不就业的权利,如申请自费出国留学的毕业生在毕业时可以申请不就业;自主选择就业方式的权利;职业选择决定权。

2. 平等待遇权

用人单位在招录毕业生时,应坚持公开、公平、公正的原则,凭关系、"走后门"及性别歧视等都是对毕业生平等待遇权的侵犯。《劳动法》第十二条规定:"劳动者就业,不因民族、种族、性别、宗教信仰不同而受歧视。"第十三条规定:"妇女享有与男子平等的就业权利。在录用职工时,除国家规定的不适合妇女的工种或者岗位外,不得以性别为由拒绝录用妇女或者提高对妇女的录用标准。"

3. 接受就业指导、就业服务权

毕业生有权接受学校的就业指导和就业服务。高校应及时向毕业生传达有关就业方针、政策、规定的内容,并对毕业生进行择业观教育和择业技巧的指导。

4. 自荐权和被荐权

毕业生有权向有需求的用人单位进行自我推荐并接受学校的推荐。学校应广泛地向用人单位推荐毕业生,并坚持择优推荐的原则,发挥学校推荐的导向作用。

5. 信息知晓权

获取就业信息是毕业生成功择业的前提,学校和有关就业指导部门应该如实地、毫无保留地及时向毕业生提供就业信息。这些信息包括用人单位的需求信息,用人单位基本情况、工作安排、福利待遇等的信息,国家就业政策、就业形势的信息。

6. 享受国家规定的待遇权

毕业生就业后,其工资标准和福利待遇应按国家有关规定执行,工龄从报到之日起开始计算。毕业生报到后,用人单位应根据工作需要和毕业生所学专业及时为其安排工作岗位。到非公有制单位就业的毕业生,其档案按国家有关规定进行管理,工资待遇由毕业生与用人单位协商确定,但工资原则上应不低于国家规定标准。此外,毕业生还应享有自谋职业和自主创业及享受相应优惠政策的权利、支边及享受相应的优惠政策的权利等。

7. 解除协议权

当履行协议后毕业生的权益或人身自由、人身安全受到用人单位严重侵害时,毕业生

可以主动提出解除协议。《劳动法》第三十二条规定:"有下列情形之一的,劳动者可以随时通知用人单位解除劳动合同:在试用期内的;用人单位以暴力、威胁或者非法限制人身自由的手段强迫劳动的;用人单位未按照劳动合同约定支付劳动报酬或者提供劳动条件的。"

8. 申诉权

《劳动法》第七十七条规定:"用人单位与劳动者发生劳动争议,当事人可以依法申请调解、仲裁,提起诉讼,也可以协商解决。"第七十九条规定:"劳动争议发生后,当事人可以向本单位劳动争议调解委员会申请调解;调解不成,当事人一方要求仲裁的,可以向劳动争议仲裁委员会申请仲裁。当事人一方也可以直接向劳动争议仲裁委员会申请仲裁。对仲裁裁决不服的,可以向人民法院提起诉讼。"第八十三条规定:"劳动争议当事人对仲裁裁决不服的,可以自收到仲裁裁决书之日起十五日内向人民法院提起诉讼。一方当事人在法定期限内不起诉又不履行仲裁裁决的,另一方当事人可以申请人民法院强制执行。"

微课:防范就业陷阱

9. 求偿权

求偿权是指毕业生享有的向违约方要求承担违约责任、获得赔偿的权利。

(二) 毕业生的就业义务

权利与义务是相辅相成的,毕业生在享有国家规定的权利的同时,必须履行一定的义务。毕业生在就业过程中应当承担的主要义务有:

(1) 执行国家就业方针、政策和规定的义务;
(2) 向用人单位实事求是地介绍个人情况的义务;
(3) 严格履行就业协议的义务;
(4) 遵守学校有关规定的义务;
(5) 承担自身违约而带来的相应责任的义务。

> **看一看**
>
> ### 毕业生违约的不良后果
>
> 一些毕业生在毕业季往往同时联系多家单位,为了保险起见,常常勉强与不太满意的单位签订就业协议,一旦随后遇到自己中意的单位,就纷纷毁约。这往往会带来一些不良的后果,主要表现在以下方面。
>
> 第一,对学校而言,会影响用人单位对学校的信任,进而影响学校和用人单位的长期合作关系。
>
> 第二,对用人单位而言,毕业生解约后,用人单位需要重新物色其他毕业生,浪费了宝贵的时间和相关资源。
>
> 第三,对其他毕业生而言,当初希望到该用人单位的其他毕业生由于毁约毕业生的缘故,错过了录用时间,造成了就业信息的浪费,影响了他们的就业。
>
> 因此,毕业生在就业过程中不仅要考虑自身利益,还应考虑学校、用人单位和其他毕业生的利益,务必慎重选择、认真履约。

三、就业权益保护的相关法律

（一）劳动法

《劳动法》是自1995年1月1日起施行的，分别于2009年、2018年进行了修正，是为了保护劳动者的合法权益，调整劳动关系，建立和维护适应社会主义市场经济的劳动制度，促进经济发展和社会进步而制定的。《劳动法》分为13章，具体包括总则、促进就业、劳动合同和集体合同、工作时间和休息休假、工资、劳动安全卫生、女职工和未成年工特殊保护、职业培训、社会保险和福利、劳动争议、监督检查、法律责任、附则。

（二）就业促进法

《中华人民共和国就业促进法》（以下简称《就业促进法》）是自2008年1月1日起施行的，并于2015年进行了修正。大学毕业生是我国青年就业群体的重要组成部分，毕业生就业事关社会安定、国家发展。这部法律将就业工作纳入法制化轨道，在法律层面形成了更有利于大学毕业生就业的社会环境。其内容涉及转变就业观念，提高就业能力；强化依法管理，加大资金投入；规范就业市场，打击违法行为；鼓励自主创业，加强就业援助；反对就业歧视，营造公平环境。因此，大学毕业生在就业中受到用人单位的就业歧视时，可以向相关政府部门反映，也可以直接向人民法院提起诉讼。

> **看一看**
>
> **乙肝病毒携带者可以平等就业**
>
> 毕业生小汪找到了一份满意的工作，但入职体检剥夺了他的工作机会，因为他是乙肝病毒携带者。小汪是国际贸易专业的学生，成绩很优秀，选择从事进出口贸易工作是他的理想。他疑惑的是，是否因为他是乙肝病毒携带者，用人单位就可以拒绝录用他？
>
> 《就业促进法》第三十条规定："用人单位招用人员，不得以是传染病病原携带者为由拒绝录用。但是，经医学鉴定传染病病原携带者在治愈前或者排除传染嫌疑前，不得从事法律、行政法规和国务院卫生行政部门规定禁止从事的易使传染病扩散的工作。"
>
> 有关医学资料显示，一般的乙肝病毒携带者传染性很小，对健康的危害也不大。按照《就业促进法》的有关规定，除了前述规定情形外，任何机关或单位设置禁止录用乙肝病毒携带者的规定都是无效的，用人单位不得以小汪是乙肝病毒携带者为由拒绝录用他。

（三）劳动合同法

《劳动合同法》自2008年1月1日起施行。新修订的《劳动合同法》自2013年7月1日起施行。新修订的《劳动合同法》强化了对大学生就业的法律保护，其作用主要有三点。第一，强调了劳动合同签订的强制性，并明确了用人单位是签订劳动合同的责任主体，明确了用人单位对劳动条件、劳动内容、工资报酬、职业危害的告知等法定义务，指导用人单位与劳动者签订内容规范的劳动合同。第二，有利于维护职业稳定，促进对毕业生的权利保障。《劳动合同法》有助于制约合同短期化行为,防止滥用试用期,限制随意设置违约金,增加解雇成本。第三,规范劳务派遣用工形式,保护毕业生权益。《劳动合同法》严格限制劳务派遣的岗位范围,提高劳务派遣单位的准入门槛,违法劳务派遣行为将受到处罚。

> **看一看**
>
> 小李是2022届毕业生,他于2022年6月应聘到一家电子集团公司工作,但直至2022年11月,他始终没能与单位签订正式劳动合同。单位每月发给小李实习工资,理由是小李仍在试用期。
>
> 《劳动合同法》第七条规定:"用人单位自用工之日起即与劳动者建立劳动关系。"第二十条规定:"劳动者在试用期的工资不得低于本单位相同岗位最低档工资或者劳动合同约定工资的百分之八十,并不得低于用人单位所在地的最低工资标准。"第八十二条规定:"用人单位自用工之日起超过一个月不满一年未与劳动者订立书面劳动合同的,应当向劳动者每月支付二倍的工资。"这就意味着即便用人单位未与小李签订劳动合同,但实际上双方已建立了劳动关系,适用《劳动法》和《劳动合同法》的相关规定。

(四) 社会保险法

《中华人民共和国社会保险法》自2011年7月1日起施行。该法是中华人民共和国成立以来第一部关于社会保险制度的综合性法律,它从法律上明确了国家建立基本养老、基本医疗和工伤、失业、生育等社会保险制度,并对确立基本养老保险关系转移接续制度、提高基本养老保险基金统筹层次,建立新型农村社会养老保险制度、城镇居民养老保险制度和新型农村合作医疗制度等做出了原则性规定。与毕业生就业有关的社会保险问题,主要是就业后涉及的"五险一金"问题。"五险"包括养老保险、医疗保险、失业保险、工伤保险、生育保险,"一金"是指住房公积金。

(五) 个人所得税法、企业所得税法

税收是指国家为满足社会公共需要,凭借社会公权力,依照法律所规定的标准和程序,参与国民收入分配,强制性、无偿性地取得财政收入的一种方式。与毕业生就业、创业相关的税法主要有《中华人民共和国个人所得税法》《中华人民共和国企业所得税法》等。国家鼓励毕业生自主创业,并对其实行税费优惠。例如,符合条件可免交行政事业性收费、小额担保贷款享受政府贴息、享受社会保险补贴政策,具体内容可在当地教育部门的协助下向银行、工商、税务、社保等部门咨询。

> **看一看**
>
> **个人所得税专项附加扣除**
>
> 按照国务院发布的《个人所得税专项附加扣除暂行办法》,2019年1月1日起,子女教育、继续教育、住房贷款利息、住房租金、赡养老人、大病医疗、3岁以下婴幼儿照护7项专项附加扣除政策陆续正式实施。

(1) 子女教育：学前教育阶段为子女年满 3 周岁当月至小学入学前一月，学历教育阶段为子女接受全日制学历教育入学的当月至结束的当月。每个子女每月 1 000 元。

(2) 继续教育：学历(学位)继续教育入学的当月至结束的当月，每月 400 元，同一学历(学位)继续教育的扣除期限最长不得超过 48 个月。技能人员职业资格继续教育、专业技术人员职业资格继续教育为取得相关证书的当年，每年 3 600 元。

(3) 住房贷款利息：贷款合同约定开始还款的当月至贷款全部归还或贷款合同终止的当月，每月 1 000 元，扣除期限最长不得超过 240 个月。纳税人只能享受一次首套住房贷款的利息扣除。

(4) 住房租金：租赁合同(协议)约定的房屋租赁期开始的当月至租赁期结束的当月。提前终止合同(协议)的，以实际租赁期限为准。住房租金按照 1 500 元、1 100 元、800 元三档标准定额扣除。

(5) 赡养老人：被赡养人年满 60 周岁的当月至赡养义务终止的年末，被赡养人包括父母和子女均已去世的祖父母或外祖父母。纳税人为独生子女的，每月 2 000 元；为非独生子女的，可选用均摊、约定、指定三种方式，每人额度不超过 1 000 元。

(6) 大病医疗：医疗保障信息系统记录的医药费用实际支出的当年，每人最高扣除限额为 8 万元。

(7) 3 岁以下婴幼儿照护：纳税人照护 3 岁以下婴幼儿子女的支出，按照每名婴幼儿每月 1 000 元的标准定额扣除。扣除方式可以选择由夫妻一方按照标准的 100% 税前扣除，也可以选择由夫妻双方分别按照标准的 50% 扣除。

四、职业健康保护

(一) 不同职业人群的健康问题

各种职业环境中都可能存在着影响人类健康的有害因素，不同的职业、不同的职业场所、不同的职业劳动环境与条件、不同的劳动方式可能给劳动者造成不同的职业健康问题。

1. 工矿企业人员的健康问题

工矿企业中广泛存在着各种职业危害因素，如粉尘、有毒物质、高温、噪声、振动。劳动者不熟悉职业卫生要求，经营者过度追求经济效益而忽视职业卫生问题，是工矿企业产生职业卫生问题的突出原因。

2. 娱乐场所人员的健康问题

电影院、歌舞厅、酒吧、茶楼和网吧等娱乐场所密闭性强、通风不畅、人口密集、人员流动性大，还有光污染、噪声等。它带来的职业健康问题已经引起人们的高度重视，如空气流通不够会造成呼吸道传染病传播，噪声过大会对听力造成伤害，通宵达旦地工作会影响工作人员的身体健康。

3. 宾馆、饭店从业人员的健康问题

宾馆、饭店如果卫生状况不佳，在直接影响到顾客的身体健康的同时，也影响着从业人

员的身体健康。宾馆客房人员流动性大,接触客人使用过的被单、茶杯、浴巾、坐式马桶等,有一定的概率染上传染病。餐饮业的卫生问题也很多,从业人员要注意保护自身健康。

4. 百货商场从业人员的健康问题

这类场所也属于人口密集、人员流动性极大、通风不畅的公共场所。要注意做好经营场所的消毒,确保通风,做好上岗前的体检,确保从业人员没有传染性疾病,按照行业行为规范从业。

(二) 影响职业健康的因素

1. 化学性因素

化学性因素主要指生产性毒物。常见的生产性毒物有氯气、氨气等刺激性气体,一氧化碳、氰化氢等窒息性气体,铅、汞等金属类毒物,苯、二硫化碳等有机溶剂。

2. 物理性因素

(1) 异常高温或低温。如热油泵房内的作业、催化剂生产的焙烧作业、加氢催化剂反应器内的作业、夏天油罐车或油槽车内的作业、石蜡成型的冷库内的作业。

(2) 噪声。噪声多由机械力、气体湍流、电动力、磁动力等产生。

(3) 振动。如循环压缩机、风动工具(如锻锤、风锤)、电锯、捣固机、研磨作业的砂轮机、铣床、镟床、交通运输工具(如汽车、摩托车、火车)等产生的振动。

(4) 电离辐射。如工业探伤用的 X 射线产生的辐射。

(5) 非电离辐射。如高频热处理时的高频电磁场,电焊、氩弧焊、等离子焊产生的紫外线,加热金属、玻璃时产生的红外线。

3. 生产性粉尘

生产性粉尘是在生产过程中产生的,可以较长时间悬浮在空气中的固体微粒。如矽尘、滑石尘、电焊烟尘、石棉尘、聚氯乙烯粉尘、玻璃纤维尘、腈纶纤维尘等。

4. 生物性因素

生物性因素指细菌、寄生虫或病毒。如引发皮革工人、畜产品加工工人等职业性疾病炭疽的炭疽杆菌,引发森林工作者的职业性疾病森林脑炎的森林脑炎病毒。

5. 劳动过程中的有害因素

(1) 劳动组织不合理。如劳动时间过长、强度过大,不利于员工的健康。

(2) 劳动时精神过度紧张。多见于新装置投产试运行或生产不正常时。如高压、硫化氢浓度大,易发生燃烧、爆炸和中毒等环境会造成员工精神紧张。

(3) 个别器官过度疲劳。如光线不足使眼部受到损伤。

6. 卫生条件和技术措施不良的有关因素

(1) 生产场所设计不合理。如车间布置不当,有毒岗位与无毒岗位设在同一工作间;厂房狭窄,设计时没考虑通风、换气或照明。

(2) 防护措施缺乏、不完善或效果不好。如一些包装厂房未采取防尘、防毒、防噪声等措施。

(3) 缺乏必要的个人防护用品。如铆工与焊工在同一厂房作业,铆工有耳塞防噪声,焊工却没有;焊工有面罩保护眼睛,铆工却没有。

(4) 自然环境因素。如夏季在室外作业,容易发生中暑。

(5) 环境污染因素。如氯碱厂氯气泄漏,使处于下风侧的无毒生产岗位上的工人吸入了氯气。

(三) 职业病的预防

1. 提高工程技术水平

通过发展科学技术,促进生产力水平的提高,实现生产过程的机械化、密闭化和自动化,以减少职业危害因素,这是控制和消除职业病的根本措施。

2. 关注健康监护

健康监护的内容包括健康检查、健康档案、健康状况分析等几个方面。可以通过健康监护,关注职业危害因素对从业者的影响程度,从而降低从业者罹患职业病的风险。

3. 保证个人防护用品的供应

个人防护用品包括防护服、防护眼镜和面罩、呼吸防护器、防噪声用具及皮肤防护剂等。个人防护用品的使用可以在一定程度上防止某些职业危害因素对从业者的危害。

4. 强化宣传教育

预防职业病需要全社会的关注。企业要认识到自身对职业病的防治负有的经济和法律责任,通过各种信息传播渠道,向员工大力开展防治职业病的宣传工作。《中华人民共和国职业病防治法》加大了对违规企业的处罚力度,罚款的上限为 50 万元。

六、女职工劳动保护

《劳动法》和《女职工劳动保护规定》规定对女职工实行特殊的劳动保护。这种劳动保护是针对女职工在经期、孕期、产期、哺乳期等的生理特点,在工作任务分配和工作时间等方面所进行的特殊保护。

(一) 女职工禁忌从事的劳动

女职工禁忌从事的劳动是指生产过程中存在可能对女职工生理机能产生不利影响的职业性有害因素的劳动。这些有害因素有的直接损伤女职工的生殖系统或生殖机能,有的会间接造成生殖损伤。国家法律法规明确规定不允许安排女职工在这些职业性有害因素存在的条件下生产或工作。

《劳动法》第五十九条规定,禁止安排女职工从事矿山井下劳动、国家规定的Ⅳ级体力劳动强度的劳动和其他禁忌从事的劳动。根据《体力劳动强度分级》标准,体力劳动强度的大小是以体力劳动强度指数来衡量的。体力劳动强度指数是由该工种的劳动时间率、能量代谢率、性别系数、体力劳动方式系数四个因素决定的。体力劳动强度指数越大,体力劳动强度也越大。

> **看一看**
>
> **体力劳动强度分级**
>
> 体力劳动强度分级是我国制定的劳动保护工作科学管理的一项基础标准,是确定体力劳动强度大小的根据,如表 5-1 所示。利用这一标准,可以明确工人体力劳动强度的重点工种或工序,以便有重点、有计划地降低工人的体力劳动强度,提高劳

动生产率。

表 5-1 体力劳动强度分级表

劳动强度分级	职 业 描 述
Ⅰ（轻劳动）	坐姿：手工作业或腿的轻度活动（正常情况下，如打字、缝纫、脚踏开关等） 立姿：操作仪器，控制、查看设备，上臂用力为主的装配工作
Ⅱ（中等劳动）	手和臂持续动作（如锯木头等）； 臂和腿的工作（如卡车、拖拉机或建筑设备等的操作）； 臂和躯干的工作（如锻造、风动工具操作、粉刷、间断搬运中等重物、除草、锄田、摘水果和蔬菜等）
Ⅲ（重劳动）	臂和躯干负荷工作（如搬重物、铲、锤锻、锯刨或凿硬木、割草、挖掘等）
Ⅳ（极重劳动）	大强度的挖掘、搬运

禁止安排女职工从事的其他禁忌劳动主要有以下六种：

(1) 矿山井下作业，以及人工锻打、重体力人工装卸冷藏、强烈振动的工作；

(2) 森林业伐木、归楞及流放作业；

(3) 国家标准规定的第四体力劳动强度的作业；

(4) 建筑业脚手架的组装和拆除作业，以及电力、电信行业的高处架线作业；

(5) 单人连续负重量（指每小时负重次数在六次以上）每次超过二十千克，间接负重量每次超过二十五千克的作业；

(6) 女职工在月经、怀孕、哺乳期间禁忌从事的其他劳动。

(二) 月经期女职工的劳动保护

女职工月经期间，所在单位不得安排其从事高空、低温和冷水、野外露天和国家规定的Ⅲ级体力劳动强度的劳动；从事以上工作的，在经期应尽可能调整其从事适宜的工作，调整的原则为调"干"不调"湿"。不能调整时，根据工作和身体情况，给予其经期假1～2天，不影响考勤。

根据《高处作业分级》标准，高处作业是指在坠落高度基准面2米及以上、有可能坠落的高处进行的作业。作业高度在2～5米时，称为一级高处作业；作业高度在5～15米时，称为二级高处作业；作业高度在15～20米时，称为三级高处作业；作业高度在30米以上，称为特高处作业。女职工在月经期间禁忌从事《高处作业分级》国家标准中二级及以上的作业。在低温、冷水中作业会对月经期的女职工的生理卫生产生不良影响，不得安排月经期的女职工从事低温、冷水作业。低温作业是指在生产劳动过程中，操作人员接触冷水温度等于或低于12度的作业。

Ⅲ级体力劳动强度的劳动是较重的体力劳动，妇女月经来潮时，正常的生理机能和肌体活动能力出现变化,身体防御能力暂时减弱,作业能力下降。女职工月经期间可以照常工作,但不能参加过重的体力劳动。根据有关的法律、法规和规章的规定,女职工在月经期间禁忌从事的劳动具体有轻工系统的方便面生产工段的和面、粮食系统企业的冻肉装运、蛋品厂的过磅、轮胎厂的大轮胎成型、橡胶厂的拨楦、化工厂的有机备料和无机备料等。

(三) 孕期女职工的劳动保护

女职工怀孕期间,所在单位不得安排其从事国家规定的Ⅲ级体力劳动强度的劳动和孕妇禁忌从事的劳动,不得在正常劳动日以外延长劳动时间;对不能承受原劳动的,应根据医务部门的证明予以减轻劳动量或安排其他劳动,即调"轻"不调"重"。对工程部门从事野外勘测工作及施工一线的女职工,应安排适当工作。

怀孕的女职工禁忌从事的劳动有:

(1) 作业场所空气中铅及其化合物、汞及其化合物、苯、镉、铍、砷、氰化合物、氮氧化物、一氧化碳、二硫化碳、氯乙内酰胺、氯丁二烯、氯乙烯、环氧乙烷、苯胺、甲醛等有毒物质浓度超过国家卫生标准的作业;

(2) 制药行业中从事抗癌药物及己烯雌酚生产的作业;

(3) 作业场所放射性物质超过《放射性防护规定》中规定剂量的作业;

(4) 人力进行的土方和石方的作业;

(5) 伴有全身强烈振动的作业,如风钻、捣固机、锻造等作业,以及拖拉机驾驶等;

(6) 工作中需要频繁弯腰、攀高、下蹲的作业,如焊接作业;

(7)《高处作业分级》标准所规定的高处作业。

对于怀孕7个月及以上的女职工,用人单位不得安排其从事夜班劳动,且在劳动时间内应当安排一定时间的休息。怀孕的女职工在劳动时间内进行产前检查的时间应当计算在劳动时间内。女职工在怀孕期间内,劳动合同的期限届满,用人单位不能终止劳动合同,劳动合同的期限应当自动延续到哺乳期满。

(四) 哺乳期女职工的劳动保护

《劳动法》第六十三条对在哺乳期间的女职工的劳动安排规定了两个"不得",即不得安排女职工在哺乳未满一周岁的婴儿期间从事国家规定的Ⅲ级体力劳动强度的劳动和哺乳期禁忌从事的其他劳动,不得安排其延长工作时间和从事夜班劳动,即调"近"不调"远"、调"白"不调"夜"。

女职工哺乳期禁忌从事的劳动包括作业场所空气中铅及其化合物、汞及其化合物、苯、镉、铍、砷、氰化合物、氮氧化物、一氧化碳、二硫化碳、氯乙内酰胺、氯丁二烯、氯乙烯、环氧乙烷、苯胺、甲醛、有机磷化合物和有机氯化合物的浓度超过国家卫生标准的作业;伴有全身强烈振动的作业,如风钻、捣固机、锻造等作业,以及拖拉机驾驶等。

(五) 更年期女职工的劳动保护

社会应向进入更年期的女职工宣传更年期生理卫生知识。经县(区)及以上的医疗或妇幼保健机构诊断为更年期综合征者,经治疗效果不明显且不适应原工作的,应暂时为其安排适宜的工作。各单位每1~2年要对更年期女职工进行一次妇科疾病的查治。

不得以休产假为由拒发年终奖

张女士于 2021 年 3 月入职一家软件技术公司,担任营销方案经理,签订了为期三年的劳动合同。2022 年 8 月 1 日至 2022 年 11 月 23 日,张女士休产假。公司认为张女士因怀孕、休产假无法保证工作时间,对公司贡献很小,故无权获得 2022 年年终奖。张女士则认为其 2022 年的工作表现获得了领导的认可,休产假之外的时间仍在职工作,故诉至法院,要求公司向其支付 2022 年年终奖。法院经审理认为,休产假是女职工的合法权利,另外,公司没有提供对张女士进行考核且考核不合格的证据,故公司应向张女士支付 2022 年年终奖 20 000 元。

启示:

毕业生在就业中如遇此类纠纷,可申请劳动仲裁,如对仲裁结果不服,可以委托律师向法院起诉维权。

活动与训练

主题: 企业我查查。
目标: 学会用国家企业信用信息公示系统查询企业的方法。
时间: 5 分钟。
过程: 查询你希望加入的目标企业或曾经兼职过的企业。看一看这些企业是否有经营异常记录,是否属于严重违法失信企业。

思考与讨论

1. 毕业生在就业中享有哪些权利?
2. 有哪些毕业生就业权益保护的相关法律?

项目六

进行创新创业与机会把握

任务一　培养创新意识

任务二　培养创业精神

任务三　从创新走向创业

任务四　分析创业环境

任务五　把握创业机会

 **引导语**

在现代城市化进程加快的环境中,创业机会无处不在。机会就是未明确的市场需求或未被充分使用的资源或能力。机会具有很强的时效性,甚至转瞬即逝,一旦被别人把握住也就不存在了。机会又总是反复出现的,一种需求得到满足,另一种需求又会产生;一类机会消失了,另一类机会又会产生。大多数机会都不是显而易见的,需要去发现和挖掘。

创新与创业是一种意识,是一种能力,更是一种精神。灵活地运用知识,适应市场需求,借鉴他人的创业经验,避免重蹈他人失败的覆辙,有助于我们对创业机会的选择和把握。

对于想创业的创业者们来说,关键在于如何能够从众多机会中找出有价值的创业机会,找到适合自己的项目。创业者只有找到真正适合的创业机会,才能开始着手创业。

任务一　培养创新意识

1. 了解创新意识的概念。
2. 了解创新意识的基本特征。
3. 了解创新意识的作用。
4. 了解创新意识产生的环境因素。

瘫痪的共享单车

最初,共享单车是几个北大毕业生在校园里推出的一个项目,主要目的是解决师生短途出行的问题。后来,这个概念走出校门,在市场上掀起一阵热潮。2016年年底,共享单车突然红遍中国,各种品牌的单车出现在许多城市的大街小巷。共享单车迅速覆盖国内各个城市,一时间,七十多家共享单车企业涌入市场,各企业拿着投资人的钱开始铺天盖地地在线下投放单车。大量市场资本投入共享单车业务,这也使得共享单车企业没有意识到成本的负担。"风口"过去后,共享单车企业中有不少都迎来了倒闭,被抛弃的单车随处可见。

启示:

跟风决策,人云亦云,这是创业者最常犯的毛病。创业者要根据自己的实际情况去创业,行业也要根据国家政策导向和整个市场方向去选择。创业是一项高难度、高风险的活动,需要扎实的商业逻辑作为支撑。学习创业知识是培养自身系统思考问题的能力的有效途径。

一、创新意识概述

(一) 创新意识的概念

对创新的正确理解是正确认识创新意识的前提。创新是一个涉及所有人类活动领域的概念,界定的角度不同,对它的理解就不同。就一般意义而言,创新是指个体为达到一定目的,创造某种能满足国家、社会或个人价值需要的具有革新性或独创性的产品的行为。创新不但是一种技术过程,更体现了一种激情,体现了一种不满足于现状的追求。彼得·德鲁克认为,创新是一种态度和实践,它能为人们的创造性实践确立稳定的价值取向。创新的内涵是突破和超越,是否定和发展。

创新意识是指人们根据社会和个体生活发展的需要,创造前所未有的事物或观念的动机,以及在创造活动中表现出的意向、愿望和设想。它是人类意识活动的一种积极的、富有成果性的表现形式,是人们进行创造活动的出发点和内在动力,是产生创造性思维和创造力的前提。

创新意识由创新动机、兴趣、情感和意志等方面组成,是对创新活动有重大影响的各种精神因素构成的一种稳定的精神状态。一般来说,创新意识包括三个层级:第一层级是以人的心理状态形态存在的创新意识,也可以称为人的创造性精神品质;第二层级是以理论形态存在的创新意识;第三层级是以扩展形态存在的创新意识。创新意识的本质在于将创新的感性愿望提升到理性探索的层面,实现创新活动由感性认识到理性思考的飞跃。

(二)创新意识的特征

威廉斯创造力
倾向测验

创新意识以思想活跃,不因循守旧,富于创造性和批判性,具有敢于标新立异、独树一帜的精神和追求为主要表现。只有具备强烈的创新意识,才能做到敢想前人没想过的事,敢创前人不曾创成的业。只有敢于打破经验的桎梏,才能提出新的见解,创造新的理论,研发出新的产品,为人类做出重要的贡献。创新意识的特征有以下几个方面。

1. 独创性

创新意识的特点在于创新,在思路的探索、思维方法和结论上独具卓识,能够提出新创见,实现新突破,解决的是实践中的新问题,具有填补空白的独创性价值。

2. 超越性

创新即突破、超越。创新思维的超越性特征体现在以下几个方面:① 对时间的超越;② 对空间的超越;③ 对具体事物、具体现象的超越;④ 对传统的超越。

3. 新颖性

创新意识就是求新意识。新颖性是指创新意识的目的是想出新办法、生产新产品、研究新技术,满足新的社会需求。

4. 社会历史性

创新意识是以满足人们的物质生活和精神生活需要为出发点的,而这种需要很大程度上受社会历史条件的制约。人们的创新意识激发的创造活动和产生的创造成果应为人类进步和社会发展服务,因而,发挥创新意识必须考虑社会效果,承担社会责任。

5. 个体差异性

个人的创新意识与社会地位、环境氛围、文化素养、兴趣爱好、情感志趣等方面有一定的联系,这些因素会对创新意识的产生产生影响。这类因素因人而异,因此,对于创新意识,既要考察社会背景,又要考察个人的文化素养和志趣、动机。

(三)创新意识的作用

(1)创新意识是决定一个国家、民族创新能力的最直接的精神力量。在今天,创新能力实际上就是国家、民族发展能力的代名词,是一个国家和民族解决自身生存、发展问题的能力大小的最客观和最重要的标志。

(2)创新意识能促成社会多种因素的变化,推动社会的全面进步。创新意识根源于社会生产方式,它的形成和发展必然进一步推动社会生产方式的进步,从而带动经济的飞速发展,促进上层建筑的进步。创新意识能进一步推动人类的思想解放,有利于人们形成开拓意识、领先意识等先进观念;创新意识会促进社会政治向更加民主、宽容的方向发展,这是创新发展需要的基本社会条件。这些条件又反过来促进创新意识的发展,更有利于创新活动的进行。

(3) 创新意识能促进人才素质结构的变化,提升人的本质力量。创新实质上确定了一种新的人才标准,代表着人才素质变化的性质和方向,输出着一种重要的信息:社会需要充满生机和活力、有开拓精神、有较好的思想道德素质和现代科学文化素质的人。创新客观上引导人们朝这个目标提高自己的素质,使人的本质力量在更高的层次上得到认同,激发人的主体性、能动性、创造性,从而使人自身的内涵得到极大丰富和扩展。路是靠自己走出来的,跟着别人的脚步永远走不到最前面。只有具备超前意识,才能走出属于自己的一片天地。只有具有创新意识,未来才能有出路。

二、创新意识的培养

只有具有创新意识和创造性的态度,才能发现新机会并适应改变。创新意识是求知欲、创造欲、质疑欲的综合反映,大学生创新意识的培养可以从以下几方面入手。

(一) 拥有热情、勇气与自信心

创新离不开探索,探索需要热情、勇气和自信心。创新意识的培养,包括创新热情的激发、创新勇气的增强和自信心的树立。关于热情的激发,可以首先从业余兴趣中寻找切入点,然后实现从业余兴趣到专业兴趣的转化,最终实现从专业兴趣到创新热情的升华。关于勇于创新,重要的环节是敢于质疑和发问,重视各种疑问。除此之外,自信心的树立也很重要。对自己的能力有自信,对自己的质疑有自信,才能找到更多解决问题的方法。

(二) 提升综合实力

综合实力主要包括知识结构、实验和动手能力。在知识结构方面,除了必修科目的学习外,还要注重新学科、边缘学科和跨学科知识的学习。这种学习可以以上选修课、听专题讲座、学术报告,自学和由教师专门辅导等方式进行。在实验和动手能力方面,实验设计、方案选择、实验操作、研究报告撰写等都是必需的。在一系列的实验当中发现问题,并在问题的基础上提出自己的新见解,已经成为许多学生创新意识的重要体现。

(三) 改变思维方式

随着年龄的增长和知识的积累,大学生的思维虽然十分活跃,但已具有某种定式。分析、综合、演绎、想象、灵感和直觉中的固定逻辑模式,尤其是"先入为主"的意识定式、"轻车熟路"的知觉定式,都严重约束和阻碍着创新意识的产生。大学生应排除思维定式的干扰,及时调整思路、拓宽思路。

总之,创新意识的培养是一种严肃、严密、严格的创造活动,要按客观规律办事,不能把创新意识培养简单化、表象化和庸俗化,不能降低创新精神的科学性和严肃性。在培养创新意识的过程中一定要注意树立科学的创新理念,要有创新思想和创新实践,明确创新的真实含义,允许在创新过程中犯错误,增强培养创新意识的信心、勇气和能力。只有大胆地试、大胆地闯,才会尽快成长。

项目六　进行创新创业与机会把握

 总结案例

党的二十大代表张黎明：创新使工作更快乐

"一个移动充电枪能覆盖6个车位，如果安装5个，就能覆盖30个车位。"在创新工作室，党的二十大代表、国家电网天津电力滨海供电公司配电抢修班班长张黎明（图6-1）同两名工程技术人员围坐一起热烈讨论，身旁的一叠纸上画满了设计草图。他说："开展电力志愿服务时，我发现基层对充电桩的需求越来越大，便想到设置固定充电桩，再配上可移动的充电枪，尽可能满足更多老百姓的绿色出行需求。"

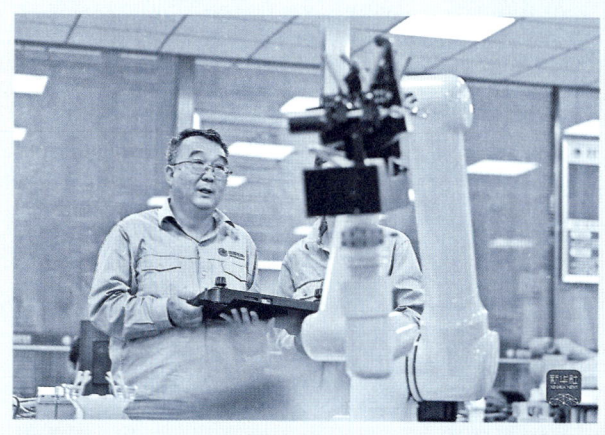

图6-1　张黎明和同事在调试第四代配网带电作业机器人

"努力在创新的道路上，取得更多高层次智能化成果"，在创新工作室的显眼位置悬挂着张黎明写的这句话。这是他三十多年如一日矢志创新、锐意进取的真实写照。

张黎明说，从他工作第一天起，师傅就反复叮嘱："抢修工作，'抢'的是时间，'修'的是技术。"长期实践中，张黎明练就了电力抢修的"火眼金睛"，可以根据停电范围、天气情况和线路状况等，迅速、准确判断出故障成因，确认故障点，为及时恢复送电争取宝贵时间。

高压刀闸新型防护装置、可摘取式低压刀闸……2022年8月举办的世界职业技术教育发展大会上，张黎明携这些年的创新成果参展，向世界展示中国工人智慧。"虽然我只有中专学历，但只要树立终身学习的信念，一样能取得成绩。"张黎明说。

创新工作室中摆放着张黎明带队研发的"拳头产品"——第四代配网带电作业机器人。尽管我国已经实现用机器代替工人开展高空带电作业，可抢修工人还需要进行高空辅助。瞄准更智慧、更轻便的目标，前几年，张黎明反复试验修改，第四代机器人终于问世并实现产业化，被推广到20个省（区、市）。

"工作是快乐的，创新使工作更快乐。"张黎明时常把这句话挂在嘴边，并勉励更多年轻人创新。目前，张黎明的创新阵地已成为培育创新人才的基地，带领63个创新工作室、2 000余名"电力创客""蓝领创客"取得了丰硕成果。他说："我将继续扎根一线，为不断推动自主创新尽力，为创造美好生活充电。"

启示：

全面建设社会主义现代化国家离不开创新，要坚持以"建设知识型、技能型、创新型劳动者大军"为奋斗目标，立足工作岗位，坚定不移走好创新之路。我们要积极树立创新意识，提升创新能力，在这个高速发展的时代，以发展的眼光看世界，紧跟时代步伐。

活 动 与 训 练

主题：寻找青年创业成功的案例。
目标：分析创业成功的因素。
时间：30分钟。
过程：通过网络，查找近年来青年创业成功的案例。同时，根据媒体报道或身边的经验，分析创业成功案例的共性有哪些。

 思 考 与 讨 论

1. 以"创新可以使生活更美好"为题，结合的现实生活，谈谈自己的创新设想。
2. 你如何理解创新？
3. 创新意识有哪些基本特征？

任务二　培养创业精神

 学习目标

1. 了解创业精神的定义。
2. 了解创业精神的基本特征。
3. 掌握培养创业精神的基本途径。
4. 了解几种典型的创业精神。

 导 入 案 例

李维·斯特劳斯的创业传奇

美国"牛仔裤之父"李维·斯特劳斯早年像许多年轻人一样，带着梦想前往美国西部追逐淘金热潮。一天，一条大河挡住了他的西去之路。他苦等数日，只见被阻隔的西去淘金者越来越多，但都无法过河，于是陆续有人往上游、下游绕道而行，也有人打道回府，更多的人则等在河边，怨声一片。李维想："只要能赚钱，为什么一定要去淘金呢？我若有办法把这些急需渡河的淘金者送到对岸去，不是也可以赚到一大笔钱吗？"

他就地伐木,来到大河边,编扎成木排。西去的淘金者们急于过河淘金,都毫不吝啬地交付他渡河的钱。就这样,李维捞到了人生中的第一桶金。

一段时间后,去西部淘金的人越来越少,摆渡生意开始变差。李维决定放弃,继续西行,前往西部淘金。来到西部,他发现到处都是人,找一个合适的地方淘金都很难。怎么办?李维这时发现,这里不缺黄金,但是很缺水。金山上人太多,淘金者白天需要水喝,晚上需要水洗澡、洗衣。在这里,黄金不算是很珍贵的东西,水反而成了十分宝贵的东西。于是,李维去挖井,每天用车把水运送到淘金的工地上,因为没有人与他竞争,李维卖水的生意红红火火,他又大赚了一笔。

别人看到他卖水就能赚大钱,纷纷参与到这个卖水的新行业中,同行越来越多。李维又开始调整关注的焦点。他发现淘金者的衣服非常容易磨坏,又发现西部到处都有废弃的帆布帐篷,于是他又有了一个绝妙的主意——把那些废弃的帆布帐篷收集起来,洗干净并做成裤子。就这样,世界上第一条牛仔裤诞生了。从此,李维·斯特劳斯的生意一发不可收,他也成为举世闻名的"牛仔大王"。

启示:

创新是创业精神的灵魂。李维·斯特劳斯传奇式的创业,不仅在于能不断跳出固定思维模式,满足人们的新需要,而且在于灵活、勇敢、坚持的创新精神。

一、创业精神的定义

创业精神是指在创业者的主观世界中,那些具有开创性的思想、观念、个性、意志、作风和品质等。

创业精神一般可分为个体的创业精神及组织的创业精神。个体的创业精神指的是以个人力量,在个人愿景引导下,从事创新活动,并进而创造一个新企业的精神;组织的创业精神则指在已存在的一个组织内部,以群体力量追求实现共同愿景,从事组织创新活动,进而创造组织的新面貌的精神。

创业精神是创业的动力和支柱。没有创业精神就不会有创业行动,创业成功也就无从谈起。创业精神是由多种精神特质综合作用而成的,创新精神、进取精神、拼搏精神、冒险精神、合作精神等都是其精神特质。

1. 创新是创业精神的灵魂

创业活动中的创新包括采用新产品、采用新技术、开辟新市场、控制原材料供应的新来源、采用新的商业模式等。创新被认为是创业精神的具体化。没有创新的创业是不可能持久的,创业者只有具备创新精神,才能创建新颖独特的企业,并保证企业的特色和可持续发展。

2. 冒险是创业精神的特质

创业往往具有一定程度的冒险性。没有甘冒风险和承担风险的魄力,就很难成为一名合格的创业者。无数创业者的经历表明,创业者虽然生长环境、成长背景和创业机缘各不相同,但无一例外都是在诸多不确定性因素条件下敢为人先、敢于承担的实践者。

3. 合作是创业精神的精华

社会的发展伴随着分工的细化,创业需要创业团队分工协作,共同完成。优秀的创业者善于合作。为了企业共同的目标,大家精诚合作、团结一心,面对困难时也能同舟共济、奋力拼搏。

4. 执着是创业精神的本色

创业环境错综复杂、瞬息万变,创业的过程中必然伴随着各种艰辛与曲折。因此,创业者必须坚持不懈、持之以恒、咬定青山不放松。实践证明,执着的连续创业者更易于在创业大潮中生存下来。

试一试

你有没有问过自己:"我适合创业吗?"填写下表,如果你的回答是"一直如此",给自己 5 分,"不确定"或"偶尔"给自己 3 分,"从来不是"给自己 1 分。

创业精神测试表

序 号	问 题	得 分
1	我很少受别人的评语或看法影响	
2	我对自己很满意	
3	我希望自己安排自己的生活,而不是让别人告诉我该怎么办	
4	我努力尝试实现自己的梦想	
5	我认真花时间思考自己想要成为什么样的人	
6	我知道我有很大的潜力,我对自己有信心	
7	遇到挫折时,我很快可以再振作起来	
8	无论年纪多大,我都认为自己永远有机会	
9	我时常从书本中学习新的知识和技能	
10	我很擅长和别人合作	
11	我愿意听取不同的意见	
12	即使在很不乐观的情况下,我依然能保持头脑清醒	
13	我习惯很快做决定	
14	我不容易放弃	
15	在有压力的时候,我仍然相信自己	
16	我喜欢订立目标,然后全力以赴,努力达成	
17	我的生活很有条理	
18	我很真诚、谦虚	

续表

序号	问题	得分
19	我做事脚踏实地,而不妄想一步登天	
20	我对家人及朋友非常忠实,全力保持和他们的良好关系	

评分说明:

80 分及以上:恭喜你,你的信心指数令人满意,你非常适合创业,并相对容易成功。不过有一点要注意,再自信、再聪明的人也不能保证不犯错误,不要忽略潜在的危险。

40~79 分:你有很大的提升空间。要注意增强自信心,这样才能为创业创造更大优势。

39 分及以下:你现在可能还不太适合创业,多积累知识、提升自己,当你的信心指数有所提高以后再创业,就会顺利很多。

二、创业精神的基本特征

(一) 综合性

创业精神是由多种精神特质综合形成的。创新精神、拼搏精神、进取精神、合作精神都是组成创业精神的精神特质。

(二) 整体性

创业精神是由哲学层次的创业思想和创业观念、心理学层次的创业个性和创业意志、行为学层次的创业作风和创业品质所构成的整体,缺少其中任何一个层次,都无法形成创业精神。

(三) 先进性

创业精神的最终体现就是开创前无古人的事业,创业精神具有超越历史的先进性,想前人之不敢想,做前人之不敢做。

(四) 时代性

不同时代的人们有不同的物质生活和精神生活条件,形成创业精神的物质基础和精神支撑各不相同,创业精神的具体内涵也就不同。

三、培养创业精神的基本途径

良好的创业精神是创业成功的前提条件,创业精神的培养可以从以下途径入手。

(一) 积极认识学习创新创业的重要性

高等职业院校大多十分注重创新精神的培养,普遍开设创新创业课程,并在日常教学中渗透创业精神的培养,以帮助大学生树立必要的创业意识。不要以为临近毕业的时候才需要学习创业知识,从入学时开始就要持续加强相关学习。一年级时可以自觉培养创业意识,充分领略创业的时代特征和创新精神,形成积极向上的创业观,还可以通过积极参加第二课堂的学习或专门的创新创业社团来深化对创业精神的理解。二、三年级时可以自觉锻炼创业意志,包括培养较强的责任意识、抗压能力等,从而能够在未来的创业过程中用平和的心态面对和处理各种挫折和困难,具备开展创业实践活动的素质和能力,提高创业的成功率。

(二) 在日常学习中感悟创业精神

为了提高大学生创业精神培养的实效性,高等职业院校大多逐步完善了培养创业精神的课程体系,并逐步推进专创融合。我们要善于从不同类型课程的日常学习中领悟创新创业的真谛,比如在思想政治课程中形成创业所必需的意志品质和创业意识,在市场营销课程中培养领导能力、团队合作能力,学习创新思维方法等。

(三) 参与创新创业校园文化活动

可以积极参与创新创业校园文化活动,如参加创业者校友联谊会、创业者协会、校园技能文化节等,可以获得更多的与成功者交流的机会,增强创新创业的勇气与信心。同时,可以主动参加学校定期组织的与项目指导教师之间的交流,结合自身情况选择参加创新创业比赛,以获取更多交流经验、展示成果、共享资源的机会,感受创新创业文化。

(四) 用好校内外创业平台

创业精神的培养需要必要的实践活动作为载体才能取得实效,我们可以利用学校、企业、社会提供创业的环境和平台,参与创业实践活动,在创业实践过程中锻炼创业所必需的能力,使创业精神得到强化。比如,大学科技园中一般有许多创新型企业,可以为大学生实施创业提供科技支持,有创业意愿的同学可以充分利用大学科技园的这一优势,到创新型企业中实践,学习创业的先进经验,培养创业理念,磨炼创业意志。此外,还可以到学校的校企合作基地去参观考察,进行岗位体验,充分发挥主观能动性,在实践中体会创业的艰辛,养成创业所必需的坚强意志,深化创业精神,为今后的成功创业打下坚实基础。

四、创业精神五要素

创业精神是指创业者的主观世界中,那些具有开创性的思想、观念、个性、意志、作风和品质等。激情、积极性、适应性、领导力和雄心壮志是创业精神的五要素。

(一) 激情

激情是一种强烈的、爆发性的、短暂的情绪状态。这种情绪状态通常是由对个人有重大意义的事件引起的。激情来自强大的内驱力和执着的信念,创业者需要保持真诚的态度和充沛的情感,并通过自己的感染力将发自内心的激情传递给别人。可以说,创业者有了激情就成功了一半,如果没有创业激情,就不会有强大的创业动力,就无法激发无限的创业活力,就没有持续性的发展。

(二) 积极性

积极性是指个体意愿与整体长远目标任务相统一的动机。积极性是创业成功的原动力,在创业成功过程中有决定性作用。可以从以下几方面培养积极性:一是向你心目中的成功创业者学习;二是时刻心怀必胜的想法;三是用美好的感觉、信心与目标去影响别人;四是使你遇到的每一个人都感到自己重要、被需要;五是心存感激;六是学会称赞别人;七是学会微笑。如果一个人以一种消极的心态,等待着感觉把自己带向行动,那他就永远无法成功。

(三) 适应性

适应性可以被定义为为变化做准备,并在变化发生时实施有效反应的能力和意愿。适应性的形成是一个持续的过程。它可以被训练,并且受到组织环境和文化的影响。总体而言,适应性强的人很有可能在社交技能方面也具备良好的能力。

(四) 领导力

领导力就是指导和统率他人的能力。在创业过程中,创业者的领导力通常通过如下几个方面体现:一是活力,有巨大的个人能量,对于行动有强烈的偏爱,干劲十足,不屈服于逆境,不惧怕变化,不断学习,积极挑战;二是鼓动力,能激发他人的动力,善于表达自己的构想与主意;三是竞争力,有竞争精神、自发的驱动力、坚定的信念,还要有勇气;四是实施力,能够将构想和结果联系起来,将构想变成切实可行的行动计划,并能够直接领导计划的实施。

(五) 雄心壮志

具有远大的理想和抱负,就要付诸相应的行动。敢于冒险的精神是创业者最应具有的精神。所谓创业,就是要心怀远大理想,做常人不敢做的事,用大胆的方式为自己创造产品。

总结案例

梁智林:破茧成蝶终成功

梁智林是某高等职业院校的学生。凭着对机械的热爱,他满怀热情地投入汽车运用与维修专业的学习中,短短几年内,他学到了扎实的专业知识,提升了自身的综合素质,还磨炼了坚韧不拔、不怕苦不怕累的意志,为他的创业打下了坚实的基础。

毕业之后,梁智林选择先在 4S 店进行锻炼,为创业做积累。通过自己的努力,他很快适应了 4S 店的工作,而且干得非常出色。怀揣创业之梦,他先后从事了汽车综合维修、汽车销售经理和汽车服务经理等岗位的工作。经过三年的磨炼和经验的积累,他觉得创业的时机终于成熟了,开始了全面创业工作,从合伙人、资金、主营业务的选择到选址、招聘等都进行了精心准备。虽然在创业过程中遇到了很多困难,但这一切都不能削弱他创业的决心。

经过半年的准备,驰行汽车服务有限公司开业了。梁智林充分运用所学的知识,把驰行汽车服务有限公司打造成了集汽车美容、维修、轮胎保养、装饰、精品销售、汽车保险专业代理等业务于一体的汽车综合服务平台。在全体员工的不懈努力下,公司开业当月营业额就高达 200 万元,新增会员 300 余人,为广大客户群体提供了方便与实惠。

启示:

和许多成功人士相比,梁智林的创业经历更值得我们学习。在入学后和工作之初,他努力学习相关知识和技能,经历各种岗位,积累从业经验,等到自己有了一定的专业技能、管理能力,在进行充分的职业规划准备之后,才做出了创业的决定。

活 动 与 训 练

主题：创业意识的增强。

目标：评估自己的创业潜质，增强创业意识。

时间：30分钟。

过程：

（1）教师将学生分成若干小组，每组4～6人。

（2）组员轮流举例说明自己的创业意识水平如何，自己的创业潜质处在何种水平（可根据前面的创业潜质测试题的结果进行判断），如果准备创业，还有哪些方面需要提高。

（3）其他组员进行点评，并互相帮助。每个组员写出自己的改进措施。

（4）每个组选出一个代表进行汇报，教师进行点评和总结。

 思 考 与 讨 论

1. 你如何理解创业精神？
2. 创业精神有哪些基本特征？

任务三　从创新走向创业

 学习目标

1. 了解创新与创业的关系。
2. 了解创意与创业的关系。

 导 入 案 例

格力电器：以自主创新焕发企业生命力

智能化流水线上，短短几分钟，一台格力空调便组装完成；炫酷的展厅内，从空调到净水机、空气净化机，从智能装备设备到新能源汽车部件……走进珠海格力电器股份有限公司，科技创新成果琳琅满目。

外形醒目，喷涂着鲜明的荔枝保鲜移动装备标识；内部容积达20立方米，足以容纳 5 吨的荔枝……走进格力生产车间,员工们正在加班加点组装"格力造"荔枝专用移动大冰箱。这是格力电器近期推出的荔枝专用保鲜装备,以创新科技助力岭南荔枝"甜蜜出击"。荔枝作为一种时令水果,摘下来一两天后就会变质。专用移动大冰箱的使用可以有效延长荔枝的保鲜时间,让海内外消费者品尝到新鲜的荔枝。

"一方面,这可以防止水果的营养流失;另一方面,荔枝的口感仍能得到较好的保持。"工作人员介绍,格力的创新科技延长了荔枝的保鲜期,为消费者提供了品尝美味荔枝的机会,也为荔枝果农解决了保鲜难题,为荔枝产业的可持续发展赋能。

这是格力高端装备制造"跨界出击",以创新带动企业发展的一个缩影。面对激烈的市场竞争,格力电器以满足消费者需求的标准为核心理念,不断为行业标准升级优化做出贡献,以自主品牌的身份向世界输送"中国智慧",以期为更多消费者带来美好生活。

(资料来源:关锦恒,格力电器董明珠:自主创新焕发企业生命力 用科技实现美好生活,新华网)

启示:

格力电器的宗旨是"科技改变生活、创造生活、引领健康生活"。在高质量发展的时代背景下,企业更应该创造自己的新技术,围绕着提高品质生活、节约资源、保持健康,以民族品牌的风采书写时代担当,以创新持续推动企业发展。

一、创业的本质是创新

(一)创新的特征

创新是指以现有的思维模式提出有别于常规或常人思路的见解,利用现有的知识和资源,在特定的环境中,为满足社会需求而改进或创造新的事物、方法、元素、路径、环境,并能获得一定有益效果的行为。

创新的起点在于问题,创新的关键在于突破,创新的本质在于新颖,创新的基础在于继承,创新的目的在于发展。

(二)创业的特征

创业指劳动者对自己拥有的资源或通过努力能够拥有的资源进行优化、整合,从而创造出更大的经济或社会价值的活动。其特征主要包括新颖性(市场竞争的需要)、主动性(主动追求,使命驱使)、艰难性(成功不易)、影响的广泛性(对个人、家庭、社会的影响)。

(三)创新与创业的关系

两者相互联系,又相互区别。创业是实现创新的过程,而创新是创业的本质和手段;创新是创业的基础,创新的成效只能通过未来的创业实践来检验;创新是对人的发展总体的把握,创业着重是对人的价值的具体体现。

虽然创业和创新是两个概念,但两者在本质上是一致的,或者说两者具有统一的本质属性。创业的本质是一种创新的行为、活动和过程;同样,创新必然要通过创业来实现。因此,要在创新中创业,在创业中创新。

二、不走寻常路,用创意创业

(一) 什么是创意

创意是指创造性的想法、构思。创意是一种通过挖掘创新思维和激活资源组合而提升资源价值的方法。

(二) 创意的过程

创意的基本过程是:发现(或提出)问题(自己或别人)、了解情况(收集信息)、深入思考(全面分析、反思问题与信息)、提出构想(提出解决思路和办法)、实践验证。

1. 寻找创意的方法

寻找创意的方法主要有头脑风暴法、三三两两讨论法、六六讨论法、心智图法、曼陀罗法、逆向思考法、分合法等。

2. 开发创意思路的方法

开发创意思路的方法主要有类比创意开发法、移植创意开发法、模仿创意开发法、组合创意开发法、逆向创意开发法、转移创意开发法等。

(1) 类比创意开发法。根据类比的对象、方式等的不同,类比创意开发法大致有 8 种主要思考途径:拟人类比、因果类比、荒诞类比、对称类比、象征类比、结构类比、综合类比、直接类比。

(2) 移植创意开发法。原理性移植指把科学原理或技术原理移植到某一新领域。方法性移植指把某一领域的技术方法有意识地移植到另一领域而形成创意。结构性移植指把某一领域的独特结构移植到另一领域而形成具有新结构的事物。功能性移植指把某一种技术所具有的独特技术功能以某种形式移植到另一领域。材料移植指通过材料的替换达到改变性能、节约材料、降低成本的目的。

(3) 模仿创意开发法。其包括功能性模仿、结构性模仿、形态性模仿、仿生性模仿、综合性模仿。

(4) 组合创意开发法。其包括材料组合、结构组合、技术组合、功能组合、原理组合、方法组合。

(5) 逆向创意开发法。逆向创意开发法是一种与原有事物、思路故意唱反调的思维方法。

> **想一想**
>
> 为了把盐碱地改造成可以耕种的良田,传统的做法是挖沟排水,让土地变干,但效果一直不佳。后来有人用逆向思维的方法考虑,反其道而行之,变排水为蓄水,并在大面积的盐碱地上建成许多蓄水池用来养鱼养虾,不仅年年有水产品出售,而且,由于鱼虾的粪便及腐殖质的作用,几年后,池塘底就沉积了一层可耕种的良性土壤。逆向创意开发法还可以解决生活中的哪些问题呢?

(6) 转移创意开发法。转移创意开发法就是转换解决问题的重点途径的方法,也就是一种另谋他途的思考方法。创造性思维的灵活性、变通性,在这种技法中可以得到很好的体现。

三、"大众创业、万众创新"

(一) 如何理解"大众创业、万众创新"

1. "大众创业、万众创新"的背景

（1）国际背景，包括两大需要。一是应对国际经济情况的需要。国际经济发展不容乐观，传统产品的国际竞争压力进一步增大，必须增加国内市场需求来促进经济稳定发展，"大众创业、万众创新"是激发国内市场需求的必然选择。二是应对国际市场竞争的需要。国际市场对产品本身的质量、技术含量和使用效能要求增加，这必然要求我们通过"大众创业、万众创新"来创造出新的技术、新的产品和新的服务，从而稳定和增加我国产品在国际市场中的需求及份额。

（2）国内背景，也包括两大需要。一是应对经济下行压力加大的需要。国内市场需求有待进一步开发，必然要通过"大众创业、万众创新"来推动经济的转型发展。二是全面深化改革的需要。要全面深化改革，就必然要通过增强经济内生动力来支撑和促进体制机制改革，必然要通过"大众创业、万众创新"来实现。

2. "大众创业、万众创新"的内涵

"大众创业、万众创新"的目的是推动经济良性、良好地发展。通过"大众创业、万众创新"和增加公共产品、公共服务"双引擎"，推动发展调速不减势、量增质更优，实现中国经济提质增效升级。

只有通过"大众创业"，才能增加市场主体数量，才能增加市场的动力、活力和竞争力，使之成为经济发展的内在原动力。只有通过"万众创新"，才能创造出更多的新技术、新产品和新市场，才能提高经济发展的质量和效益。

3. "大众创业"与"万众创新"的关系

两者是相互支撑和相互促进的关系。一方面，只有"大众"勇敢的创业才能激发、带动和促进"万众"关注创新、思考创新和实践创新，也只有"大众"创业的市场主体才能创造更多的创新需求、创新投入和创新探索；另一方面，只有在"万众"创新的基础上的才可能有"大众"愿意创业、能够创业、创得成业，从某种意义上讲，只有包含创新的创业才算真正的创业，或者说这种创业才有潜力和希望。

美团生意保：为新市民创业护航

美团日前携手平安产险推出了美团生意保。这是一款针对新市民创业场景，特别是小微经营场景推出的综合保障保险，可有效提高新市民就业创业的保险保障水平，为小微经营主体发展注入更多信心和底气。

商家投保美团生意保后，不论是火灾、爆炸、洪水等造成店铺财产损失，还是员

工不小心摔伤、烫伤，或是店铺在经营期间发生意外事故造成顾客等第三者人身财产损失，都可以申请相应理赔。美团表示，该险种具有保费低、保障全等特点，最低日保费0.32元就可以为店铺带来全面的经营风险保障。

新市民是指因就业创业等来到城镇，但暂未获得当地户籍或获得当地户籍不满三年的各类群体，目前约有3亿人。《关于加强新市民金融服务工作的通知》指出，鼓励金融机构针对新市民在创业就业、住房教育、医疗养老等重点领域的金融需求，扩大金融产品和服务供给，切实增强新市民的获得感、幸福感、安全感。

针对新市民人员流动性强、需求差异大、时效要求高等群体特征，美团生意保在产品设计上进行了大量创新。在投保方面，美团生意保支持商家按需组合、搭配保障内容，并提供月缴、年缴两种缴费方式，供商家自由选择。此外，美团生意保还支持投保商家灵活变更员工信息，包括增加和减少人员，以满足商家灵活用工的真实需求。在承保方面，美团生意保没有设置等待期，商家投保后次日零点起即可获得有效保障。

在理赔方面，美团生意保设置了专属理赔通道，帮助商家快速理赔、便捷理赔。小额理赔案件提交材料后，保险金最快一天就可到账。

（资料来源：张莫，护航新市民创业　美团生意保上线，经济参考报官方网站）

启示：

党的二十大报告指出，要推动解决结构性就业矛盾。完善促进创业带动就业的保障制度，支持和规范发展新就业形态。美团生意保的推出有助于新市民创业者消除后顾之忧，大胆开启创业进程，是对"大众创业、万众创新"的积极响应。

活动与训练

主题：创意无处不在。
目标：每人寻找身边的2～3个生活中不方便的地方，并给出改进建议。
时间：30分钟。
过程：将自己的切身体会记录在白纸上，形成创意。

思考与讨论

1. 共享单车相对传统的自行车而言有何创新？
2. 创新对我们的未来求职、创业有什么意义？

任务四　分析创业环境

1. 了解创业环境。
2. 学会做创业环境分析。

2022 年《国家创新型城市创新能力评价报告》

近年来,科技部中国科技信息研究所每年都发布年度《国家创新型城市创新能力评价报告》,该报告是对全国 97 个创新型城市进行综合评价而得出的。报告设置了由创新治理力、原始创新力、技术创新力、成果转化力、创新驱动力等 5 个一级指标、30 个二级指标构成的评价指标体系。

创新型城市是指自主创新能力强、科技支撑引领作用突出、经济社会可持续发展水平高、区域辐射带动作用显著的城市。作为区域创新高地,创新型城市发挥着至关重要的作用,更是创新型国家建设的重要支柱。2023 年 2 月发布的 2022 年《国家创新型城市创新能力评价报告》显示,2022 年国家创新型城市创新能力前十强依次为深圳、南京、杭州、广州、武汉、西安、苏州、长沙、合肥、青岛。为进一步推动资源优化配置,目前创新型城市主要面向地级市,北京海淀区和上海杨浦区被作为创新型城区纳入监测评价。

这是《国家创新型城市创新能力评价报告》的第四次公布。为了引导城市将教育、科技、人才事业一体化部署、一体化推进,形成创新型城市建设的战略性支撑,2022 年《国家创新型城市创新能力评价报告》对部分指标进行了调整,并增加了万人普通高校在校学生数、高层次科技人才数等指标。国家创新型城市持续探索各具特色的创新发展路径,形成了一批科技自立自强战略支点、宜居城市中国样本、创新治理现代化先行区。

2022 年《国家创新型城市创新能力评价报告》还发布了全国城市创新能力百强榜,北京、上海稳居榜首,江苏、山东、浙江、广东的上榜城市数量分别为 12 个、12 个、10 个和 8 个。江苏和浙江省内的城市创新发展较均衡,城市上榜率超过 90%。

启示:

当今社会市场风起云涌,发展日新月异。创业初期对市场环境的判断对于企业来说至关重要。考察市场环境,要衡量一个城市的市场成熟度、市场容量、市场扩展度、商品供应的充分性及购物便利性,更要考虑一个城市的创新治理力、原始创新力、技术创新力、成果转化力、创新驱动力等。

一、创业环境概述

(一)创业环境的概念

创业环境是围绕创业者的创业和发展的变化,足以制约或影响创业行为的一切外部条件的总称,一方面指影响人们开展创业活动的所有相关政治、经济、社会、文化要素,另一方面指获取创业帮助和支持的可能性。

创业环境是这些因素相互交织、相互作用、相互制约而构成的有机整体。创业者的创业过程并不仅依靠某一方面的推动,也不仅是某一种因素作用的结果,它的运作需要环境中各方面的支持。

(二)创业环境的特征

1. 整体性

创业环境中的各要素是相互联系、相互影响的。由于创业环境具有整体性的特征,在研究创业环境的时候,应该运用系统的原则和方法,从整体的角度来考察创业环境,不能割裂各要素。

2. 主导性

在创业环境的各要素中,总有一个或几个要素在某一阶段的发展中居于主导的地位,即在创业环境这个整体中规定和支配着其他的要素。因此,对主导要素的研究具有特别重要的意义。

3. 可变性

区域环境和创业环境都是不断发展变化的。经济结构的调整、政治制度的优化、市场需求的变化、消费水平的提高等都极大地影响着创业环境,使创业环境始终处于不断变化的过程之中,并且逐步趋于完善。因此,用动态的观点来看待、研究创业环境,才能正确认识创业与创业环境之间的关系。

4. 差异性

差异性是指地区的差异性。创业环境是个空间概念,所在的区域不同,其内容也不尽相同。区域政治、经济、文化等方面的差异,决定了创业环境的地区差异。

二、创业环境的分类

创业环境可以从多个角度进行分类。其基本分类如下。

(一)按创业环境的构成要素分类

按照构成要素,创业环境可以分为经济环境、政治法律环境、科技环境、商务环境、教育环境、社会文化环境及自然环境等。

(二)按创业环境的层次分类

创业环境是有层次的,形成了一个分级系统。创业环境包括宏观环境、微观环境和行业环境。宏观环境又叫总体环境,包括政治、经济、社会、技术、自然和法律等因素。微观环境是指企业的顾客、竞争者、营销渠道和有关公众等对企业营销活动有直接影响的各种因素。行业环境是指提供同一类产品(或服务)或提供具有可替代性产品(或服务)的企业群的有关情况。

(三) 软环境与硬环境

硬环境是创业环境中有形要素的总和,如基础设施、自然区位和经济区位;软环境是无形要素的总和,如政治、法律、经济、文化。

硬环境是创业的物质基础,软环境在创业过程中也变得越来越重要。在一定时期内,硬环境的变化是有限度的,而软环境的改善能够弥补硬环境的缺陷,提高硬环境的效用,最终成倍地提高环境整体的竞争力。

三、创业环境分析

创业环境对大学生创业有十分重要的影响,在日益严峻的就业形势之下,大学生要实现自主创业,就要认清创业环境。

(一) 宏观环境分析

(1) 政府通常采用专项资金扶持和提供贴息贷款的方法为大学生创业者提供资金支持,通过这种途径在短期内可以扶持众多创业者。政府还为大学生自主创业提供各方面的保障,主要采用经济、行政、法律手段。如简化不必要程序;建立创业教育培训中心,免费为大学生提供项目风险评估和指导;落实国家对大学生创业的税收减免优惠政策;规定大学生创办的企业被认定为青年就业见习基地的,就可享受有关补贴。

(2) 学校会对大学生进行创业培训,培训内容包括申请贷款的程序、创业者应具备的心理素质、基本的金融知识等,使创业大学生能坚持理想、贯彻计划,取得最终的成功。学校还会进行鼓励、支持,形成创业的文化;建立配套科技园,加强创业教育,通过创业实践或比赛等多种形式,培养大学生的创业能力;向大学生适度开放校内市场,搭建创业服务平台,以利于大学生进行创业实践。比如学校的市场营销专业的实训基地给学生提供了一个自主创业的平台,给学生一个门面,让学生自己去经营、管理。

(二) 微观环境分析

(1) 创业之初就需要制定一份切实可行的创业计划书。制定创业计划书时要让各个环节相互联系,构成一个完整的内部环境。各个环节的分工是否科学、协作是否和谐、目标是否一致,都会影响营销决策和营销方案的实施。

(2) 创业最终其实就是服务顾客,从顾客处获得一定的收益。顾客群的不同直接影响创业时的定位,所以顾客群分析是创业者在创业前最应看重的一点。

(3) 创业过程中的货品及进货渠道的选择至关重要。选货时要掌握当地市场行情,如出现了哪些新品种,销售趋势如何,存量多少,价格涨势如何,顾客购买力状况如何等。进货时,先到市场上转一转、看一看、比一比、问一问、算一算、想一想,再着手落实进货。先少进试销,然后再适量进货。

(4) 供应商的选择也是创业环境分析中需要注意的。供应商是指为企业提供生产经营所需资源的企业或个人,这些资源包括提供原材料、设备、能源、劳务和其他用品等。因为大学生缺乏资金,没有很大的进货量,所以供应商的选择应当适合自己的经营情况。

(5) 要做好产品的价格定位。大学生开始创业的时候并没有太多的人脉资源,所以也就没有固定的消费者,要吸引到消费者,就需要在价格上做文章。

 **总结案例**

《"十四五"就业促进规划》

《"十四五"就业促进规划》提出,要强化创业带动作用,放大就业倍增效应。一是深化创业领域"放管服"改革,分类推进行政审批制度改革,实施全国统一的市场准入负面清单制度,健全清单动态调整机制。二是加强创业政策支持,落实创业担保贷款及贴息政策,提高贷款便利度和政策获得感。三是实现创业资源开放共享。强化大企业的带动作用,推动国家科研平台、数据、仪器设施等进一步开放。

启示:

近年来,我国深入实施创新驱动发展战略,营造有利于创新创业的发展环境,激发市场活力和社会创造力,以创业带动就业。

 活动与训练

主题:了解创业扶持政策。
目标:掌握当地政府的创业扶持政策。
时间:30分钟。
过程:通过网络或者咨询,找出当地政府有关创业的扶持政策。

 思考与讨论

1. 政府对创业的支持对将要创业的你有何帮助?
2. 创业前要做哪些创业环境分析?

任务五 把握创业机会

 **学习目标**

1. 熟悉创业机会的内涵和特征。
2. 能判断创业机会的来源。
3. 能对创业机会进行评估。

4. 能发现并识别身边的创业机会。

"农创客"张鹏：顺应乡村振兴大潮创业

"最初，我想回到村里做一名新农民，没有一个亲朋好友支持。"张鹏说。国家需要才来发展农业，看到这样的创业机会，在乡村振兴的大潮下，张鹏下定了返乡创业的决心，希望用创业带动家乡发展。

一晃数年，张鹏所在的前进村发生蜕变。如今，前进村获得了某绿洲现代农业试验示范区（国家级示范性基地）的管理经营权。作为该绿洲农示范园创孵化基地负责人的张鹏利用园区现有的 1.2 万平方米的智能化温室和 30 座高标准日光温室，带领专家及农民展开研究，培育高端功能性水果、蔬菜等高经济价值的新品种，将高新技术与农业生产相结合，打造具有休闲观光功能的现代化生态农业，让前进村这个贫瘠山村焕发了生机。

启示：

"农创客"张鹏紧紧抓住了乡村振兴这个机会，积极围绕着高端功能性农产品展开创业，不但实现了自己的创业梦想，更帮助乡村脱贫致富，这就是创业的魅力。

一、创业机会的内涵与特征

（一）创业机会的内涵

创业机会的内涵有以下几方面：

（1）某个市场可以持续为购买者或使用者创造可以增加价值的产品、服务或者需求的机会，且具有吸引力、持久性和适时性；

（2）创业者可以提供上述产品、服务或者满足上述需求，并存在能将产品、服务以高于成本的价格出售的机会；

（3）创业者可以创造一种新的"目的-手段"关系，有能力、资源，能为经济活动引入新产品、新服务、新原材料、新市场或新组织方式；

（4）存在具有较强吸引力的、较为持久地有利于创业的商业机会，创业者能在为客户提供有价值的产品和服务的同时获益。

综上所述，创业机会是指在当前的市场经济条件下，在社会的经济活动过程中形成的一种有利于企业经营成功的、带有偶然性，并能被经营者认识和利用的契机。

（二）创业机会的特征

创业机会具有以下特征。

（1）普遍性。但凡有市场存在、有经营、有市场竞争的地方，客观上都存在着创业机会。创业机会普遍存在于各种经营活动之中。

（2）偶然性。创业机会大多数情况下是偶然出现的，它的发现和捕捉带有很大的不确定性,人们很难捕捉到它,有的时候越是刻意地去寻找创业机会,它隐藏得越深。任何创业机会的产生都有意外因素。

(3) 易逝性。创业机会最显著的特征是易逝性。"机不可失,时不再来",说的就是机会的稍纵即逝。创业机会存在于一定的时空范围之内,产生创业机会的客观条件发生变化,创业机会就会消失。

(4) 隐蔽性。生活中充满机会,每天都无数次地与我们擦肩而过,可惜的是大多数人意识不到它的存在。这就是机会的隐蔽性。创业机会更是如此,能否抓住创业机会,主要是看创业者是否独具慧眼。

二、创业机会的来源

真正有价值的创业机会来源于外部变化,这些变化使人们可以做以前没有做过的事情,或使人能够以更有价值的方式做事。俗话说,机会是给有准备的人准备的。创业者要把握住创业机会,就需要搞清楚在哪里可以找到创业机会。一般来说,可以从以下三个方面去寻找。

微课:创业机会的来源

(一) 技术更替

世界产业发展的历史告诉我们,几乎每一个新兴产业的形成和发展都是技术创新的结果。技术机会指现有的技术规范程度和性能存在更新、改进的可能性,也包括全新的技术出现和应用的可能性。当技术更替,产业的变更或产品的替代既满足了顾客需求,又会为创业者提供前所未有的创业机会。

多数技术的出现对人类而言都有两面性,即在给人类带来新的利益的同时,也会给人类带来某些新的灾难。这就迫使人们为了消除新技术的某些弊端,再去开发新的技术并使其商业化,这也会带来新的创业机会。

(二) 政策变化

随着经济发展、技术变革,政府也必然要不断调整自己的政策,而政府政策的变化就可能给创业者带来新的商业机会。

(三) 市场需求变化

一般来看,市场需求变化带来的机会主要有以下四类。

(1) 市场上出现了与经济发展阶段有关的新需求,就需要有企业去满足这些新的需求,这是创业者可以利用的商业机会。

(2) 当期市场供给有缺陷,产生新的商业机会。非均衡经济学认为,市场是不可能真正"出清"、达到供求平衡的,总有一些供给不能实现其价值。因此,创业者如果发现这些供给侧结构性缺陷,同样可以找到可利用的创业机会。

(3) 发达国家(或地区)产业转移带来市场机会。从历史上看,世界各国的发展进程是有快有慢的。即使在同一国家,不同区域的发展进程也不尽相同。在发达国家或地区与发展中国家或地区之间存在成本差异,发达国家或地区就会将某些产业向外转移,这就可能为发展中国家或地区的创业者提供商业机会。

(4) 从比较中寻找差距。差距中往往隐含某种商机,通过与其他国家或地区比较,看看哪些别人已有的东西我们还没有,这就是差距,从中就可能发现某种商业机会。

三、创业机会的评估

由于所有的创业机会中都存在着一定的风险和失败的因素,即使发现了也不要盲目兴奋和乐观,创业者要对发现的创业机会进行准确判断和评估,这是创业成功的前提和基础。

评估的准则有两种。

(一) 市场评估准则

微课:评估创业机会的方法

(1) 市场定位。评估创业机会的时候,可由市场定位是否明确、顾客需求分析是否清晰、顾客接触通道是否流畅、产品能否持续衍生等,来判断创业机会可能创造的市场价值。创业带给顾客的价值越高,创业成功的机会也越大。

(2) 市场结构。应对创业机会的市场结构进行六方面的分析:进入障碍、供货商、顾客、经销商的谈判力量、替代性产品的威胁和市场内部竞争的激烈程度。由此可知该企业在未来市场中的地位,及可能遭遇竞争对手反击的程度。

(3) 市场规模。市场规模大,进入障碍则较少,市场竞争激烈程度也会略微下降。若是面对一个十分成熟的市场,那么利润空间会很小,不值得再进入;若是面对一个成长中的市场,只要时机正确,必然会有获利的空间。

(4) 市场渗透力。对于一个具有巨大市场潜力的创业机会而言,市场渗透力评估是非常重要的。应该选择在最佳的时机进入市场,也就是市场需求正要大幅增长之际。

(5) 市场占有率。一般而言,成为市场的领导者,最少需要拥有 20% 的市场占有率,若低于 5%,则这个新企业的市场竞争力不高,自然也会影响未来企业上市的价值。尤其是在具有赢家通吃特点的高科技产业,新企业必须拥有成为市场中前几名的能力,才比较有投资价值。

(6) 产品的成本结构。根据物料与人工成本所占比重、变动成本与固定成本的比重,以及经济规模产量的大小,可以判断企业创造附加价值的幅度及未来可能的获利空间。

(二) 效益评估准则

(1) 合理的税后净利。一般而言,具有吸引力的创业机会,至少需要能够创造 50% 的税后净利。如果创业预期的税后净利在 50% 之下,就不是个很好的投资机会。

(2) 达到损益平衡所需的时间。合理的损益平衡应该在两年之内达到,如果三年还达不到,恐怕就不是个值得投入的创业机会。当然,有的创业机会确实需要经过比较长的耕耘时间,通过前期投入,创造进入障碍,保证后期的持续获利,这样的情况下可将前期投入视为投资,这样才能容忍较长的损益平衡时间。

(3) 投资回报率。考虑到创业面临的各种风险,合理的投资回报率应该在 25% 以上,投资回报率 15% 以下的是不值得考虑的创业机会。

(4) 资本需求。资本需求量较低的创业机会,投资者一般会比较欢迎,资本额过高其实并不利于创业成功,甚至还会带来稀释投资回报率的负面效果。通常,知识越密集的创业机会,对资金的需求量越低,投资回报率反而会越高。因此在创业开始的时候,不要募集太多资金,最好通过盈余积累的方式来积累资金,而比较低的资本额将有利于提高每股盈余,还可以进一步提高未来上市的价格。

 **总结案例**

养猪行业里的机会

陈生在进入养猪行业后,在不到两年的时间里在广州开设了近100家猪肉连锁店,营业额达到2亿元,被人称为广州的"猪肉大王"。

实际上,他能在养猪行业里用很短时间取得骄人成绩,成为拥有数千名员工的集团的董事长,原因还在于陈生此前几次创业的"实战经验"。陈生卖过菜,卖过白酒,卖过房子,卖过饮料。这使得陈生有着这样的独到见解:很多事情不是具备条件、做好了调查再去做就能做好的,而是在条件不充分的时候就要开始做,这样才能抓住机会。

然而,条件不充分时到底怎么才能抓住机会呢?我们来看看陈生的做法。他卖白酒时,根本没有能力投资数千万元设立厂房,于是他直接从农户那里收购散装米酒,不需要在固定设施上投入一分钱便可以让广大农民帮他生产,产能可以达到投资5 000万元的工厂的数倍。此后,他才利用积累起来的资金租用厂房和设施,打造自己的品牌。迅速进入和占领市场,让他在白酒市场上打了个漂亮仗。而当许多人"跟风"学习用陈醋兑雪碧当饮料的方法时,善于抓住机会的陈生想到了将这种饮料生产出来。经过多次尝试,"天地壹号"苹果醋就此诞生。

后来,面对传统的猪肉行业,陈生找到了其中的巨大商机:中国每年的猪肉消费量约500亿千克,按每千克20元算,年销售额就高达上万亿元。而与其他行业相比,猪肉这个行业一直没有得到很好的整合,基本上没有形成像样的产业,竞争不强,档次不高,机会很多。进入这一行业的陈生机智地率先推出了绿色环保猪肉品牌"壹号土猪",开始经营自己的品牌猪肉。

虽然走的还是"公司+农户合作"的路子,但针对不同人群,陈生能够选择不同的农户,提出不同的饲养要求。比如,为部队定制的猪可肥一点,为学校食堂定制的猪可瘦一点。在这样的"精细化营销"战略下,陈生在很短的时间内打响了"壹号土猪"品牌,成为广州知名的"猪肉大王"。

启示:

在平平无奇的猪肉行业建立起年销量超10亿元的大公司,陈生的成功秘诀在于善于把握创业机会,顺应市场和需求的发展变化趋势,从别人还没有看到的地方入手,抢先抓住商机,将自己的创业设想一个个变成现实。

 活 动 与 训 练

主题:产生创业想法。
目标:检验自己的商业敏锐度。

项目六　进行创新创业与机会把握

时间：30 分钟。

过程：

根据下表中的物品，尽可能多地产生创业想法，填入表中。

创业想法表

物　品	创业想法	补充说明
旧报纸		
手机充电器		
矿泉水瓶		
电　池		
纸　杯		

 思　考　与　讨　论

1. 如何识别一个创意是不是创业机会？
2. 如何判断创业机会的竞争力？

项目七

掌握创业实施与创业流程

任务一　撰写创业计划书

任务二　组建创业团队

任务三　整合创业资源

任务四　选择创业模式

任务五　开展创业融资

 引导语

　　创业是追梦的过程,也是点亮更多梦想的过程,但是要实现创业梦想并不容易。制订创业计划是创业过程中的重要一环。想要成功创业,就需要有充分的准备、缜密的计划,并努力将其付诸实践。

　　通过创业计划的准备、创业团队的组建、创业资源的整合、创业模式的选择及创业计划的实施,大学生可以明确创业规划,降低创业风险,最终成功实现创业梦想。

任务一　撰写创业计划书

1. 了解创业计划书的作用。
2. 熟悉创业的基本流程。
3. 了解创业计划书的基本结构,掌握创业计划信息收集的方法和市场调查的方法。
4. 掌握创业计划书的撰写技巧,熟悉创业计划书的展示方法。

融资失败的小王

小王学的是生物工程专业,毕业于某职业技术学院后,他顺利进入一家发展新型农业技术的公司工作,因为专业对口而且勤奋努力,很快就成为部门的骨干。但是小王一直怀揣着自己创业的梦想。他发现新型农业技术非常有发展前景。在公司工作了两年后,小王辞去工作,开始自己创业。但是小王很快就发现创业并没有想象中的那么容易,在付过房租、完成企业注册、购买完相应设备后,小王发现手中的资金已经所剩无几,但是还有招聘人员、宣传促销等很多事情没有做,而这些都需要资金。小王想到了风险投资,但是多次与风险投资机构和个人洽谈后都没有实质性的进展。每次会谈,小王都只是凭借三寸不烂之舌强调技术的广阔前景和自身技术的优势,当对方问到市场需求量、一年的预期销售额、盈亏平衡点、投资回报率等问题的时候,小王就无言以对了。

启示:

凡事预则立,不预则废。小王的创业经历代表了很多创业者的困惑:对创业的基本流程不太熟悉,没有充分做好创业的准备。风险投资机构和个人不愿意投资给小王,原因就是小王没有将企业的自身情况和综合能力有效展示给对方。创业计划书可以帮助我们解决创业中的这类问题。

创业之前,一定要做一份创业计划书,以此来审视你的创业想法。避免过于乐观,理性、客观地将你的商业设想落实于书面,才能更好地推进你的创业项目。

一、创业计划书的作用

创业计划书又称商业计划书,是详细介绍创业项目的书面材料,对当前形势、预期需求及新企业可能实现的远景进行描述。

创业计划书是引领创业的纲领性文件,是创业者的行动计划方案。撰写创业计划书,能够帮助创业者思考创业过程中所遇到的重要问题,并找出创业计划中存在的问题的解决方案,帮助创业者将创业计划落实为创业的具体行动。创业计划书的内容涉及项目运作的方方面面,能全程指导项目开展,让创业者少走弯路。拥有一份好的创业计划书,可以吸引各方利益相关者,跟投资人的沟通也会更加畅通、有效。

创业计划书具有重要作用,主要体现为以下两个方面。

(一)对内统一创业团队思想,明确公司发展战略

通过制订创业计划书,梳理创业项目,创业者可以进一步明确创业思路、创业方向和创业公司的发展战略。创业计划书会被一次次展示给创业团队成员,尤其是新加入的团队成员,一次次地倾听"创业故事"可以统一创业团队成员的思想,为整个团队设定目标。在创业目标的引领下,创业团队一起努力工作,全力以赴地解决创业中的各种困难。创业者有一个深思熟虑的企划方案和目标,将大大增加创业成功的概率。

(二)对外获取资源,获得融资机会

没有一位投资人愿意投资给一个连自己的想法都不能落实在纸上的创业者。很多创业者写创业计划书主要是给潜在的投资者或其代理人看的,可以帮助投资者了解自己的创业项目及自己团队运营该创业项目的优势。一份好的创业计划书有助于帮助企业提升可信度,可以使其更容易获得投资人的关注。

二、创业计划书的制订

(一)创业计划的梳理

(1)研讨创业构想。创业者要不断梳理创业计划,厘清创业目的是什么,创业要做什么、如何做,资金怎么找,创业团队怎么建,产品的市场营销怎么做等问题。创业构想是创业者在创业想法形成及实施过程中,对创业计划的思考、论证和分析。创业构想涵盖了创业计划的方方面面,在研讨创业构想时应该明确一些问题或原则。让创业构想在创业企业日后的经营过程中发挥良好作用,创业者要确立正确的创业目标,找到适合的创业模式。

(2)梳理创业项目。可以通过图7-1所示的"创业计划九宫格"的思维逻辑来梳理创业项目。

九宫格的三行内容代表创业计划的不同层次。

第一行的三项内容(市场问题、解决方案、用户定位)是基础:需求是主导,解决是核心,一切都根据"需求—解决"的思维模式开展。

第二行的三项内容(市场规模、

市场问题	解决方案	用户定位
市场规模	竞争优势	商业模式
收入描述	团队介绍	投资期待

图7-1 创业计划九宫格

竞争优势、商业模式）是实现：当你回答市场有多大、你们为什么要去做、你们如何去完成等一系列问题之后，创业项目就会逐渐明朗起来。

第三行的三项内容（收入描述、团队介绍、投资期待）是完善：如果你们对于财务、团队及未来发展有着清晰的期待和设想，项目就会更为可信和完整。

（二）信息收集

创业计划中涉及的市场、客户、竞争对手、融资方式、创业资源等信息可以通过互联网、出版刊物、企业、会议资讯等渠道获取，也可以通过观察法、提问法、比较法、文献检索法等方法收集。

（三）市场调查

可以通过问卷、访谈、座谈、讨论、观察等形式和手段对创业环境、竞争对手、消费者需求状况等信息展开调查。通过市场调查，对创业项目进行可行性分析。

三、创业计划书的撰写

（一）创业计划书的基本结构

一份完整的创业计划书包含封面、目录、执行概要、正文、附录五个部分，正文一般包含 9~10 项内容，需要用清晰明了的文本形式加以表达，篇幅要适中。

（二）创业计划书的主要内容及撰写技巧

1. 封面

封面上应明确创业项目的名称，体现企业的经营范围，同时以醒目的字体标示出创业计划书的标题，如"××创业计划书"。

封面上还应有企业名称、地址、电子邮件地址、电话号码、日期、主要创业者的联系方式和企业网址（如果企业已建网站），将这些信息放在封面的上半部分；如果企业有徽标或商标，将其置于封面正中间；在封面下半部分提醒读者对计划书的内容加以保密。

2. 目录

目录是正文的索引。目录可以自动生成，以显示一级、二级、三级标题为宜，并要有对应的页码。

3. 执行概要

执行概要也叫执行概览，是创业计划书第一页的内容，是对整个创业计划书的概述，能让忙碌的投资者快速对创业计划书有一个简短和全面的了解，向读者提供他想要知道的关于新企业独特性质的所有信息。

最清晰、简洁的执行概要是依序介绍创业计划书的各个部分，其中的章节顺序应与计划书中的顺序一致，每部分的标题以粗体字显示。

如果撰写创业计划书的目的是筹集资金，则最好在执行概要中明确筹集的资金数额及性质，如果是股权投资，甚至可以明确投资者不同投资额下所占企业的股权比例，这样会更吸引投资者的关注，也更容易获得资金。

执行概要并非创业计划书的引言或前言，恰恰相反，它是对整个创业计划书高度精练的概括，是整份计划书的精华和亮点，也是整份计划书的灵魂。执行概要的撰写应在完成创业计划书之后，因为只有这样，才能形成对创业计划书的高度凝练。

微课：如何撰写创业计划书

4. 正文

(1) 企业概述。

① 概述。

② 行业背景。

③ 企业发展目标及潜力,里程碑事件(如果有的话)。

(2) 产品/服务。可以从产品分析、产业分析和市场分析三个角度展开。

① 产品分析:突出产品/服务的核心价值。

② 产业分析:产业规模、成长速度、销售计划、产业结构及产业趋势。

③ 市场分析:市场参与者的性质,目标市场规模,目标顾客的描述与分析,市场容量和趋势的分析、预测,关键成功因素。

(3) 创业团队与组织架构。

① 创业团队。

② 股权协议、雇佣协议、所有权。

③ 董事会、顾问、专业咨询人士情况。

(4) 策略与计划。

① 总体营销策略(商业模式)。

② 价格策略。

③ 销售过程。

(5) 竞争分析。

对企业所面对的竞争格局进行的分析主要包括市场中主要的竞争者有哪些;是否存在有利于本企业产品的市场空白;本企业预计的市场占有率是多少;本企业进入市场会引起竞争者怎样的反应,这些反应对企业会有什么影响。

还要进行竞争对手的公司实力、产品情况(种类、价位、特点、包装、营销、市场占有率等),以及潜在的竞争对手的情况和市场变化分析。

要通过上述描述向风险投资者展示自己的企业相对于其他竞争者具有哪些竞争优势。

(6) 财务分析。

① 资源需求分析。

② 融资计划。

③ 财务报表及投资回报。

(7) 风险。

创业风险主要有技术风险、市场风险、管理风险、财务风险、资源风险、研发风险、成本风险、政策风险等,创业者要有应对措施。

① 潜在问题。

② 障碍与风险。

③ 备选方案(退出机制)。

(8) 收获战略。

① 股权。

② 可持续性的战略。

③ 明确传承者。

(9) 里程碑与进度表。

① 时间表及目标。

② 最后期限与里程碑事件。

③ 时间之间的联系。

5. 附录/参考文献

(1) 企业营业执照。

(2) 审计报告。

(3) 查新报告。

(4) 用户报告。

(5) 新产品鉴定。

(6) 商业信函、合同等。

(7) 相关荣誉证书等。

(8) 参考文献。

创业计划书是创业的行动导向和路线图,既为创业者行动提供指导和规划,又为创业者与外界沟通提供基本依据。创业计划书需要阐明新企业在未来要达成的目标,以及如何达成这些目标。创业计划要随着执行的情况进行调整。

创业计划书写完之后,创业者要认真检查一遍,看看该计划书是否能准确回答投资者的疑问,增强投资者对本企业的信心。

四、创业的基本流程

创业的流程是什么?有哪些关键要素?根据蒂蒙斯的创业模型(图7-2),创业的关键要素包括机会、团队和资源。机会是创业过程的核心驱动力,团队是创业过程的主导者,资源是创业成功的必要保证。创业的流程可以概括为以下四步。

(一) 创业机会的识别、分析和判断

创业过程始于创业机会,而不是钱、战略、网络、团队或商业计划。开始创业时,商业机会比资金、团队的才干和能力及资源更重要。对大量创业成功者的实例研究证明,选择好的创业机会是创业成功的前提和基础。选择创业机会时,不仅要对自身的兴趣、特长、实力进行全面客观的分析,而且要善于发现机会、把握未来发展趋势。

(二) 创业团队的组建

一支优秀的创业团队是创业成功的重要保障。创业团队的创建、创业团队的合作水平及创业团队成员的素质决定着创业团队资源整合的效

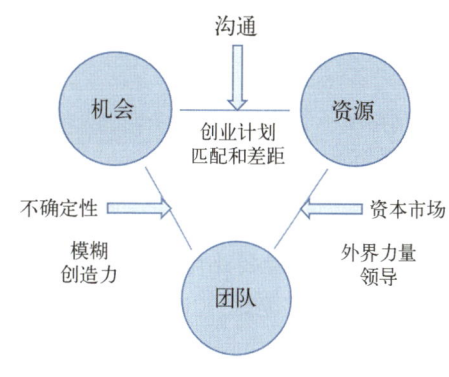

图7-2 创业模型

率,决定着创业的成功与否。

(三) 创业资源的整合

巧妇难为无米之炊,创业也是一样,发现创业机会之后,就需要整合相应的资源。从广义上说,创业资源包括人员、资金、设备、技术等,但更多地还是表现为创业资金。创业必须有一定的资金,否则,创业活动就无法开展。创业者一般都缺乏资金,因此,如何筹集创业启动资金就成为创业者必须解决的一个重要问题。

(四) 创业企业的初期管理

创业往往是通过组建企业的形式进行的,能否对新组建的企业实施有效管理,也是决定创业成功与否的关键要素之一。

事半功倍的创业计划书

因缺少创业计划而在融资时失败的小王困惑许久之后,突然想起在学校读书的时候,有一位讲授创业课程的赵老师。于是小王抱着试试看的想法,回到学校向赵老师请教,为什么没有机构和个人愿意投资给他。赵老师听了小王的经历,问了小王三个问题:"人家凭什么相信你说的行业真的会有发展前景?凭什么认为你一定会把企业做好?凭什么觉得你说的都是真实而正确的?"这让小王恍然大悟。接下来,小王在赵老师的指导下,开始查阅资料,走访市场客户,详细分析和论证市场容量和顾客需求,初步完成了一份创业计划书,然后又请教多位老师和专家,反复修改,最终完成了一份完整翔实的创业计划书。不久,小王就和一家风险投资机构达成了协议,资金问题终于迎刃而解。

启示:

小王从资金匮乏到融资成功的过程,告诉大家创业计划书对于每个创业者来说都是至关重要的,创业计划书的撰写是创业者必须掌握的创业技能。现实环境中,虽然有了创业计划书未必一定成功,但是对于想要成功创业的人来说,没有创业计划书就会困难重重。

主题: 创业计划书的制订流程。
目标: 厘清创业计划书制订的关键步骤,做好必要的准备工作。
时间: 40 分钟。
过程:

1. 学生依据选择的创业项目,分成若干个小组,各小组派代表以演讲形式简单介绍该项目。教师在此环节可就各小组汇报内容提出若干针对性问题,请小组成员回答。

2. 教师引导学生探讨,完成创业计划书应补充和完善的内容。

3. 学生课后针对各自的创业项目,参照所学的创业计划书制订流程,独立完成一份创业计划书,并在规定时间内提交。

 思 考 与 讨 论

1. 写好一份创业计划书的关键是什么?
2. 如何有效识别创业机会?

任务二　组建创业团队

 学习目标

1. 了解创业团队的类型、特点。
2. 熟悉创业团队的组建过程。
3. 掌握创业团队管理的相关知识。

 导 入 案 例

小李的困惑

小李学习的是英语专业,在和几个同学交谈的时候,他萌生了创业的想法。大家一致认为,现在的学校课程并不能满足所有学生学习外语的需求。于是小李和几个英语专业的同学组成了一个创业团队,利用学校的大学生活动中心开起了英语交流俱乐部。他们采用语言沙龙、化装舞会、演讲比赛等学生喜闻乐见的形式开展外语学习交流活动,因为贴近学生需求,很快就有很多学生报名。一个学期过后,几个人算了一下,扣除成本后竟然盈利6万元。但是关于这6万元如何分配和使用,小李和几个伙伴有了分歧。小李认为自己是发起人,做的工作最多,应该多分一些,剩余的钱应该投入俱乐部以后的经营。有的人认为大家都很辛苦,应该把钱平均分了。因为成立俱乐部之前大家并没有签署协议,没有明确约定责权利关系,最后意见统一不了,俱乐部也没能再开下去,大家不欢而散。

> **启示：**
> 这个很好的创业项目因为创业团队没有明确、清晰的协议和制度，最终没能继续发展下去。可见，一个优秀的团队需要做到权责利关系清晰明了。此外，无论怎样的团队，都应该有一个核心人物——团队的领导者。在创业初期，创业团队的领导者是创业成功与否的关键，他的眼界、思维、性格、能力和决策直接影响团队的发展。

一、创业团队的概念、类型和特点

（一）创业团队的概念

创业团队是指在创业初期，由一群才能互补、责任共担、愿为共同的创业目标而奋斗的人所组成的特殊群体。创业团队通常是由两个或两个以上具有共同创业目标和一定利益关系的、共同承担创办新企业责任的、处在新企业主要管理位置上的人形成的有效工作群体。与个人创业者相比，创业团队往往在创业机会的识别、开发、利用上更有优势。

（二）创业团队的类型和特点

创业团队分为三个类型：星状创业团队、网状创业团队和由网状创业团队演化而来的虚拟星状创业团队。

1. 星状创业团队

这种团队中有一个核心主导人物，在团队形成之前，主导人物就有了创业的想法，然后根据自己的设想进行创业团队的组建。

这种创业团队有几个明显的特点。

（1）组织结构紧密，向心力强，主导人物在组织中的行为对其他个体影响巨大，决策程序相对简单，组织效率较高。

（2）容易形成权力过分集中的局面，从而使决策失误的风险加大。当其他团队成员和主导人物发生冲突时，主导人物的特殊权威往往使其他团队成员处于被动地位，在冲突较严重时，其他团队成员一般都会选择离开团队，对组织的影响较大。

2. 网状创业团队

这种创业团队的成员一般在创业之前都有密切的关系，比如同学关系、亲友关系、同事关系，一般都是在交往过程中，共同认可某一创业想法，并就创业达成共识以后，开始共同进行创业的。创业团队没有明确的核心人物，大家根据各自的特点进行自发的组织角色定位。因此，在企业初创时期，各位成员基本上扮演的都是协作者或者伙伴角色。

这种创业团队有几个明显的特点。

（1）团队没有明显的核心，整体结构较为松散。组织决策时，一般采取集体决策的方式，通过大量的沟通和讨论达成一致意见，因此组织的决策效率相对较低。

（2）团队成员在团队中的地位相似，因此容易在组织中形成多头领导的局面。当团队成员之间发生冲突时，一般都采取平等协商、积极解决的态度消除冲突。团队成员不会轻易离开。但是一旦团队成员间的冲突升级，某些团队成员撤出团队，就容易导致整个团队的解散。

3. 虚拟星状创业团队

这种创业团队是由网状创业团队演化而来的,基本上是前两种团队的中间形态。在团队中,有一个核心成员,但是该核心成员地位的确立是团队成员协商的结果,因此核心人物在某种意义上说是整个团队的代言人,而不是主导型人物,其在团队中的行为必须充分考虑其他团队成员的意见,不像星状创业团队中的核心主导人物那样有权威。

不同类型创业团队的优缺点见表 7-1。

表 7-1 不同类型创业团队的优缺点

类 型	优 点	缺 点
星状创业团队	1. 组织结构紧密,向心力强; 2. 核心人物充当领军角色; 3. 决策程序相对简单,组织效率较高	容易形成权力过分集中的局面,从而使决策失误的风险加大
网状创业团队	1. 团队成员地位相似,便于沟通和交流; 2. 成员关系密切,较易达成共识; 3. 成员不会轻易离开	1. 团队缺少核心,结构较为松散; 2. 组织决策效率较低; 3. 易形成多头领导的局面
虚拟星状创业团队	1. 有一个核心成员; 2. 重大决策是团队成员协商的结果,决策相对科学	核心成员在团队中的行为必须充分考虑其他团队成员的意见,权威性弱

二、创业团队的组建

通常创业者在注册公司前就开始着手组建自己的创业团队,从企业发展和规范化管理的角度选择合适的创业团队成员。尤其是新办的科技型企业、风险企业、创新型企业、现代服务企业等,更需要具有团队凝聚力、合作精神和有助于企业长远发展的创业团队。创业团队成员之间的互补、协调,以及其与团队领导者之间的良好关系,有助于企业降低风险,增强竞争力。

(一) 创业团队组建的 5P 模型

1. 目标(purpose)

创业团队应该有既定的共同目标和使命,为团队成员导航,让大家知道要向何处去,否则就不能称为团队。明确的团队发展目标在团队组建过程中具有特殊的价值。

2. 人(people)

人是构成团队的最核心的力量。一般 3 人及以上就可以构成团队。目标是通过人员的活动实现的,所以人员选择是创业团队组建中一个非常重要的部分。创业者要学会识别和善用各种人才,要考虑人员的能力和相关经验如何,选择技能最优、富有经验的人员作为创业团队成员。

3. 定位(place)

定位通常包含两个层次:团队在企业中的定位,这是指团队在企业中所扮演的角色,以及团队内部决策的制定和执行;成员在团队中的定位,这是指团队成员在团队中扮演的角色及团队内部决策的制定和执行。

4. 权限(power)

权限是指新企业中职、责、权的划分与管理。一般来说,团队的权限分配与企业的大小、正规程度相关。在新企业的团队中,核心领导者的权限很大,随着团队的成熟,核心领导者的权限会减小,这是一个团队成熟的表现。

5. 计划(plan)

一方面,计划是为保证目标的实现而制订的具体实施方案;另一方面,在计划的实施中,为应对环境的变化又会分解出细节性的计划,需要团队共同努力完成。

(二) 创业团队的组建流程

不同创业项目的创业团队组建流程并不完全相同,创业团队的情况也有一定差异。创业团队的组建流程如图7-3所示。

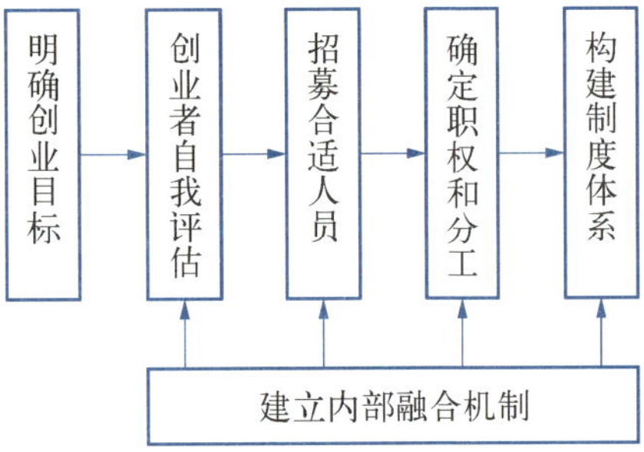

图7-3 创业团队的组建流程

1. 明确创业目标

创业团队的总目标就是创业成功,使企业在市场、管理、发展等方面达到设定的目标。在总目标确定之后,要将总目标分解为针对若干不同项目、不同时间段的可以实现的子目标。

2. 创业者自我评估

自我评估要从以下几方面展开。

(1) 知识基础,即创业者能够给新企业带来的知识和信息。

(2) 专门技能,即很好地完成某些任务的能力,例如营销能力、策划能力、沟通能力。

(3) 创业动机。思考以下问题:自己为什么创业、是否喜欢挑战、是否相信自己的新产品、是否想获得财富。

(4) 承诺,即完成任务及实现与新企业相关的个人目标的意愿。

(5) 个人特性。创业者的个人特性的五个维度包括尽责性、外倾性、友好性、情绪稳定性、经历开放性。具体说明见表7-2。

表7-2 创业者的个人特性

维 度	说 明
尽责性	个体表现出来的工作状态、可靠性、坚韧性的程度
外倾性	个体表现出来的自信、善于交际的程度
友好性	个体表现出来的善于合作、谦恭、可信、易于相处的程度
情绪稳定性	个体表现出来的平静、理性、安全的程度
经历开放性	个体表现出来的创造性、好奇、兴趣广泛性的程度

3. 招募合适人员

创业团队成员的招募应主要从岗位工作、技能等方面的互补性和企业的规模角度来考虑，以兼顾高效率和经济性。

> **看一看**
>
> ### 创业者需要具备的十项素质
>
> 创业者需要具备以下十项素质。
>
> **一、强烈的欲望**
>
> 创业者的欲望与普通人的欲望的不同之处在于，他们的欲望往往超出他们的现状，往往需要打破眼前的樊笼才能够实现。所以，创业者的欲望往往伴随着行动力和牺牲精神。
>
> 因为想得到，所以要去创业，靠创业改变身份、提高地位、积累财富、贡献智慧，因为欲望而不甘心，而创业，而行动，而成功，这是大多数白手起家的创业者走过的共同道路。
>
> **二、超乎想象的忍耐力**
>
> 在创业的路上，付出过怎样的代价与努力，忍受了多少别人不能够忍受的痛苦，只有创业过的人最清楚。对创业者来说，忍耐是必须具备的品格。俗话说"吃得菜根，百事可做"。如果有创业的想法，一定要先问一问自己，你有没有那样一种宠辱不惊的"定力"与"精神力"。如果没有，那么一定要小心。
>
> **三、开阔的眼界**
>
> 对于创业者来说，只有拥有广博的见识、开阔的眼界，才能有效地拉近自己与成功的距离，使创业活动少走弯路。
>
> 眼界意味着什么？如果你是一个创业者，开阔的眼界不但意味着你在创业伊始可以有比别人更好的起步，有时候它甚至可以挽救你和企业的命运。眼界的作用不仅表现在创业之初，它会一直贯穿于创业者的整个创业历程中。有空一定要到处多走一走，多和朋友谈一谈天，多阅读，多观察，多思考。"机遇只垂青有准备的头脑"，让自己"眼界大开"就是最好的准备。
>
> **四、善于把握趋势**
>
> 势分大势、中势、小势。
>
> 创业的人一定要跟对形势，要研究政策，这是大势。在政策方面，国家鼓励发展什么、限制发展什么，与创业之成败有莫大关系。做对了方向，在国家鼓励的方向上努力，可能事半功倍；做错了方向，比如说，对某个行业、类型的企业，国家正准备从政策层面进行限制、淘汰，你偏赶在这时懵懵懂懂一头撞了进去，一定会"鸡飞蛋打"。顺势而为，才能顺水行舟。
>
> 中势指的是市场机会。市场上现在时兴什么、流行什么，人们现在喜欢什么、不喜欢什么，可能就表明了你创业的方向。
>
> 小势就是个人的能力、性格、特长。创业者在选择创业项目时，一定要找那些适

合自己能力、契合自己兴趣、可以发挥自己特长的项目,这样才有利于你持久地、全身心地投入其中。

五、敏锐的商业感觉

创业者的敏感是对外界变化的敏感,尤其指能对商业机会做出快速反应。有些人的商业感觉是天生的,更多人的商业感觉则依靠后天培养。如果你有心做一个商人,你就应该训练自己的商业感觉。敏锐的商业感觉是创业者成功的保证。

六、拓展人脉

创业不是引"无源之水",栽"无本之木"。每一个人创业都必然有其凭依的条件,也就是其拥有的资源。一个创业者的素质如何,看一看其建立和拓展资源的能力就可以知道。

创业者的资源可分为外部资源和内部资源两种。内部资源主要是创业者个人的能力,其所占有的生产资料、其家族资源等。拥有良好的内部资源,对创业者个人来说无疑是重要的,但外部资源同样不可或缺。其中最重要的是人脉资源。一个创业者如果不能在最短时间之内建立广泛的人际网络,那他的创业一定会非常艰难,即使其初期能够依靠领先技术或者自身素质获得某种程度上的成功,他的事业也难以做大。

创业者的人际资源,按其重要性来看,第一是同学资源。同学之间接触比较密切,彼此比较了解,彼此也甚少存在利害冲突,所以同学一般都比较可靠。对于创业者来说,同学资源是值得珍惜的最重要的外部资源之一。

第二是职业资源。所谓职业资源,即创业者在创业之前为他人工作时所建立的各种资源,主要包括项目资源和人际资源。充分利用职业资源,从职业资源入手创业,符合创业活动"不熟不做"的原则。

第三是朋友资源。朋友犹如资本,对创业者来说多多益善。"在家靠父母,出门靠朋友""多一个朋友多一条路"是至理名言。一个创业者如果没有几个朋友,创业注定难以成功。

七、谋略

创业者的谋略将在很大程度上决定其创业的成败。尤其是在目前产品日益同质化、市场有限、竞争激烈的情况下,创业者不但要能够守正,更要有能力创新。

谋略或者说智慧,贯穿于创业者的创业行动中。谋略其实就是一种思维的方式,一种处理问题和解决问题的方法。对于创业者来说,谋略是不分等级的,它没有好坏、高明不高明的区别,只有好用不好用、适用不适用的问题。创业者要能够不拘一格,出奇制胜。

八、胆量

创业本身就是一项冒险活动,要有胆量,敢下注,想赢也敢输。创业是需要强大心理承受能力的一项活动。冒险精神是创业家精神的一个重要组成部分,但创业家的冒险迥异于冒进。创业者一定要分清冒险与冒进的关系。无知的冒进只会使事情变得更糟,你的行为将变得毫无意义。

九、与他人分享的愿望

作为创业者,一定要懂得与他人分享。一个不懂得与他人分享的创业者不可能将事业做大。做生意的人都会算账,只不过有些人算的是大账,有些人算的是小账。算大账的人能做大生意,做大生意人;算小账的人永远只能做小生意,做小生意人。分享不仅限于企业或团队内部,对创业者来说,对外的分享有时候同样重要。分享不是慷慨,对创业者来说,分享是明智。

十、自我反省的能力

反省其实是一种学习能力。既然创业是一个不断摸索的过程,创业者就难免在此过程中不断地犯错误。反省正是认识错误、改正错误的前提。对创业者来说,反省的过程就是学习的过程。有没有自我反省的能力,具不具备自我反省的精神,决定了创业者能不能认识到自己所犯的错误,能不能改正所犯的错误,能不能不断地学到新东西。

成功创业者有一个共通之处,就是都非常善于学习,勇于进行自我反省。作为一个创业者,遭遇挫折、碰上低潮是常有的事,在这种时候,反省能力和反省精神能够很好地帮助你渡过难关。曾子说:"吾日三省吾身。"对创业者来说,应该时时刻刻反省自己,唯有如此,才能时刻保持清醒。

创业者需要的是综合素质,每一项素质都很重要,不可偏废。缺少哪一项素质,将来都必然影响事业的发展。大多数素质可以通过后天的努力改善。如果你能够从现在做起,时时惕厉,培养自己的素质,创业成功一定指日可待。

4. 确定职权和分工

创业团队只有职权清晰、分工明确,才能使团队成员高效地执行计划,顺利完成各项工作。明确职权和分工,可以避免职权不清导致的工作冲突,也可以避免分工不明确造成的工作疏漏。

5. 构建制度体系

创业团队的制度体系是对团队成员进行有效激励和控制的保障,可以设定奖惩机制,使团队成员意识到企业及团队的成功是个人成功的重要保障。同时,个人的努力和成员之间的协作也是团队实现目标的前提条件。通过充分调动成员的积极性,能最大限度地发挥团队成员的作用。创业团队的制度体系通常应以规范化的书面形式确立并获得一致认同。

6. 建立内部融合机制

创业团队成员在创业过程中不可避免地存在一定的分歧,甚至存在一些矛盾。因此,有效的沟通、开放的交流、团队领导者的调解等对于创业团队来说是非常重要的。创业团队建立内部融合机制,就是要及时发现问题和处理问题。

三、创业团队的管理

创业团队管理的重点是在维护团队稳定的前提下,发挥团队的多样性优势,提高团的协作能力。

(一) 打造创业团队精神

团队精神是团队成员的精神支柱,是创业成功的基石。好的团队精神能充分调动成员的团队意识。

1. 重视团队精神

具备团队精神的团队,具有向心力、凝聚力和塑造力。有明确的创业目标,团队成员有团队协作精神,有整体意识、全局观念,这样的团队才能战无不胜。

2. 形成团队精神

形成团队精神,需要做到以下几点:良好的内部沟通;团队成员间相互支持与认可、互相支援与激励;共享创业资源;培养成员的敬业精神;建设学习型团队;建设竞争型团队。

(二) 塑造高效创业团队

1. 以明确的目标领导团队

明确的目标就好比一座灯塔,永远照亮团队前行的方向与道路,并激励着团队不畏艰难险阻地去实现预期目标。目标的制订要遵循"SMART 原则",要有长远的战略目标与切实可行的短期目标,同时要制订具体的行动计划,并按人员分工、时间进度对目标进行合理的分解。

2. 建立优秀的创业团队文化

优秀的创业团队文化包含凝聚力、合作精神、绩效导向、追求价值创造、创新等元素。

3. 在创业团队内部保持高度一致

无论是明确的目标还是优秀的企业文化,只有团队内部保持高度一致,才能够发挥其无穷的力量。因此,在创业过程中,核心领导对此必须保持高度的警觉,以确保团队朝总体一致的方向前进。

4. 注重学习与创新

学习与创新是创业团队实现自我成长、适应不确定的环境并最终实现未来目标的唯一途径。一方面,团队应积极倡导学习型组织建设,加强学习,不断提升组织的学习能力;另一方面,团队应积极营造创新氛围,鼓励通过学习来促进创新能力的提升。

5. 有效解决问题

高效创业团队的塑造过程本身就是创业团队成员之间不断磨合、相互帮助、共同进步的过程。创业过程中会受到主客观因素的影响,出现一些问题与障碍,例如个人与团队的冲突。有效解决这些关键问题,对于创业团队走向成熟、实现创业目标是极其重要的。

> **看一看**
>
> **组建初创团队时最致命的十大问题**
>
> (1) 领导者缺失。从表面来看,每一个初创团队都会有一个名义上的领导者(大部分情况下是 CEO),这个问题似乎不足为虑。但事实上,初创企业中经常出现隐性的领导者缺失问题,主要包括下面三种情况:成员不服管,名义上的领导者没有足

够的威信;CEO成为整个企业的对立面,成为企业内部公认的麻烦制造者和问题的根源;权分两半,两人联合创业、各管一摊。

(2) 股份结构太过分散。融资之前,CEO的股份最好不低于60%。这样经过天使融资后,CEO还能持有公司50%的股份。初创团队必须推选出明确的CEO来做绝对的大股东。如果创业初期,大家的贡献和能力相差不大,建议CEO通过个人向公司注资的方式获得更大的股权。

(3) 没有提前制定好游戏规则和退出协定。创业之前一定要丑话说在前面,提前签好退出协议,明确不同退出情况下的股份处理和转让相关条款、机制。

(4) 团队成员背景过于接近。团队成员背景过于接近会造成团队能力有限、文化单一、缺少多样人才。每一个初创企业都应该组建背景多样化的团队,有着兼收并蓄、开放、平等、自由的文化。

(5) 随意决定人选。创业企业务必在人选的问题上谨慎再谨慎、斟酌再斟酌,尽最大可能去寻找合适的人选。随意地决定一起创业的人选,无疑是一开始就在企业中安放了一个定时炸弹。

(6) 贸然和不熟悉的人一起创业。为了搭建更有战斗力的团队,需要打开视野,在不熟悉的圈子里寻找合适的创业伙伴。然而,前提是必须在新人正式加入之前就擦亮眼睛仔细甄选,先进行一定的磨合,做到知己知彼。以下是一些实际操作的方法:多谈几次话,每次多花点时间谈透,多谈业务和工作的细节;多场景接触;找参谋一起谈;做背景调查。

(7) 一开始就组建一个豪华团队。初创企业的人员数量不能太多,能满足基本的需求就可以了,否则会增加内耗,造成麻烦。组建团队时,如果过于求全求好,就会主要出现这两个方面的问题:团队成员的背景过好,超出了早期业务的需求;团队太完善,各种关键、不关键的岗位全部配齐。

(8) 引入"中看不中用"的人。

(9) 所有成员都是兼职创业者。

(10) 招来在做人方面有硬伤的人。如果成员品行有问题或难以与团队进行配合,将成为团队团结的障碍。

世界上没有完美的个人,但有接近完美的团队。创业者需要做的,就是建立起一支能熬过困难、越战越勇、持续学习并最终夺取胜利的团队。

人才是企业的核心

通用电气董事长兼CEO杰克·韦尔奇说:"优秀的领导者应当像教练一样,培育自己的员工,带领自己的团队,给他们提供机会去实现他们的梦想。"

在韦尔奇看来,领导者的工作,就是把世界各地最优秀的人才延揽过来。领导者必须热爱自己的员工,拥抱自己的员工,激励自己的员工。作为一个过来人,韦尔奇给公司领导者传授的用人秘诀是他自创的"活力曲线":一个组织中,20%的人是最好的,70%的人是中间状态的,10%的人是最差的。这是一个动态的曲线,每个部分所包含的具体的人一定是不断变化的,但一个合格的领导者必须掌握那20%和10%的人的姓名和职位,以便做出准确的奖惩措施。最好的人应该马上得到激励或升迁,最差的人必须马上走人。

启示:

创业能否成功,取决于创业者和创业团队的基本素质。创业团队的领导者不仅要有过硬的专业技能,更要做到善于把最优秀的人集合在自己的团队中。

 活 动 与 训 练

主题:探讨组建创业团队时需考虑的因素。

目标:了解组建创业团队的原则,探讨创业团队组建时需考虑哪些因素。

时间:10分钟。

过程:

1. 开放式提问:创业者需要组建创业团队吗?如果需要,组建创业团队时要考虑哪些因素?

2. 对收集的信息进行归类、分析。

3. 学生分成4～6人一组的若干小组,进一步讨论,找出组建创业团队时要考虑的主要因素有哪些。

4. 各个小组选派代表说明各组观点。

5. 教师分析、给予评价。

 思 考 与 讨 论

1. 创业者怎样组建创业团队?一般有哪些步骤?

2. 创业者的创业团队需要由哪些人组成?他们分别负责哪些工作?为什么这样设置?

任务三　整合创业资源

学习目标

1. 认识创业资源,了解创业资源的获取途径。
2. 掌握整合创业资源的方法。
3. 培养获取创业资源的技能。

导　入　案　例

伍林的工作室

　　伍林是某职业技术学院艺术设计专业的学生。刚入学时,他和朋友们参加了一个大型的动漫展,正是这个展览改变了他的就业观。在这个展览上,他发现有些优秀的漫画作品并不是出自著名的动漫公司,而是出自小的漫画工作室。于是,这次参观动漫展的经历使他萌发了创办自己的漫画工作室的想法。经过一番调研和准备,他的漫画工作室终于在大一下学期成立了。他先在网上申请了一个个人公众号,然后不断发布自己的漫画作品和一些自己感兴趣的漫画界动态。通过网络,他不仅结识了很多志趣相投的朋友,还收到了不少报纸、杂志的约稿函。伍林每天起床的第一件事就是进入自己的网上漫画工作室,他会不厌其烦地收集各种动漫新闻和自己喜欢的漫画作品与网友分享。现在他已在国内多家报刊上开设了漫画专栏,并且不定期地发表漫画作品和漫画评论,每个月都能获得不菲的稿费。

　　启示:
　　伍林发挥了自己的特长,结合自己的专业,选择了创办工作室这一创业模式,最终走出了一条自己的创业之路。当前,国家、学校都制定了各项政策,鼓励和支持大学生自主创业。大学生要充分挖掘自身的潜力,可以在充分调研的基础上尝试适合自己的创业模式。

一、创业资源的内涵

　　创业资源是指新创企业在创造价值的过程中需要的特定的资产,包括有形与无形的资产,它是新创企业创立和运营的必要条件,主要表现形式为创业人才、创业资本、创业机会、创业技术和创业管理。

　　创业资源的整合是指创业者将自己掌握的各类创业资源根据新创企业的需求进行有

效整合的过程。

二、创业资源的种类

(一) 有形资源

有形资源是指企业可见的、能量化的资产,主要包括创业者的物质资源、资金资源和人才资源。

(1) 物质资源是指企业的有形资产,包括厂房、原材料、软硬件设备、运输工具等。

(2) 资金资源是指企业运营所需要的资金,包括存款、借贷款和筹款。资金是新办企业的"源头活水",是创业的关键资源。

(3) 人才资源是企业的核心,是企业可持续经营的关键资源。人才资源包括创业者、创业团队及雇员。在创业过程中需要通过整合、管理,科学利用人力资源,实现"人尽其才,才尽其用"。

(二) 无形资源

无形资源是指不以实物形态存在,但能创造价值的资源,包括政策、技术、社会、管理、信息、品牌及文化等资源。

(1) 政策资源主要是指政府扶持创业的政策和措施,包括税收优惠与减免政策、行业准入政策等。

(2) 技术资源是指与解决实际问题、软硬件设备等有关的知识。技术代表着企业的核心竞争力,关系到企业的发展和前景。技术包括创业者自有的技术、团队的技术、购买的技术。

(3) 社会资源是指企业所拥有的各种社会关系,包括创业团队及雇员的社会关系。大学生的社会关系网络较弱,社会资源较少,主要依靠亲戚、朋友及学校的支持。

(4) 管理资源是指企业的运行机制、管理制度,以及创业者或管理者所拥有的管理经验、知识和管理能力。大学生偏重于专业知识的学习,对企业的运营和管理经验较为缺乏,需注重积累。

(5) 信息资源是指企业生产和经营活动过程中的各种信息。信息资源的开发和利用是整个企业运作的核心内容,有效整合和管理信息是保障初创企业健康、快速发展的重要手段。

(6) 品牌资源是指品牌的创建、传播、培育、维护、创新等方面的可利用资源。

(7) 文化资源是指汇聚和积淀了企业文化的各种要素。企业文化是企业的灵魂,是企业经营发展的持续动力。初创企业要特别注意文化资源的整合和管理。

三、创业资源的获取

(一) 创业资源获取的内涵

创业资源获取是指新企业在成立及发展阶段,在确定资源需求之后利用自身的资源禀赋获取资源的过程,可以通过资源积累、资源购买和资源吸引等方式进行。资源积累指企业在发展的过程中不断进行资源的内部积累。资源购买指利用资金购买外部资源。资源吸引指创业者利用创业计划书或核心技术等无形资源来获取外部资源。

大学生在创业之初更多的是通过资源吸引的途径来获取自己所需的资源,在企业发展中进行资源的内部积累,当企业发展到一定规模及程度时,则通过资源购买的方式从外部获取企业所需的资源。创业者通过不同的资源获取途径,获得不同创业阶段所需要的新资源,从而提高资源的使用效率和企业的核心竞争力。

(二) 影响创业资源获取的因素

影响创业资源获取的首要因素是创业者自身的素质和能力,尤其是创业者的初始资源基础、资源获取能力和资源整合能力。

1. 创业者的初始资源基础

初始资源是创业者的创业基础,指创业者在创业之初积累的经济资本、社会资本和人力资本,以社会网络、商业网络、支持性网络、政府网络的形式存在。资源获取实际上是企业在创立过程中,将创业者的社会资本不断社会化,同时获得企业绩效的重要途径。社会资本越丰富,创业者越容易捕捉和发现创业机会,越能快速地整合创业资源,推动创业活动的开展。

2. 创业者的资源获取能力

资源获取是创业者在识别资源的基础上,获取创业资源并服务于创业的过程。资源获取是小微企业资源整合过程中不可或缺的重要环节。

3. 创业者的资源整合能力

资源整合能力主要是指对创业资源的配置和利用能力,它是在创业中具有动态性质的能力。在动态的、不确定的环境下,这种能力能帮助企业快速整合内部和外部不同类型的战略性资源,进而构建和维持独特的竞争优势。

(三) 创业资源的获取途径

创业资源根据来源可分为自有资源和外部资源。

1. 自有资源的获取途径

自有资源来自创业者的内部积累,是创业者自身所拥有的可用于创业的资源,如自有资金、自有技术、自有信息、自有物质资源或自有管理才能。自有资源的获取途径,一是创业者在组建团队时对有形资源的获取和整合;二是通过对企业内部资源的开发,如对无形资源的挖掘与利用、员工的培训及企业内部的学习提升等方式获得。

2. 外部资源的获取途径

外部资源包括朋友、亲戚、合作伙伴或其他投资者的资金,借到或租到的场地、设备或其他原材料,通过未来提供服务、机会等换取到的资源,社会团体或政府的资助。外部资源的获取主要依靠的是对创业资源的整合与运用,创业团队应采取多管齐下的方式获得外部资源,如通过社会网络关系获得物资,通过核心技术获得外部资金,通过购买获得技术资源。

四、获取创业资源的技巧

(一) 善于合作

合作能使创业者获得资源。获取创业资源,首先要找到资源提供者,其次要找到利益相关者。资源提供者有两种:一是本身就拥有丰富资源的机构或个人,如政府、银行及运营态势良好的企业;二是潜在的资源提供者。

获取创业资源要求创业者掌握合作技能,与创业资源提供者展开合作,共同获得利益。企业的经营强调的是获得利益,创业者需要辨明资源提供者关注的利益点,在获取资源时,找到双方的共同利益点,这才是合作的基础。可以突破空间、制度等方面的限制,使创业活动的范围更广。要获取更多、更丰富的创业资源,创业者必须掌握合作的技能,充分满足资源提供者的利益需求,通过各种合作方式达到共赢的目的。

(二) 善于识人与用人

创业者要善于识人和敢于用人,这是创业成功的重要因素。创业者要善于识别人才,将有不同能力的人放在对应的岗位上,打破条框的束缚,唯才是举。

创业资源的获取也和用人密切相关。比如,聘用理财能手,企业能获得更多的融资渠道和更丰富的资金;聘用营销能力强的人,有利于拓展产品市场;聘用专业人才,有利于新企业在创业选址、原材料采购、购置设备和产品质量把关方面获得事半功倍的效果,也有利于企业开辟技术、服务创新的新格局。

(三) 善于沟通

沟通有助于凝聚资源。沟通是企业获取创业资源的关键因素。据统计,创业者有七成的时间都花在书面和语言沟通上,如创业计划书的撰写、合同的拟定,又如谈判、开会、商议、走访客户和拜访投资者。创业者沟通能力弱容易引发企业领导力不强、员工执行力差、企业效率低下等问题。

创业企业在很大程度上通过企业内外部的沟通来获取资源。企业通过与政府、银行、媒体、投资者、客户、供应商等的沟通建立联系并达成合作共识,使企业的社会网络关系得到强化,获得更多的支持,实现获利。在企业内部,创业者通过有效的沟通分配不同岗位的工作任务,创业团队成员间配合顺畅,能有效减少内部冲突,提升整个企业的效率和业绩。

(四) 发挥资源的杠杆效应

无形资源往往是撬动有形资源的重要杠杆。发挥资源的杠杆效应是指创业者掌握和充分发挥这种撬动作用,以尽可能少的投入,获取尽可能多的收获。创业者不应被当前控制或支配的资源所限制,应当善于利用关键资源,特别是无形资源的杠杆效应来撬动资源。其具体体现在以下几个方面:比别人更长期地使用资源;充分地利用别人没有意识到的资源;利用他人或别的企业的资源来完成自己的创业目的;用一种资源搭配另一种资源,产生更高的复合价值;利用一种资源撬动和获得其他资源。

企业的人力资本会直接作用于资源获取,有产业相关经验和先前创业经验的创业者能够更快地整合资源,更快地识别和抓住市场机会;创业团队的社会资本能撬动信息、商机、市场、客户、资金等重要创业资源;技术诀窍、商标、品牌能带来企业核心竞争力的提升;诚信建设、企业文化能撬动融资机构,撬动供应链上下游的供应商、批发商、零售商,乃至终端用户。

(五) 善用信息

信息能带来资源。创业者的信息技能包括信息需求识别及表述、信息检索及获取、信息评价及处理、信息整合及学习、信息利用及开发等。掌握并善用信息技能,对于创业者把握商机、获取创业资源、做出决策、推动创业企业成长十分重要。

五、创业资源的整合

(一) 创业资源整合的内涵

创业资源整合是指新企业对资源进行组合以形成或改变自身能力的过程。新企业的创建通常是通过资源的整合来实现的。处于创业阶段的企业对资源的开发与运用决定了企业的战略导向。在企业进入成长与成熟期后,资源结构会影响企业的市场地位与长期的发展模式。因此,企业需将资源的开发与整合置于发展的、动态的市场环境中进行系统分析。只有做到有效整合和管理创业资源,创业才有可能取得成功。

(二) 创业资源整合的方法

资源整合就是要优化资源配置,理智地进行筛选、取舍、管理,从而实现部分乃至整体的资源优化。在创业中,大学生要根据不同的创业过程和环节,运用不同的方法进行资源整合。

1. 向外寻找式

大学生创业之初,创业所需资源主要依靠自身的努力和个人网络来获取,较少的创业资源很难维持企业的发展,要想使企业继续发展,就得从外界寻找创业资源。创业者要结合自身和创业团队的资源情况,分析企业资源储备的情况,尤其是分析企业资源存在的不足,找出整合和利用外界资源的方法。向外寻找式的资源整合方法要求创业者准确地把握行业的发展热点和竞争焦点,获取有价值的创业资源,进而进行整合。

2. 对内累积式

创业发展中期,企业积累了一些赖以生存、发展的创业资源。企业处于发展关键期,创业资源需要不断累积,需要创业者掌握累积式的资源整合方法。为了使已获得的创业资源发挥最大的效能,创业者必须进一步了解创业资源的特征,分析自身的资源积累情况,以便更好地进行资源整合、利用。只有对已有的资源进行准确的分析定位,才能发挥资源的最大效能,不断提高企业的核心竞争力。

3. 开拓式

企业取得一定发展之后,创业者要想使企业继续快速发展,就必须进行开拓式创业资源整合。开拓式创业资源整合要求创业者具有创新能力,用创新的思维和视角去寻找具有创新点的创业资源,特别是寻找企业的新的增长点,在新的增长点上充分开拓和整合利用资源。

盘活农村土地资源,"腾出"青年创业舞台

2023年"五一"期间,安徽省滁州市南谯区的井楠村又一次刷新了游客接待纪录,民宿等供不应求。井楠村地处江淮分水岭,水资源分布不均,旱涝交织,很多村

民外出务工,这里一度成了"空心村"。为此,当地政府主动搭台,通过土地流转进行资源整合,村民自愿腾退的闲置宅基地和闲置住房被充分盘活,因地制宜发展特色农业、乡村文旅产业,让村民在家门口就能就业增收。

创业者张明正是在"村企联建"的召唤下重返村庄的。他萌发了一个大胆的创业想法:能否引入"洋品种",打造精品水果产业园,促进家乡的发展?在当地政府的支持下,滁州煜鲜农业科技有限公司在村中流转了土地1 100亩,栽植新西兰奇异果、日本晴王葡萄、澳洲蓝宝石葡萄及西梅。

李曦干过多年专职导游,曾经担任滁州市旅游形象大使,来到井楠村负责整体旅游项目的运营。"我们第一次办乡村音乐节就接待了2 000多人,让人看到了乡村旅游的希望。"她介绍,公司还流转了70亩茶园,打造以茶文化为内涵的亲子研学旅游基地。

青年创业者杨文浩也将自己的"根据地"搬到了村里。他想开发周边乡村旅游项目,但是一直苦于没有自己的基地。宅基地改革之后,井楠村为杨文浩提供了3 000平方米的空间。团队小伙伴们发挥集体创意,搭建了一个露营基地。"今年'五一'期间,我们的客流是平时的两倍,散客量增大,外地游客占到60%。"水球大战、自助烧烤、拓展游戏……杨文浩和团队精心打造的"五一露营季"让游客有了全天候的游玩项目,也为乡村注入了青春的活力。

(资料来源:王磊、王海涵,盘活农村土地资源 "腾出"青年创业舞台:安徽滁州探索乡村振兴有效路径,中国青年网)

启示:

唤醒沉睡的土地资源、激发乡村振兴新动能是井楠村的工作重点。该村采取种种措施,实现了土地资源的有效利用,为创业者解决了土地资源的筹措难题,有力帮助广大创业者实现返乡创业,同时也带动了本村的经济发展。

活动与训练

主题: 创业资源获取。

目标: 掌握创业资源获取的方法。

时间: 30分钟。

过程:

1. 每5~7人为一个小组,分别设计一个创业项目。项目要与校园生活息息相关。

2. 各小组列出团队的自有资源和外部资源,填写在表中。

任务四 选择创业模式

创业项目资源表

自有资源	资金	
	技术	
	人力	
	物质	
外部资源	资金	
	技术	
	人力	
	物质	

3. 评估本组的项目是否易于实现，并对评估结果进行展示。
4. 各组派代表对本组和其他组的资源获取情况进行分析。

思 考 与 讨 论

1. 谈谈创业资源与一般商业资源的异同。
2. 为什么说获取创业资源是一种重要的创业行为？应如何有效利用创业资源？

任务四　选择创业模式

学习目标

1. 掌握创业项目的分类。
2. 了解创业项目的选择方法。
3. 了解创业模式。

导 入 案 例

跨出职场"舒适圈"，为创业插上梦想的翅膀

"95后"卞光洪现为日照华洪机器人科技有限公司总经理。早在大学期间他就有一个梦想，那就是通过创业改变生活。大学期间，他开设了维修工作室；毕业后，他找准时机成立公司，目前正带领20多位同样对IT充满兴趣的员工，在软件设计与开发这条路上实现自己的价值与梦想。

> 从小他就是一个"破坏专家",遥控器、风扇、电视……对于家里的电器,他总想拆开一探究竟。从初中开始,他对数学、物理这两门课产生了浓厚的兴趣,每次考试,成绩都近乎满分。
>
> 大学期间,他选择了日照职业技术学院机电一体化这个专业,一心扎在学校提供的技能训练工作室里。通过不懈地刻苦钻研,他荣获山东省大学生"互联网+"创新创业大赛金奖、山东省大学生电子设计竞赛一等奖。利用工作室的便利,他在闲暇时间帮助学校师生维修手机等电子设备,通过精湛的技术赢得了大家的信任。一次偶然的机会,他发现周末做兼职写代码赚的钱比工作赚的钱还多出几倍,由此产生了自主创业的想法。
>
> 目前,日照华洪机器人科技有限公司专注于软硬件设计开发、个性化需求定制、技术支持与服务。作为优秀的方案解决商和产品供应商,公司拥有专业的研发团队,核心工程师均有十余年的开发经验。公司拥有自主知识产权30余项,早已成为国家级高新技术企业、国家科技型中小企业。
>
> 在创业这条道路上,卞光洪始终秉持"在顽强拼搏中取胜"的信念,坚守克服一切困难的勇气与信念,不断在实践中创新,也为家乡的发展贡献了一份力量。
>
> 启示:
>
> 在确认创业机会后,创业者要根据自身情况选择合理的创业模式。所谓合理的创业模式,一是创业风险较小;二是创业成功率较高;三是创业收益较大;四是创业见效快,创业时间成本低。卞光洪结合自身特点,选择了兼职创业、开公司创业等模式,取得了创业的成功。此外,适合大学生的初期创业模式还有开网店、个体经营、代理销售、特许经营等。

一、创业项目的分类

创业项目主要可以分为以下四种类型。

(一) 开办贸易企业

贸易企业从事商品的买卖活动,它们从制造商或批发商处购买商品,再把商品卖给顾客和其他企业。其中,零售商从制造商或批发商处购买商品,卖给顾客;而批发商从制造商处购买商品,再卖给零售商。

(二) 开办制造企业

制造企业生产实物产品。如果你打算开一家企业生产并销售砖瓦、家具、化妆品等,你拥有的就是一家制造企业。

(三) 开办服务企业

服务企业不制造产品,也不出售产品。服务企业提供服务或劳务。如从事房屋装修、邮件快递、搬家、家政服务、法律咨询、技术培训的企业都是服务企业。

(四) 开办农、林、牧、渔业企业

这类企业利用土地或水域进行生产,种植或饲养的动植物品类多种多样。

也许你觉得有些企业其实不完全符合上述分类。汽车修理厂是服务企业,因为提供的是维修服务;但汽车修理厂也可能同时出售汽油、机油、轮胎和零配件,兼做零售。所以,要以主要经营内容来判断一个企业的类型。各类企业有不同的特点,要认真分析,以便掌握成功经营这些企业的方法。

二、创业项目的选择

当你有了创业想法之后,你需要知道这些想法是否可行,是否具有竞争力和盈利能力。SWOT分析法是一种常见的测试方法。

进行SWOT分析时,要考虑自己企业的情况,并写下自己企业的所有优势、劣势、面临的机会和威胁。

优势是指企业的长处。例如,产品比竞争对手的好,商店的位置非常有利,员工技术水平很高。

劣势是指企业的弱点。例如,产品比竞争对手的贵,没有足够的资金。

机会是指周边地区存在的对企业有利的事情。例如,想生产的产品越来越流行;附近没有类似的企业;因为许多新的住宅小区正在这个地区建设,潜在顾客的数量将会上升。

威胁是指周边地区存在的对企业不利的事情。例如,在这个地区有生产同样产品的其他企业,原材料价格上涨将导致商品价格上升,不知道产品还能流行多久。

当你做完SWOT分析后,你应该能评估你的企业项目,并在以下三者中做出决定:

(1) 坚持自己的企业项目(想法)并进行全面的可行性研究;

(2) 修改原来的企业项目(想法);

(3) 放弃这个企业项目(想法)。

切记,你必须运用SWOT分析法对自己的企业项目进行独立分析,并独立做出判断。不要依赖老师或专家,老师和专家只是告诉你如何进行分析,最终的判断(决策)必须由你自己做出。

企业项目有大有小,但是没有好坏之分,因为相同的项目在不同的地点,由不同的人运作,一定会产生不同的结果。项目无论大小,适合自己的就是最好的。

三、创业模式

不同的创业模式会带来不同的创业效果。初次创业者对选择什么模式往往难以决定。下面是几种常见的创业模式。

(一) 网络创业

网络创业主要有两种形式:网上开店,即注册成立网络商店;网上加盟,即以某个电子商务网站门店的形式经营,利用母体网站的货源和销售渠道。无论哪种形式,创业者都必须拥有可以产生利润的货物才可以尝试。

(二) 加盟创业

加盟创业的常见方式是加盟开店,加盟商(受许人)与连锁总部(特许人)之间形成一种契约关系,分享品牌、经营诀窍、资源,以直营、委托加盟、特许加盟等形式实现。对于创业者来说,加盟费往往是需要迈过的第一道创业门槛。

(三) 兼职创业

兼职创业是在已有的工作基础上进行二次工作,即在工作之余创业。总体上看,适合兼职创业的项目规模都比较小,如教师、培训师可选择做兼职培训顾问,业务员可兼职代理其他产品,设计师可兼职开设工作室。

(四) 大赛创业

可以利用各种形式的创业大赛获得创业资源,以此为契机进行创业,通过大赛的形式,让社会各界人士,特别是投资团队或个人了解和投资自己的项目。

(五) 内部创业

内部创业指的就是在企业的支持下,有创业想法的员工承担企业内部的部分项目或业务,并且和企业约定双方的权利和责任。这种创业模式的优势就是创业者可获得企业已有的资源,这种"树大好乘凉"的方式成为很多创业者的青睐方式。选择这种创业模式的创业者一定要知道自己所在的企业成功的要素,并且避开所在企业走过的弯路。

 总结案例

"互联网+"特色农产品走出深山

云南的松茸、鸡枞,东北的新鲜人参……把中国各地区的农产品带出深山,直接输送到城市千家万户的餐桌上,珠海科技学院的云翼农业团队项目"三营——新零售模式下的原生态农特商贸城"立足东莞万江为城市家庭服务,提供新鲜、有特色的农贸商品。

云翼农业的创始人周国荣表示,自己此前曾接触过物流行业,了解到由于信息不畅通、销售方式单一,农产品滞销现象时有发生,而城市居民希望享受到新鲜的食材,却苦于没有合适的购买渠道。周国荣深入原产地调研,与当地的政府、基地、农户建立起合作关系,再通过互联网营销和推广,开拓有需求的买家,成功建立起农户与消费者间的直接输送通道。"目前,我们已经与东莞 200 多户家庭建立直接联系,为他们提供当季新鲜的农产品。通过互联网开拓客户、维护客户、联系客户,能够降低成本。"

启示:

创业前要顺应社会发展趋势,结合顾客需求,选择最适合自身情况的创业模式。云翼农业团队借助互联网的媒介手段,连接了生产者和消费者,将新鲜食材推送给目标顾客,提供顾客会反复消费的食品,具有可持续发展性。此外,他们结合自身的专业特长,认真分析市场需求和自身情况,选定细分市场,根据整体市场上顾客需求的差异性,提供从田间到餐桌的精准服务。

 活 动 与 训 练

主题:探讨在校大学生的创业模式。

目标：掌握创业模式的类型。
时间：30分钟。
过程：

1. 同学们分成若干小组，每组 4～6 人。小组讨论适合在校大学生的创业模式有哪几种，并针对适合在校大学生的创业模式，每种各举一个例子。
3. 各组选出本组代表，统一本组意见并记录。
4. 每组的代表进行汇报，教师进行点评和总结。

思 考 与 讨 论

1. 如果选择创业，你会选取哪个领域开展创业活动？为什么？
2. 如果选择创业，你会选择哪种创业模式？为什么？

任务五　开展创业融资

学习目标

1. 了解创业融资的概念、方式。
2. 学会解决融资过程中的常见问题。

导 入 案 例

百度的融资成功经验

百度公司进行创业融资时，创业团队制订了 100 万美元的融资计划。很快就有好几家公司看中了百度的技术和团队，愿意为他们投资。百度团队选择了半岛资本。半岛资本的合伙人问百度团队："你们说自己的技术了得，有什么办法让我们相信？"百度团队通过电话沟通，成功地让半岛资本的合伙人打消了顾虑。其后，半岛资本联合明德投资，联手向百度投资了 120 万美元。

明德投资还为百度引来了第二轮融资的领投者德丰杰全球创业投资基金。德丰杰随即对百度展开了审慎的调查，这项工作由符绩勋负责。"那段时间，我们大都在晚上去实地考察百度。"符绩勋回忆道。"透过公司的灯光，我们看到这家企业闪现着硅谷式的创业精神。"而另一家创业投资巨头 IDG 决心投资百度，是因为发现百度团队非常关注怎么去找到优秀的技术和管理人员。投资谈判过程相当顺利，德丰杰联合

IDG 向百度投资了 1 000 万美元。

启示：

创业融资是创业企业根据自身发展的要求，结合生产经营、资金需求等现状，通过科学的分析和决策，借助企业内部或外部的资金来源渠道，筹集生产经营和发展所需资金的过程。创业企业在进行创业融资时，要做到以下四点：做好融资成本与效益的分析，把握合理的融资结构及控制权，选择与创业企业的成长阶段相匹配的融资方式，确定适度的融资规模及融资期限。

一、创业融资的概念

融资是指资金的融通，其定义有广义与狭义之分。广义的融资是指资金从资金供给者流向需求者的过程。狭义的融资主要是指资金的融入，即通过一定的渠道、采用一定的方法、以付出一定的经济利益为代价，从资金持有者手中筹集资金，实现对资金使用者的资金供应，满足资金使用者在经济活动中对资金的需要的过程。

创业融资是指在持续的生产经营活动中，创业企业为了谋求自身生存和发展而筹措和运用资金的活动。一般情况下，企业融资能力的影响因素主要包括企业的盈利记录、信用记录、未来预期的现金流量及可供抵押的资产等。资金提供者根据企业融资能力的大小，确定可以提供的信用额度。但对创业企业，特别是处于初创期的企业而言，其盈利记录、信用记录尚不可得。因此，对创业企业的融资能力的评价标准不同于对一般企业的评价标准，需要做出一些修正。

二、创业融资的方式

创业融资的方式主要是指创业企业筹措资金时所采取的具体方式，体现着资金的属性。了解融资方式的种类与每种融资方式的特点，有利于处于发展期的企业选择适宜的融资方式与融资组合。创业融资方式一般有以下几种：商业信用融资、银行贷款、典当融资、吸收直接投资、风险投资、发行股票、发行融资券、发行债券、融资租赁。

下面介绍几种大学生自主创业时常用的融资方式。

微课：掌握常见的筹资渠道和筹资方式

1. 银行贷款

目前银行贷款主要有抵押贷款、发行债券、商业信用贷款、担保贷款、贴现贷款等。银行贷款的优点是利息支出可以在税前抵扣，融资成本低；借款弹性强，运营良好的企业在债务到期时可以续贷；缺点是限制条款较多，财务风险较大。银行借款一般要提供抵押（担保）品，还要有不低于 30% 的自筹资金，由于要按期还本付息，如果企业经营状态不好，就有可能导致财务危机。创业者从申请银行贷款起，就要做好打"持久战"的准备。

2. 典当融资

与银行贷款相比，典当融资成本高、规模小，但融资速度快，门槛也较低。因为典当行只重视典当物品是否货真价实，对客户的信用要求几乎为零，所以典当融资也是一种不错的融资方式。

3. 吸收直接投资

吸收直接投资是指按"共同投资、共同经营、共担风险、共享利润"的原则,直接吸收法人或个人投资,与之合伙创业的筹资方法。需要注意的是,创业者必须做好对投资人的选择。在创业初期,大学生创业者应注意引入一些真正有实力、能提供增值性服务、与自己经营理念相近的投资者。另外,大学生创业者不宜对眼前的利益过多计较,这样才能有效地支撑企业的成长。

4. 风险投资

风险投资是一种融资和投资相结合的全新方法,是指创业者通过出售一部分股权给风险投资者而获得一笔资金,用于发展企业、开辟市场,当企业发展到一定规模时,风险投资者出卖自己拥有的企业股权,获取收益,再进行下一轮投资。大学生创办高新技术企业时可以争取风险投资基金的支持,但能否争取到,主要取决于个人信用及项目发展远景,风险投资家非常关注创业企业的盈利模式和创业者本人的素质。

5. 融资租赁

融资租赁是企业根据自身设备投资的需要向租赁公司提出设备租赁的请求,租赁公司出资购置相应的设备,并交付承租企业使用的信用业务。这种方法通过"融物"来达到融资的目标,具有以下优势:不占用创业企业的银行信用额度,创业者支付第一笔租金后就可以使用设备,而不需在购置设备上大量投资,这样资金就可以被调往最急需用钱的地方。其劣势是资金成本较高,租金比举债利息高,企业的财务负担重。

大学生自主创业的融资方式还有许多种,以上仅仅是常用的几种。具体选择哪一种融资方式,应联系投资的性质、企业的资金需求、融资成本和财务风险、投资收益率及企业的举债能力等进行综合的考虑。

三、大学生进行创业融资时存在的问题

（1）融资时急功近利。在创业初期,大学生创业者的创业热情高涨,但因为受资金短缺的困扰,急于得到启动或周转资金,即使手中有技术、有创意,也可能为了"小钱"而转让"大股份",贱卖自己的技术或创意。因此,在制订融资方案时应该准确评估自己拥有的有形资产和无形资产的价值,不要妄自菲薄,低估了自己的价值。

（2）在融资对象的选择上存在盲目性。在当前的大学生创业融资环境中,对于大多数大学生创业者来说,在创业早期要找到合适的融资对象是一件很不容易的事情。一旦有投资者出现,有的大学生创业者就像发现了救命稻草一样,而不考虑以对方的业务或能力能否为投资项目提供渠道或指导,能否有效支撑初创企业的成长。因此,大学生创业者一定要加强对融资市场信息的收集与整理,在掌握大量资料的前提下做出最优的融资对象选择。

（3）融资心态不成熟。大学生创业者在融资心态上的不成熟主要表现为缺乏对公司、员工、投资者的责任感,在对所融入资金的使用上存在不负责任的问题;缺乏风险意识,不注意风险的控制。事实上,每一轮融资中的投资者都将影响创业企业后续融资的可行性和价值评估,能为投资者创造价值的大学生创业者才能得到更多的融资机会与成长机会。

（4）融资方式较单一。受融资知识、经验和环境等各种条件的限制，目前大学生创业者的融资方式较为单一，内源融资主要还是向亲朋好友借钱、自己积累，外源融资主要依靠银行贷款来实现。实际上创业融资要拓展思路，进行多渠道融资，除了自筹资金、银行贷款、民间借贷等传统途径外，还要充分利用风险投资、大学生创业基金等融资渠道，要多管齐下。

 总结案例

第十届中国中小企业投融资交易会开幕

2023年7月2日，第十届中国中小企业投融资交易会在北京开幕。本届投融会以"金融活水精准滴灌 专精特新提质增量"为主题，通过展览展示、论坛活动、项目路演、项目资本对接等形式，搭建了中小企业与金融机构、中小企业与地方政府之间的产融结合平台。

坚持走专精特新发展道路是广大企业，特别是中小企业做强、做大的必由之路。科技型中小企业深度聚集了人力、技术和资本等创新要素，一头连着经济高质量发展大局，一头关系到高水平科技自立自强战略大局。做好以专精特新中小企业为对象代表的科创金融服务是银行业坚守服务实体经济定位、践行金融强国理念的应有之义。近年来，期货经营机构坚决贯彻落实党中央国务院各项决策部署，主动作为、多措并举、迎难而上，为中小企业提供个性化、精细化的风险管理服务方案，在帮助企业稳产保供、有效缓解经营困难方面发挥了积极的作用。

我国中小微企业数量截至2022年底超过5 200万户，较2021年底增长9.1%，规模以上工业中小企业经营收入超过80万亿元；创新能力显著增强，专精特新企业达到8万多家，小巨人企业近9 000家；广泛分布于各行业各领域，超四成小巨人企业聚集在新材料、新一代信息技术、新能源汽车及智能网联汽车领域，超六成深耕于工业基础领域，超九成是国内外知名大企业的配套供应商，在支撑经济稳步增长、维护全球产业链供应链稳定中发挥着重要作用。

启示：
本次投融会聚焦中小企业发展的痛点与难点，建立了政府、协会、金融机构、企业四方合作模式，发挥了重要的平台作用，推动中小企业融资环境不断改善，金融机构服务实体经济的成效不断提升。

项目八

实现初创企业管理与发展

任务一　开展市场营销

任务二　管理初创企业

任务三　管控财务风险

任务四　建设企业文化

任务五　进行品牌建设

 **引导语**

　　毕业后创业做老板,努力实现个人价值是很多毕业生的梦想和追求。他们在学生时期就产生了创业想法,感觉时机成熟,就开始重点对创业的行业、创业思路进行评估,制订商业计划书,并进行具体的操作,进入创业初期。

　　初创企业各方面都不完善,面临产品不成熟、团队不成熟、市场不成熟、内部人员需要磨合、缺少有效的管理制度等一系列问题,对这些问题若不认真对待并加以解决,企业就会"后院起火"。初创企业首要的目标是提高生存能力,好好地"活下去"。

　　为了实现"活下去"的首要目标,初创企业必须更深入地研究市场、研究客户、研究对手,完善自己的产品与服务,开展更加有效的市场营销。初创企业的员工要在领导的带领下,全员重视并参与企业的危机管理与风险管控,防范企业因应对危机与风险不善或经营管理不善而"夭折"。初创企业要在最简单、最有效的企业管理制度规范下,采用扁平化的管理模式,增强员工的企业认同感、归属感和责任感,逐步打造属于自己的企业文化,增强企业的竞争力。同时,必须善于获取、整合信息、市场、人脉等各类有效资源,管理好这些资源,进而运用好这些资源。只有这样,企业才能逐步成长、发展壮大,创业者最初的梦想才能实现。

任务一　开展市场营销

1. 认识到市场营销对企业生存发展的重要性。
2. 能够分析顾客的需求及消费习惯。
3. 能够准确分析竞争对手的情况,并制订有效的营销计划。

失败的鞋店创业

王海是某职业学院2023届国贸专业的毕业生。大学毕业后,王海在朋友们的建议下选择了创业,租了一间门面房,开了一家运动鞋店,专营明星珍藏版篮球鞋。

王海比较喜欢打篮球,大学时曾经入选过系篮球队,平时也喜欢珍藏一些球星纪念款篮球鞋。王海鞋店里的篮球鞋都是同学帮忙代购的限量珍藏版篮球鞋,加上运费,每双鞋成本都很高,售价都在2 000元以上,较国内市场中的普通篮球鞋高出数倍。可他店面的周围人流量不大,人群也以中老年人为主。鞋店经营了一段时间,生意惨淡,最终只好关门。

启示:

王海经营鞋店时市场定位不准,没有找到目标顾客,更没有对目标顾客进行分析。同时,他不懂经营,没有针对产品实施有效的市场营销。

一、认识市场营销

市场营销是企业以顾客需求为出发点,根据经验获得顾客需求量及购买力的信息,有计划地组织各项经营活动,为顾客提供满意的商品或服务,从而实现企业目标的过程。

开展市场营销工作要了解谁是你的顾客,他们需要什么,你怎样满足他们的需求并从中获取利润,他们为什么选择买你的商品或服务,而不买你竞争对手的产品或服务。你可以利用这方面的信息准备你的市场营销计划。

(一)了解你的顾客

1. 确定目标顾客

顾客是企业的生存根本,如果你不能以合理的价格向他们提供所需要的产品或服务,他们就会到别处去购买。感到满意的顾客会成为你的回头客,他们会向自己周围的人宣传你的企业。让顾客满意,往往会给你带来更大的销售额和更高的利润。

目标顾客是指企业生产的产品或提供的服务所针对的对象,是产品或服务的直接购买者或使用者。面对众多顾客,你需要知道谁有可能购买的你的产品或服务,他们在哪里,他们有没有共同的特点,你的企业需要针对哪些群体开展营销活动。也就是说,你需要弄明白哪些群体是企业的目标顾客。

为此,需要完成以下两个步骤,来确定企业的目标顾客。

第一,根据顾客需求及购买习惯对顾客进行分类,并描述出每个顾客群体的特点和范围。

第二,选择一个或多个顾客群体作为你要了解或选择的目标。

2. 了解顾客的有关信息

要了解顾客的有关信息,需要做顾客方面的市场调查,这对初创企业制订营销计划而言至关重要。为了更详细也更有针对性地了解顾客的情况,你可以提出下面的问题。

(1) 你的企业准备满足哪些顾客的需求。把你提供的产品或服务列一张清单,并记录顾客需要的产品或服务的种类。其他企业也可能成为你的潜在顾客。

(2) 顾客想要什么产品或服务,这些产品或服务的哪些方面最重要,是规格、颜色、质量,还是价格。

(3) 顾客愿意为每种产品或每项服务付多少钱。

(4) 顾客在哪儿,他们一般在什么地方和什么时间购物。

(5) 他们多长时间购物一次,每年、每月,还是每天。

(6) 他们购买的数量是多少。

(7) 顾客的数量是否在增加,能否保持稳定。

(8) 顾客为什么会购买某种特定的产品或服务。

(9) 他们是否在寻找有特色的产品或服务。

在做顾客方面的市场调查时,要努力获取上述问题的可靠答案,这对于初创企业制订市场营销计划是非常有帮助的。做顾客需求调查、收集顾客信息时,可以采用以下几种基本方法。

(1) 经验判断法。如果你对某行业很了解,你可以凭自己的经验进行判断。

(2) 观察法。你可以直接观察调查对象,收集相关信息。

(3) 访谈法。你可以从业内人士那里了解本行业市场方面的有用信息。你可以与该产品的主要经销商交流,从而得到相关信息。

(4) 试验法。你可以用试验的方式,将调查对象控制在特定的环境条件下,对其进行观察以获取相应的信息。这种方法主要包括市场销售试验和消费者使用试验。

(5) 问卷法。你可以通过设计调查问卷并让调查对象根据自己的实际情况来回答获得调查对象的信息。问卷法在目前的网络市场调查中运用得较为普遍。

(6) 信息检索法。你可以通过阅读行业指南、报纸、杂志等查找你所需要的信息,也可以利用互联网检索顾客的相关情况和数据。

> **想一想**
>
> 假设由你开展商品营销服务,根据你自选的主营商品,你会如何填写下表?
>
> **顾客信息调查表**
>
> 主营商品:＿＿＿＿＿＿＿＿
>
> | 顾 客 特 征 | 具 体 描 述 |
> | --- | --- |
> | 谁将成为你的顾客（一般性描述） | |
> | 年　　龄 | |
> | 性　　别 | |
> | 地　　点（他们住在哪里） | |
> | 工资水平（具体数字） | |
> | 他们平均多长时间购买一次你的产品或服务（每日、每周、每月、每季度、每年） | |
> | 他们愿意出多少钱购买你的产品或服务 | |
> | 他们的购买量有多大 | |
> | 未来的市场规模和趋势（未来顾客数量会增加、减少,还是保持不变） | |

(二) 了解你的竞争对手

做市场调查时,只了解你的顾客的情况是不够的,还需要了解你的竞争对手的情况。通过了解竞争对手的特点、优势和劣势,可以学到很多东西,也可以做到知己知彼。通过观察它们做生意的方法,可以得到关于怎样将企业构思变成现实的启发。

1. 确定竞争对手

竞争对手的产品或服务与你的企业的产品或服务类似,与你的企业有共同或相近的市场,与你的企业有利益冲突,且对你的企业构成一定威胁。从广义上讲,所有与你的企业争夺同一目标客户群体的企业都可被视为你的竞争对手,但事实上,只有那些有能力与你的企业抗衡的竞争者才是你真正的竞争对手。

通常情况下,可以通过以下三点来确定对方是你的竞争对手:

(1) 与你的企业在同一区域内;

(2) 与你的企业有共同的目标顾客群体;

(3) 其经营对你的企业的市场份额有一定的影响。

2. 了解竞争对手的有关信息

可以通过回答下列问题来了解竞争对手的情况。

(1) 它们提供的产品或服务的价格如何。
(2) 它们提供的产品或服务的质量如何。
(3) 它们如何推销产品或服务。
(4) 它们提供什么样的增值服务。
(5) 它们坐落在地价昂贵的地方还是地价便宜的地方。
(6) 它们使用的设备是否先进。
(7) 它们的雇员是否受过培训、待遇好不好。
(8) 它们是否做广告。
(9) 它们怎样分销产品或服务。
(10) 它们的优势和劣势是什么。

收集竞争对手信息的方法与收集顾客信息的方法相同,可以根据竞争对手的情况参照进行。

> **练一练**
>
> 自选主营商品,进行竞争对手分析练习,并将内容填入下表。
>
> 竞争对手分析表
>
> | 项 目 | 我的产品或服务 | 竞争者甲的产品或服务 | 竞争者乙的产品或服务 | 竞争者丙的产品或服务 |
> | --- | --- | --- | --- | --- |
> | 价格合理性 | | | | |
> | 质量合理性 | | | | |
> | 购买方便性 | | | | |
> | 顾客满意度 | | | | |
> | 员工技术水平 | | | | |
> | 企业知名度 | | | | |
> | 品牌信誉度 | | | | |
> | 广告有效性 | | | | |
> | 交货及时性 | | | | |
> | 地理位置优越性 | | | | |
> | 销售策略(如赊销、折扣) | | | | |
> | 售后服务 | | | | |
> | 设 备 | | | | |
> | 销 售 量 | | | | |

二、制订市场营销计划

在掌握顾客和竞争对手的情况之后,就可以着手制订市场营销计划了。制订市场营销计划,一般从产品(product)、价格(price)、地点(place)、促销(promotion)四个基本方面入手,需要紧紧围绕顾客需求这一核心,从以下几个方面进行考虑:

(1) 向你的顾客提供他们需要的产品或服务;

(2) 为你的产品或服务确定顾客愿意支付的价格;

(3) 为你的顾客提供便于购买你的产品或服务的场所;

(4) 为你的顾客传递有关你的产品或服务的信息,吸引他们购买。

这四个方面的组合通常被称为市场营销组合策略,简称"4P组合"(图8-1)。

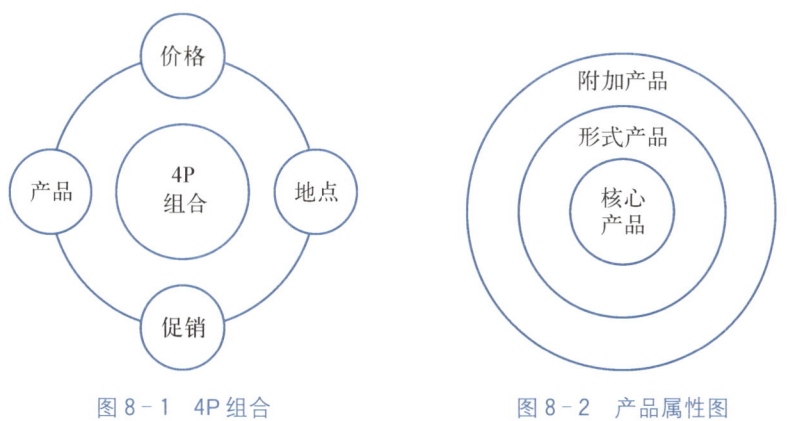

图8-1 4P组合　　　　　图8-2 产品属性图

(一) 产品

产品是指你计划向顾客销售的东西。你要决定你想出售的产品的类型、质量、颜色和规格等。如果你的企业是服务型企业,那么你的产品就是所提供的服务。例如,文秘类企业可以提供打字、记账和复印等服务。对于零售商和批发商来说,产品就是它们所销售的商品,往往会按照性能、价格和消费者的需求被分类。

此外,产品的概念还包括与产品有关的其他属性,如产品的质量、产品的包装、附带的产品说明书、售后服务。具体来说,一个产品的属性一般包括三个层次,如图8-2所示。

(1) 核心产品,指向顾客提供的产品的基本效用或使用价值。例如,顾客购买洗衣机是为了方便、快捷、干净地洗衣;顾客到影院消费是为了获得最佳的视听感受。

(2) 形式产品,指核心产品借以实现的形式,通常由品质、式样、特征、商标及包装五个方面构成。

(3) 附加产品,指顾客购买产品或服务时附带获得的各种利益的总和,包括产品说明书、产品质保书、安装服务、维修服务、送货服务、技术培训等。

初创企业的经营者应该认识到,一种产品的生命是有周期的,一般会经历新产品投放、产品成长、市场逐渐成熟、市场慢慢衰退等阶段,选择或开发新的替代产品是企业在经营中要预先计划的工作。但是,一种新产品的开发往往具有较大的风险,而且需要企业付出巨大的成本。企业必须对目标顾客、市场和竞争对手有深入的了解，才能开发出顾客需要的产品。

(二) 价格

在确定产品之后，要为其定价。价格指用产品换回的钱数，但实际收入还会受其他因素影响，如产品打折和赊销。在确定产品价格时，必须了解你的产品的成本、顾客愿意出多少钱买你的产品、竞争对手的同类产品的价格。

(三) 地点

地点是指企业设在什么地方。如果计划开办一家零售商店或一家服务企业，那么必须把它设在离顾客较近的地方，便于顾客光顾。一般来说，如果你的竞争对手的地点离顾客较近，顾客就不会跑很远的路来你的店。

而对于制造商来讲，企业的位置离顾客的远近并不很重要，最重要的是企业获得生产所需的原材料是否便捷。也就是说，企业应该设在离原材料供应商较近的地方。另外，能获得低租金的厂房对于制造商来说也很重要。

此外，选址时还要考虑产品的分销方式和运输问题。仅仅生产好的产品是不够的，必须让顾客能很方便地得到你的产品。

分销方式是指采用什么样的方式让顾客方便地得到你的产品。一般来说有如下方式（图 8-3）。

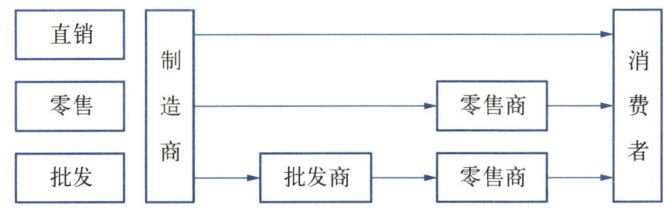

图 8-3　三种分销方式

(1) 直销，指制造商直接把产品销售给顾客，减少了中间环节。

(2) 零售，指制造商把产品卖给零售商，零售商又把产品卖给顾客。

(3) 批发，制造商以追求销量为目标，把大量产品批发给批发商，批发商又将产品卖给零售商，零售商再把产品卖给顾客。

(四) 促销

促销是指把产品或服务的信息传递给顾客，吸引他们购买产品或服务的活动。促销通常有以下四种方式。

(1) 广告。可以通过报纸、杂志、广播、电视、网络等做广告。招贴画、小册子、铭牌、价格表、名片，以及论坛、微信、QQ等网络媒体也是你为企业及产品或服务做广告的途径。

(2) 人员推销。企业派出销售人员与可能购买产品或服务的人交谈，做口头陈述，说服顾客购买产品或服务，以达到促进和扩大销售的目的。

(3) 营业推广。当顾客来到企业、店面或以其他方式与你接触时，要想方设法让他们购买你的产品或服务。营业推广的手段很多，例如，可以用陈列、展示、竞赛活动吸引顾客,也可以用买一赠一等方式来刺激顾客的购买欲。

(4)公关活动,指企业为改善与社会公众的关系,加强公众对企业的认识、理解及支持,树立良好的企业形象,促进商品销售而进行的一系列的活动。企业的公关活动主要有宣传类活动、交际类活动、赞助类活动、服务类活动、科普类活动、公关特别节目。

促销往往成本很高。为了降低费用,可以向美工、印刷商和其他专业人员询价。要先了解竞争对手使用的促销方式,再确定对你的企业而言有效的促销方式。

试一试

自选主营商品,尝试制订一个市场营销计划,并将内容填入下表。

营销计划表

项　　目	第一种产品或服务	第二种产品或服务	第三种产品或服务
产品属性 (质地、颜色、规格、包装等)			
价格信息 (成本价、批发价、零售价)			
分销方式			
促销方式			

总结案例

让非遗成为传统文化中的"网红"

无锡科技职业学院的学生周飞是一名标准的大学生创业者。他平时对时政新闻非常关注,当了解到非遗文化保护和传承的重要性及面临的诸多挑战时,他立刻想到,为何不利用当下最流行的电商直播方式宣传古老的非遗文化呢?

他通过前期市场调研,确定以无锡宜兴本土非遗文化代表——紫砂茶壶为主营商品。他在课余时间赴宜兴实地考察货源,拜访紫砂茶壶手工大师,并与紫砂工艺大师盛建军、周琴等签订合作协议,由大师进行品控和生产指导,依托电商平台开设大师工作室,节省实体店的开店运营成本,并通过全天候、全平台直播的方式传播非遗文化(图8-4),通过非遗大师直播互动增强交互性和真实性。粉丝在直播间观看非遗项目展示的同时,可以通过电商店铺进行相关物品的购买。由此,周飞成功打造了"非遗+直播+电商"的全新模式。

学校为鼓励大学生创业,免费提供创业实践基地,并配套办公桌椅及文具、无线

项目八　实现初创企业管理与发展

图 8-4　宜兴紫砂壶的直播环境

宽带等服务,为大学生搭建创业孵化平台。周飞的创业项目自营运以来,在校内开设 2 个直播间,带动大学生兼职就业 26 人。

启示:

周飞的创业成功在于做了细致的市场调查,制订了合适的市场营销计划。周飞通过"非遗+直播+电商"的经营模式进行非遗文化的传承,结合用户需求制造和销售非遗商品,这也是其成功的关键。

 活 动 与 训 练

主题:制订市场营销计划。
目标:培养对市场营销计划的掌握和应用能力。
时间:40 分钟。
流程:

1. 每 4~6 人一组,为小组选定的商品制订市场营销计划,要体现市场营销活动的有效性和创新性。

2. 每个小组轮流上台分享讨论结果。

3. 教师对小组发言进行点评和总结。

1. 要确定目标顾客的特征,除了年龄、性别、收入等,还需要考虑哪些因素?
2. 可以在哪些方面与竞争对手进行优势比较?
3. 随着市场环境的变化,制订市场营销计划时还需考虑哪些新要素?

任务二　管理初创企业

1. 了解初创企业的特点及初创期管理的特殊性。
2. 认识到初创企业危机管理的重要性。
3. 把握初创企业危机管理的原则与方法。

"老师,我们把创业想得太简单了。"

2022年1月,某高职院校的大学生创业园正式创建。学生们创业热情高涨,短短半年时间,共有200名在校生组成创业团队,注册了53家创业企业。经过一年多的运作,截至2023年5月,存活且能继续运营的创业企业有10家,其中6家盈利情况良好。在停止运营的学生创业企业中,有20余家运营时间不超过9个月,甚至更短。创业指导老师对这些企业进行了调查、了解。调查发现,这些创业团队中有相当一部分同学认为新企业的创立是创业过程中最重要的环节。学生小魏说:"我们通过协调各方面的资源,克服重重困难,好不容易把企业创建起来了,就认为事业已经成功了一半。在创业初期,为了企业能够很好地存活下去,我们把主要精力都放在了业务拓展上面,对企业内部管理的完善及长远发展的规划的确考虑得较少,也缺乏经验,于是很快企业就进入混乱状态,无法继续经营了。现在看来,我们的确是把创业想得太简单了。"

启示:

创业初期管理是初创企业遇到的第一个挑战,它十分关键,同时也面临极大的风险。新企业的运作是一个从无到有的展开过程,从开始建立相应的内部流程到获得外界认可,任何环节出问题都会带来难以估计的损失。想投身于创业浪潮中的同学们,你们了解初创企业所面临的风险吗?你们思考过如何应对这些风险与挑战吗?

一、初创企业管理的特殊性

(一)初创企业的概念与特点

处于创立初期和发展期的企业为初创企业。在创立初期和发展期,初创企业能否生存和健康成长至关重要,既关系到创业的成败,又关系到企业今后能否持续发展。

与成熟企业相比,初创企业有如下特点:成熟企业是常规发展,初创企业则是超常规发展;初创企业具有高成长性和高风险性;初创企业具有较强的灵活性和创新能力;初创企业易变、不稳定、存活率低。具体比较见表8-4。

表8-4 初创企业和成熟企业特点的比较

比较项	初 创 企 业	成 熟 企 业
成长性	高增长、非线性成长	低增长、常规发展
风险程度	高风险	低风险
主导策略	基于生存和发展的机会导向	基于强化内部控制的经营导向
驱动因素	商机驱动	资源驱动
关注焦点	销售收入和现金流	顾客维持与内部效率
管理团队	创业者个人或小规模的团队	职业化的管理团队
管理模式	信任与合作基础上的松散管理	完善的管理机制与控制系统
创新来源	个人创新	系统的组织创新
风险承担	最大限度地规避风险	能够适度承受风险
外部环境	高度不确定,至少创业者感觉如此	不确定性基本在可控制的范围内

(二)初创企业管理的特殊性

1. 初创企业的管理以生存为首要目标

初创企业成立的前两年,首要任务就是在市场中找到立足点,千方百计使自己生存下来。在这一阶段,生存是第一位的,基本目标是想方设法把自己的产品或服务销售出去,尽快实现盈亏平衡,争取实现正的现金流。在初创阶段,亏损、赚钱,又亏损,又赚钱的状况可能会反复出现,直到最终实现持续稳定盈利,才算是度过了创业的生存阶段。初创企业应一切围绕生存而运作,避免一切危及生存的做法,最忌讳的是在初创阶段提出不切实际的扩张目标,盲目铺摊子、上规模。

> **看一看**
>
> 《2023中国大学生创业报告》显示,在接受调查的大学生中,有96.1%的大学生产生过创业的想法,有14%的大学生已经或正准备将自己的想法付诸实践。新一代信息技术和互联网目前是大学生创业时比较看好的领域。大部分大学生均认为应积累相当的资金后,再投身创业活动。而对于风投资本,八成大学生表示有所耳闻,但了解并不深入,有意愿寻求风投资本帮助的大学生仅占约20%。

2. 初创企业主要依靠自有资金创造正现金流

现金流是指一定时期企业的现金和现金等价物流入和流出的数量。现金流一旦中断,企业就将发生偿债危机,可能导致破产。对初创企业而言,由于融资条件不够,很难从商业银行处获得贷款,只能主要依靠自有资金运作来创造正现金流。在自有资金有限的情况下,努力控制成本、想方设法节约开支为上策,创业者应当思考并学会理财之道,能省就省,千万别把浪费当大方。

"节流"的同时更应当想方设法去"开源"。创业者可以采取用各种营销优惠或价格折扣获得顾客的预付款,与供应商协商延长付款期限等方式来增加应付账款和减少应收账款,尽量实现"早收账,迟付账"。创业者要集中力量抓最畅销的产品和服务,尽快实现资金回笼;采用科学规划库存量、优化供应链等措施来创造正现金流。

3. 初创企业要实行"充分调动所有的人做所有的事"的群体管理方式

企业在初创时,尽管建立了正式的部门结构,但很少有按正式组织方式运作的。典型的情况是,虽然有名义上的分工,但运作起来是哪里需要就往哪里去。这种做法看似混乱,实际上是一种高度有序的状态。每个人都清楚组织的目标和自己应当如何为组织目标做贡献,没有人计较得失,没有人计较越权或越级,只有角色的划分,没有职位高低的区别,这才叫作团队。这种运作方式能够培养团队精神、奉献精神和忠诚。

在初创阶段,创业者必须尽力使新事业部门成为真正的团队,否则创业很难成功。这种在创业时期锻炼出来的团队领导能力,是创业者将来领导大企业高层管理班子的基础。

4. 初创企业的管理是创业者亲自深入运作细节的管理

经历过创业初期的创业者大都有过这样的体验:曾经直接向顾客推销产品,亲自与供应商就折扣进行谈判,亲自到车间里追踪顾客急需的订单,在库房里卸货、装车,跑银行、催账,策划新产品方案,制订工资计划等。创业者对经营全过程的细节了如指掌,才能使得生意越做越精。

亲自深入运作细节的管理并不意味着管理者必须方方面面都照顾到。无疑,管理者的精力大部分应当放在"大事"上面,如战略、产品、市场、员工等,但一些重要的运作细节还是需要创业者将其列入日常的管理工作。创业者要根据企业、产品、客户的具体情况,在特定的时间段判断哪些方面的细节至关重要,即确定几个关键的控制细节,全程参与,亲自管理。比如客户的意见及投诉、产品的测试效果、与供应商的联系与谈判、底层员工的反馈。

当然,随着企业的逐步发展,创业者不可能再亲自参与企业运营的每个环节,授权和分权成为必然。

二、初创企业的危机管理

(一) 企业危机管理的概念

危机管理是企业为应对各种危机所进行的规划决策、动态调整、化解处理及员工培训等,其目的在于消除或降低危机所带来的威胁和损失。具体而言,危机管理的主要内容是识别和预测企业内部及外部环境中可能存在的、将给企业造成潜在危机的薄弱环节和不确定因素,采取有效行动和手段防止企业危机的发生;一旦企业危机发生,企业能有效应对和处理,使危机对企业造成的损失降至最低,并在危机管理过程中找到企业进一步发展的机遇。

在大众媒介,尤其是互联网发达的今天,对危机的管理意识和能力是企业继续生存和发展的重要前提。

(二) 初创企业危机管理的基本原则

1. 制度化原则

危机发生的具体时间、实际规模、具体态势和影响深度是难以预测的。这种突发事件往往会在很短时间内对初创企业或品牌产生恶劣影响。因此,企业内部应该有制度化、系统化的危机管理和灾难恢复方面的业务流程和组织机构。大企业在危机发生时往往能够应对自如,其关键原因之一是有危机处理机制,在发生危机时可以快速启动,全面而井然有序地开展工作。因此,初创企业应建立明确的危机管理制度、有效的组织管理机制、成熟的危机管理培训制度,逐步提高危机管理能力。

2. 诚信形象原则

企业的诚信形象是企业的生命线。危机的发生必然会给企业的诚信形象造成损害,严重的话,会给初创企业带来灭顶之灾。塑造形象、矫正形象是企业危机管理的基本思路。在危机管理的全过程中,企业要努力减少企业诚信形象受到的破坏,争取公众的谅解和信任。只要顾客由于使用本企业的产品而受到了伤害,企业就应该在第一时间向社会公众公开道歉以示诚意,并且给受害者相应的物质补偿。对于那些确实存在问题的产品,应该不惜代价迅速收回,立即改进企业的产品或服务,以尽力挽回影响,赢得消费者的信任和忠诚,维护企业的诚信形象。

3. 预防原则

防患于未然是危机管理最基本和最重要的要求。危机管理的重点应放在危机发生前的预防上,预防与控制是成本最低、最简便的方法。为此,建立一套规范、全面的危机管理预警系统是有必要的。现实中,危机的发生有多种前兆,几乎所有的危机都可以通过预防来化解。危机的征兆主要表现为产品、服务等存在缺陷,初创企业核心团队人员流失,企业负债过高,销售额连续下降等。初创企业要从危机征兆中透视企业存在的危机,企业越早认识到存在的危机,越早采取适当的行动,就越有可能控制危机的发展。

4. 核心管理层重视与参与原则

初创企业核心管理层的直接参与和领导是有效解决危机的重要措施。危机处理工作对内涉及从后勤、生产、营销到财务、法律、人事等各个部门,对外不仅需要与政府和媒体打交道,还需要与消费者、供应商、渠道商、股东等方方面面进行沟通。由于初创企业缺乏完善的规章制度,核心管理层的不重视往往会直接导致整个企业对危机麻木不仁、反应迟缓。因此,初创企业应组建企业危机管理领导小组,担任危机领导小组负责人的一般是创业团队的主要负责人或者具有决定权的核心人物。

5. 快速反应原则

危机的解决,速度是关键。危机降临时,应冷静下来,采取有效的措施。要在第一时间查出原因,找准危机的根源,以便迅速、快捷地消除公众的疑虑。同时,企业必须以最快的速度启动危机应变计划,并立刻制定相应的对策。如果是内因造成的,就要下决心处罚相应的责任人,给公众一个合理的交代;如果是外因造成的,就要及时调整企业战略目标,重新考虑企业的发展方向。

6. 创新性原则

知识经济时代,创新日益成为企业发展的核心因素。危机处理既要充分借鉴成功的处理经验,又要依据危机的实际情况,尤其要借助新技术、新信息和新思维大胆创新。在自媒体快速发展的今天,初创企业更要充分认识自媒体的特点,认识到自媒体对企业危机所造成的影响远不同于传统媒体;同时也要注意处理危机的策略,充分利用网络舆情监测工具,善于占领自媒体平台,增强发言权,发挥自媒体在转化矛盾方面的突出作用,从而提高处理危机公关问题的能力。

 总结案例

应对公关危机的五大步骤

在社交媒体时代,大到数据泄露、产品缺陷,小到客户投诉、用户评论,都有可能转化成汹涌的公关危机。当遭遇危机,创业企业该怎么办?

第一步:别急着回应,先了解为什么

应对公关危机需要冷静的头脑和明确的计划。在开始解决问题前,最好仔细检查出现问题的原因,弄明白以下问题:

(1) 危机究竟是什么,如何发生的;

(2) 它是以错误的方式进行传播导致的,还是本来就是团队的错误造成的;

(3) 团队成员是否发布了未经编辑的言论,或者是否意外公开了机密信息。

了解问题所在有助于找到解决问题的策略,并确保在将来避免类似的情况发生。

第二步:确定利益相关者

通常情况下,公关危机涉及几个方面:利益相关者、媒体、大众。能否有效应对公关危机取决于能否与最根本的利益相关者有效沟通。

第三步:找准应对的定位

知道哪里出了问题、影响到了谁,就可以决定如何处理这个问题了。一些小危机可以通过补偿和修正案得到解决,一些危机则需要认真应对。要确定危机是否已经成为媒体关注的焦点,想想通过什么渠道可以联系到利益相关者。

第四步：保证内部一致

在明确渠道后，确保只有一个声音来回应外部各方。需要对事实做出最明确的回应，向利益相关者道歉，用最真实的内容回应他们。创业企业的创始人等很容易失去客观性，带着感情色彩去讲述自己的故事，这并不是什么好方式。最好的方式是内部一致，找到公开的发言人，注重事实，尽量保持客观。

第五步：弥补过错后的反思

对于公关危机来说，危机过去并不代表胜利，后续的反思更为重要。深刻反省团队是否需要做更多的危机准备，从这次危机中真正学到了什么，又该如何更好地管理下一次危机。企业需要有正确的价值观，而不是把公关智囊团当作"护城河"。

启示：

面对危机，企业要给公众留下"这锅我背、这错我改"的好印象。在工作中，公关危机是不可预知的，事件走向也是无法控制的，唯一能够掌控的就是如何正确面对和处理危机。

活动与训练

主题：初创企业危机管理剖析。

目标：通过对危机管理经典案例的深度剖析，掌握危机管理原则。

时间：40分钟。

过程：通过网络，查找企业危机事件处理成功或者失败的典型案例，并分析这些案例的成功或者失败是因为遵守或者违反了哪些危机管理原则。

思考与讨论

1. 为什么说初创企业的建立不等于创业成功？
2. 初创企业为什么要以生存为首要目标？
3. 对于已预测到的企业危机，初创企业应如何规避？
4. 面对已经发生的危机，应如何处理？

任务三　管控财务风险

1. 了解财务管理的概念和基本原理。
2. 认识企业经营中可能面临的各种财务风险。
3. 把握防范财务风险的措施。

被财务风险击倒的安然公司

安然曾经是叱咤风云的"能源帝国",于1985年由两家天然气公司合并而成,在短短16年内一路飞腾,2000年总收入即高达1 000亿美元,名列《财富》杂志"美国500强"中的第七。2002年12月2日,安然公司正式向破产法院申请破产保护,破产清单所列资产达498亿美元,成为当时美国历史上最大的破产企业。短短两个月,能源巨擘轰然倒地。安然的陨落有其内在原因。一般认为,安然犯下了三大致命错误。

1. 财务作假,虚增利润

财务舞弊被曝光是安然倒闭的直接原因。安然通过财务舞弊虚增利润,使得投资者丧失了对公司的信心,直接导致安然公司股票价格暴跌。安然财务舞弊的方式是利用资本重组,形成庞大而复杂的企业组织,通过错综复杂的关联交易虚构利润,利用财务制度上的漏洞隐藏债务。

2. 大量应用高风险的金融工具,但缺失有效的风险防范和披露制度

安然手中握有为数众多的交易契约,但由于缺乏透明的披露制度,除了安然交易人员,连债权银行都搞不清楚这些合约到底有没有价值,或者值多少钱。安然成功时,人们对这些契约的价值并不存在疑问,但是一旦问题暴露,这些契约的价值立刻受到投资者的怀疑,加速了安然倒闭的进程。

3. 过度举债谋求发展

安然为了发展不顾后果,四处举债。安然的资产负债表上只列出了130亿美元,但其负债总额实际高达400亿美元,其中的270亿美元债务一直不为外界所知。安然还采用了种种复杂的举债工具。

启示:

曾经叱咤风云的能源巨头安然公司的失败正是由于忽略了财务风险管控,甚至涉

> 嫌财务欺诈。创业公司必须有精细的制度、可靠的人员来进行财务风险管控,在投资时充分考虑现金流和负债结构的合理性,完善预算管理,进行具有可持续性的计划安排。

一、财务管理

财务管理是组织财务活动、处理财务关系的经济管理活动,是在一定的整体目标下,对资产的购置、资本的筹集和使用、经营中的现金流控制及利润分配等方面的管理。

(一) 融资管理

初创企业财务方面的主要特征是资金需求量大、融资成本高、投资回报慢。企业的创立、生存和发展,必须有一定数量的资金作为支撑。资金问题的解决,特别是创业启动资金的落实,是关系到创业能否成功的关键因素之一,必须给予高度重视。初创企业融资管理的具体要求有以下几点。

(1) 确定合理的融资规模。初创企业既没有稳定的客户基础和现金流,又需要通过投入来拓展市场,所以在制订发展计划和融资战略时,必须结合企业的实际情况确定合理的融资规模,既要保证创业资金的持续供给,又要保证企业的健康发展。

(2) 把握合理的融资时机。初创企业的融资要有计划,不要等到出现严重资金短缺时才开始寻找资金,这样会丧失融资的主动权,增加融资成本,给企业发展带来不确定性。但也不能过早融资,否则股权会不可避免地被大幅度稀释,甚至可能导致控制权的丧失。

(3) 选择合理的融资方式。初创企业要选择最适合自己的融资方式,并将各种融资方式结合,形成最有利的融资组合。例如,在创业初期要多采用自有资金、民间借贷等方式来启动创业项目;之后向天使投资人寻求股权投资或向政府部门申请创业支持基金;进入快速成长期后,则可向创业投资机构寻求股权投资,并申请银行贷款。

(二) 成本管理

成本管理是企业的永恒主题,它在企业发展的任何阶段都占有非常重要的地位。企业的成本通常包括企业生产过程中实际消耗的直接材料、直接工资和制造费用等制造成本,以及不能直接归属于某种产品的管理费用、财务费用和销售费用等。成本管理通常包括以下几项重要工作。

(1) 成本预测。成本预测是指依据成本与各种技术、经济因素的依存关系,结合企业发展前景,通过对影响成本的有关因素的分析测算,对未来的成本水平及其变化趋势做出科学估计。

(2) 成本核算。成本核算是指根据会计学的原理、原则和规定的成本项目,按照账簿记录,通过各项费用的归集和分配,采用适当的成本计算方法,计算出完工产品成本和期末产品成本,并进行相应的账务处理。

(3) 成本分析。成本分析是根据成本核算资料和成本计划资料等,揭示企业费用预算和成本计划的完成情况,查明影响计划或预算的各种因素,寻求降低成本、节约费用的活动。

(三) 现金流管理

现金流是维系企业正常生产运作所需的基本资金循环,是企业价值评估和财务风险判断的重要指标和依据。如果现金流出现问题,容易导致企业资金链条的断裂,中断正常的生产经营活动。因此,企业必须将现金流管理置于财务管理的核心地位,切实保证企业的现金流处于安全、合理的状态。其具体措施如下。

(1) 利用现金流量表监控现金流。现金流量表是现金流管理的核心工具,也是防范现金流断裂的有效工具。企业的现金流包括经营活动产生的现金流、投资活动产生的现金流和融资活动产生的现金流。

(2) 强化经营活动的现金流管理。在经营活动产生的现金流中,销售产品或提供服务获得的现金是最主要的现金流入来源。企业在市场需求不稳定、销售低迷和回款不及时等情况下,会出现现金流入不足,所以企业必须加强营销管理,才能保证现金流入量。

(3) 防止盲目投资和占用过多资金。投资和支出构成了现金的主要流出,企业一方面要控制投资规模,另一方面要控制开支,避免管理费用过大、人员负担过重和外包服务过多等原因造成现金流出过多,或现金流不稳定和不平衡。

二、财务风险控制

企业财务风险是指在各项财务活动过程中,各种难以预料或控制的因素使财务状况具有不确定性,从而产生的使企业蒙受损失的可能性。企业是风险集中的组织,在企业经营过程中,风险是客观存在、不可避免的。这就要求创业者主动地认识风险,积极地管理风险,有效地控制风险。企业要采取各种措施和方法,减小风险事件发生的概率,尽量降低风险事件造成的损失。

(一) 企业经营面临的主要财务风险

企业财务风险贯穿于生产经营的整个过程中,可分为筹资风险、投资风险、经营风险、流动性风险四种类型。

1. 筹资风险

筹资风险指的是由于资金供需市场、宏观经济环境的变化,企业筹集资金给财务带来的不确定性。筹资风险主要包括利率风险、再融资风险、财务杠杆效应、汇率风险、购买力风险等。利率风险是指金融市场中金融资产的波动导致筹资成本变动所带来的风险;再融资风险是指金融市场上金融工具品种、融资方式的变动,给企业再次融资带来不确定性,或企业本身筹资结构的不合理导致难以再融资所带来的风险;财务杠杆效应是指企业使用杠杆融资而给利益相关者带来的利益风险;汇率风险是指汇率变动造成的企业外汇业务成果的不确定性;购买力风险是指币值的变动给筹资带来的风险。

2. 投资风险

投资风险指企业投入一定资金后,市场需求变化影响最终收益,使其与预期收益偏离的风险。企业对外投资主要有直接投资和证券投资两种形式。根据《中华人民共和国公司法》的规定,股东拥有企业股权的25%以上应该被视为直接投资。证券投资主要有股票投资和债券投资两种形式。股票投资是风险共担、利益共享的投资形式;债券投资与被投资企业的财务活动没有直接关系,只是定期收取固定的利息,所面临的是被投资者无力偿还债务的风险。投资风险主要包括利率风险、再投资风险、汇率风险、通货膨胀风险、金融衍生工具风险、道德风险、违约风险等。

3. 经营风险

经营风险又称营业风险，是指在企业的生产经营过程中，供、产、销各个环节不确定性因素的影响导致企业资金运动迟滞，产生企业价值的变动。经营风险主要包括采购风险、生产风险、存货变现风险、应收账款变现风险等。采购风险是指由于原材料市场供应商的变动而产生供应不足的可能性，以及信用条件与付款方式的变动导致实际付款期限与平均付款期限的偏离；生产风险是指信息、能源、技术及人员的变动导致生产工艺流程变化，以及库存不足所导致的停工待料或销售迟滞的可能性；存货变现风险是指产品市场变动而导致产品销售受阻的可能性；应收账款变现风险是指赊销业务过多导致应收账款管理成本增大的可能性，以及赊销政策的改变导致实际回收期与预期回收期的偏离等。

4. 流动性风险

流动性风险是指企业资产不能正常转移现金或企业债务和付现责任不能正常履行的可能性。从这个意义上来说，可以对企业的流动性风险从企业的变现力和偿付能力两方面进行分析与评价。企业的支付能力和偿债能力产生问题，被称为现金不足及现金不能清偿风险。企业资产不能确定性地转化为现金的风险则被称为变现力风险。

要从源头上规避创业风险，关键是要提高创业者发现、分析、选择创业项目的能力。很多人创业失败，是因为对商业的本质缺乏认知，不懂创业规律。因此，要规避创业风险，创业者首先要提高自身的素质。当然，任何项目都不可能完全没有风险，所以还必须有切实可行的防范措施，防患于未然。

（二）企业财务风险的防范

在市场条件下，财务风险是客观存在的，要完全消除是不现实的。所以，企业在确定财务风险控制目标时不能一味追求低风险甚至零风险，而应本着成本效益原则，把财务风险控制在一个合理的、可接受的范围之内。因此，加强企业财务风险防范，实现财务管理目标，是企业财务管理工作的重点。

1. 完善管理与监督

财务活动贯穿于企业活动的全过程中，因此有必要增强财务人员的风险意识，具体包括以下几点：对企业的管理方式进行改革，建立严格的检查、考核和监督制度，健全财务管理规章制度，加强管理基础工作；加强财务监督，建立内部审计体系，比如设立专门的审计机构，配备审计专业人员，制定专门的审计程序和确定具体的审计内容；建立财务人员问责制，使企业的财务风险与每个人的利益挂钩，让财务人员真正重视财务风险，提高对风险的警惕性。

2. 多元投资，分散风险

实行多元化投资能够有效地避免财务风险给企业带来的损失。多元化的投资方法具体包括分配法和转移法。

分配法指通过企业联营、多种经营等方式分散财务风险。对风险较大的投资项目，企业可以和其他企业一同融资，以实现收益共享、风险共担，从而分散企业投资风险。由于市场需求有不确定性，企业可采用多种经营的方式，即同时经营多种产品来分散风险。在多种经营方式下,企业因滞销而产生的损失会被其他产品带来的收益所抵消,也可以避免因企业经营产品单一而产生无法实现预期收益的风险。

转移法是指企业通过某些手段将部分或全部财务风险转移给他人的方法,包括保险转移和非保险转移。保险转移指企业通过购买财产保险的方式将财产损失的风险转移给保险公司承担。非保险转移指将某类特定的风险转移给专门的机构或相关部门,比如将产品卖给商品部门,将一些特定的业务交给拥有专门人员、丰富的经验、技能和设备的专业企业去完成。

3. 建立资金控制制度

要想建立资金控制制度,应从两方面着手。

一是健全企业财务管理指标体系。指标是评价、考核责任主体任务完成情况的尺度。一个公司如果想减少风险的发生,应注重考核以下指标。

(1) 资本保值增值率。该指标既可以作为总公司自行考核的指标,又可以作为其对下属企业的考核指标,其计算公式为:

$$资本保值增值率 = 期末所有者权益/期初所有者权益 \times 100\%$$

(2) 资产报酬率。该指标考核的是企业的盈利或发展能力,其计算公式为:

$$资产报酬率 = (净利润 + 利息支出)/平均总资产 \times 100\%$$

(3) 净资产收益率。作为考核企业投资回报的水平的指标,其计算公式为:

$$净资产收益率 = 净利润/净资产 \times 100\%$$

二是限定负债比例。一般根据各行业的不同标准设定不同的负债比例,限定对外担保,将或有负债列入负债管理,设立财务结算中心,模拟银行存、贷款及货币结算功能。这个模式能够发挥安全阀的作用,保障整体资金的运行安全,壮大企业的整体实力,不失为规避财务风险的一个重要举措。

4. 合理决策,减少风险

企业在选择财务方案时,应综合评价各种备选方案可能产生的财务风险,在保证财务管理目标实现的同时选择风险较小的方案,以达到规避财务风险的目的。例如,如果能够实现预期的投资收益,企业在选择投资方式时,就会尽可能采用债权性投资。因为尽管股权性投资可能带来更多的投资收益,但从规避风险的角度来考虑,企业还是应当谨慎从事股权性投资,而债权性投资的风险低于股权性投资的风险。当然,规避风险并不是说企业不能进行风险性投资,企业为达到影响甚至控制被投资企业的目的,可以采用股权投资的方式,在这种情况下,承担适当的投资风险是必要的。

5. 合理应对外部风险

企业面对客观存在的财务风险,应努力找出能够降低财务风险的方式。例如,企业可以在保证资金需要的前提下,适当降低资产负债率,以达到降低债务风险的目的。在企业的经营活动中,可以通过改进产品设计、提高产品的质量、努力开拓新市场、开发新产品等手段,提高产品的竞争力,降低因产品滞销、市场占有率下降而产生的不能实现预期收益的财务风险。

另外，企业也可以以付出成本为代价来降低产生风险损失的可能性。例如，建立能够及时发现风险的风险控制系统，建立专项偿债基金，降低风险对企业经营活动的影响；还可以选择最佳资本结构，使企业风险最小而盈利能力最大化。企业筹集资金时，应根据其行业特点与发展的不同时期，既要充分考虑经营规模、获利能力及金融市场状况，又要考虑企业现有资金及预期财务收支状况，选择使综合资金成本最低的融资组合，确定融资规模与结构，动态地平衡短期、中期与长期负债比率，实现企业价值最大化，使财务风险降到最低水平。

6. 建立财务风险预警系统

建立财务风险预警系统，采用数据化管理方式，通过全面分析企业内部经营、外部环境等各种资料，以财务指标数据的形式将企业面临的潜在风险预先告知经营者，同时寻找财务危机发生的原因和企业财务管理中存在的问题，并明确告知经营者解决问题的有效措施，形成一张疏而不漏的企业财务管理安全网。一般而言，企业财务预警机制包括两个层次，即总体财务预警机制和部门财务预警机制。总体财务预警机制的主要功能是让企业经营者掌握企业的总体财务状况，预先发现企业财务危机的征兆。部门财务预警机制即根据企业主要经营部门分别确定检查要点，设立相应的预警线，如为生产部门的生产成本、营销部门的销售费用、管理部门的管理费用等设定警戒值，调查企业财务运营可能失衡的地方，及时进行必要的改进。部门财务预警机制不仅能帮助寻找财务问题产生的源头，还有利于不同部门之间沟通协调、解决问题，提高企业的整体管理水平。

总之，财务风险是激烈的市场竞争的必然产物，是企业不可回避的问题。财务风险影响和制约着企业的生存及发展，因此，企业有必要树立风险意识，提高应变能力，建立有效的财务风险预警指标体系和风险防范处理机制，加强筹资、投资、资金回收及收益分配中的风险控制，优化资本结构，防范财务危机，使企业健康、稳定、快速地发展。

总结案例

小镇青年的创业"逆袭"

小镇青年如何通过不断评估创业环境、抓住创业机会实现创业"逆袭"？江西小伙何涛为我们做了一个很好的示范。从白手起家创办装饰公司到实现年营业额近亿元，何涛只用了6年。如今，他还是一家高科技生物制药公司的董事长。

梦想属于有准备的人。何涛从小就有一个"创业梦"，喜欢看创业书籍，醉心于研究创业成功案例。进入大学后，他卖起了乐器、做起了兼职，很快实现了经济独立。2010年7月毕业后，何涛就加入了创业大军。起初，他和朋友共同创办了一家装饰公司，但因经营理念不一，不到10个月就散伙了。

2011年8月，经过半年筹备，何涛注册了自己的装饰公司。3个月过去了，公司竟没有成交一单业务。面对困境，何涛并未放弃。2011年12月，一家央企在江西设立分公司，对装修工程进行公开招标，何涛抓住机遇，带领团队经过一个多月的精心准备，从20多家同行中脱颖而出。开标现场，何涛和团队伙伴相拥，喜极而泣。

经过两年打拼,何涛的公司在装修行业站稳了脚跟,开始把目光投向千万元级的大项目。2014年,得知安徽有个预算5 000万元的装修项目,何涛和团队马上行动起来。然而,该项目负责人不客气地对何涛说:"想做这个工程可以,先付2 000万元保证金。"何涛明白,对方这样说,实际就是拒绝,但何涛选择再搏一次。回南昌后,他整合资源,游说各方,让银行出具了一份2 000万元的履约保函。负责人接到保函时颇感震惊,但又提出了新条件:"拿到保函只是第一步,你们必须满足我方接下来提出的各种要求,我才能把这个项目交给你们。"半年内,何涛带着团队往返南昌、合肥、六安等地20多趟,用真诚打动了项目负责人,拿下了这个项目。

凭着信誉,何涛的公司在业界积累了口碑,业务迅速遍布江西,走向全国。年营业额从起步时的100万元,发展到近亿元。

在装饰公司取得稳健发展后,何涛把眼光投向了战略性新兴产业——高科技生物制药。借助于江西推动中医药强省建设的一系列利好政策,何涛于2016年在赣江新区发起成立了江西迈柯菲生物医药公司。目前,公司拥有员工20余人,办公场地面积达2 000余平方米,实验室一期面积超过1 000平方米,配有江西省内最高规格的GMP级实验室。公司于2019年1月投资约3 000余万元启动了迈柯菲二期工程,涵盖市场运营所配套的低温冷库、恒温恒湿库、产品分拣与配送系统,建立市内生物科技产品体验中心等,同时启动与多家医院合作的多中心临床试验工作。现在,该公司在全省甚至全国提供优质的细胞治疗、整形美容、健康调理等多项服务,并获得多项国家发明专利。

赠人玫瑰,手有余香。如今,何涛把更多的时间用于公益事业和辅导大学生创业方面。为此,他担任了团省委及南昌大学等十多所高校的青年创业导师,开展创业宣讲,帮助指导50多个青年大学生创业团队的近300人走上创业道路。

启示:

刚进入大学就开始创业实践的大学生,社会阅历毕竟还少,人际关系也不多,在创业道路上难免会遇到挫折。但是何涛通过不断评估创业环境、抓住创业机会,实现了创业"逆袭",凭的就是在抓住创业机会的同时,不断认真分析外部环境和自身优势,理清各种有利和不利因素,迎难而上,不断提升自己的能力,不断增强企业的竞争实力,一旦各项条件成熟,就可以实现快速发展。何涛的成功"逆袭",给我们做了很好的示范。

活动与训练

主题: 领悟企业融资选择。

目标: 了解企业融资的主要方式,理解不同融资方式对企业发展的影响。

时间: 150分钟。

过程:
1. 教师介绍本次活动的目的。
2. 教师将学生分成若干小组(每组 4~6 人),然后播放电影《中国合伙人》。
3. 学生分组讨论"新梦想"在不同阶段的融资方式,以及其对企业发展的影响。
4. 每个小组选出一个代表进行汇报,其他同学进行点评,最后由教师进行总结。

 思 考 与 讨 论

1. 创业者如何创造性开发并利用资源?
2. 你如何看待不同融资方式的利弊?

任务四 建设企业文化

 学习目标

1. 了解企业文化的主要内容及作用。
2. 熟悉企业文化建设的内容。
3. 理解企业创始人对企业文化的影响。
4. 熟悉传承与发展企业文化的方法。

 导 入 案 例

两只红鞋

有位女士逛一家百货公司的时候,看见一家鞋店柜台的标价牌上写着:"超级特价,只付一折的价格即可穿走。"她拿起一双鞋子一看,原价 500 元的红色皮鞋只要 50 元,这简直让人不敢相信。她试了试,觉得皮软质轻,外观也完美无瑕,她真是乐不可支。

她赶快呼唤服务小姐。服务小姐微笑地走过来,说:"您好,您喜欢这双鞋? 它正好配您的红外套! 能不能再让我看一下?"她把鞋交给服务小姐,不禁担心地问:"有什么问题吗? 价钱不对吗?"服务小姐赶紧安慰说:"不,不! 别担心,我只是要确认一下是不是这两只鞋。嗯,确实是!"

"什么叫两只鞋? 明明是一双啊。"她迷惑不解地问。

> 服务小姐诚实地说:"既然您这么中意,而且打算买了,我一定要把事情的真相告诉您。它们不是一双鞋,而是皮质相同,尺寸一样,款式也相同的两只鞋,虽然颜色几乎一样,但还是有点色差,我们也不知道是以前卖错了,还是顾客弄错了,剩下的左右两只正好凑成一双。我们不能欺骗顾客,免得您回去以后发现真相而后悔,责怪我们欺骗您。如果不能接受,您可以再选别的鞋子!"这真挚的一席话,哪有不让人心软的,何况,穿鞋走路,又不是让人蹲着仔细对比两边的色泽。她愈想愈得意,除了买那"两只鞋"外,不知不觉又买了两双鞋。几年后,那双鞋仍是她的最爱。
>
> 启示:
> 谁也不愿意被别人欺骗,尤其是花钱的顾客,留住顾客的心的方法就是以诚待人。

企业文化是企业在长期生产、经营、建设、发展过程中所形成的管理思想、管理方式、管理理论、群体意识,以及与之相适应的思维方式和行为规范的总和。企业文化是企业成员共有的一套意义共享体系,使企业独具特色,区别于其他组织。

一、企业文化的作用

企业文化是企业中占支配地位的领导集体率领广大员工在长期的调查研究和工作实践基础上,经多年培育而成的精神财富及其物质形态。其内含的价值观、行为规范、传统作风等核心因素来自组织,具有相对独立性和稳定性。企业文化具有巨大的能动作用。

(一)划界作用

企业文化有划清界限的作用,它能使一个企业与其他企业和组织区别开来。

(二)导向作用

企业文化能将全体员工的思想、行为统一到组织发展目标上来,不仅对组织中个体的心理与行为具有导向作用,而且对组织整体的价值取向和行为具有导向作用。

(三)凝聚作用

企业文化对员工具有潜移默化的作用,能使他们自觉或不自觉地接受组织共同的信念和价值观,从而把个人融入集体,使员工的归属感增强,凝聚力提高。

(四)激励作用

企业文化可以使员工认识到自己组织的特点与优点,理解自己工作的意义和价值,进而产生热爱集体的荣誉感、自豪感,激发巨大的工作热情。

(五)稳定作用

企业文化是一种社会黏合剂,它通过为组织成员提供言行举止的恰当标准,以及使之由此产生认同感,使成员愿意长期留在组织中。

二、企业文化建设的主要内容

企业文化建设的内容主要包括物质文化、行为文化、制度文化和精神文化四个层次。

(一)物质文化

物质文化是产品和各种设施等构成的器物文化,是一种以物质形态呈现的表层文化。企业生产的产品和提供的服务是企业生产经营的成果,是物质文化的首要内容。企业的生产环境、建筑、广告、产品包装与设计等也是企业物质文化的重要内容。

(二)行为文化

行为文化是指员工在生产经营及学习、娱乐活动中产生的活动文化,是在企业经营、教育、宣传、人际关系活动、文娱体育活动中产生的文化现象,包括企业行为的规范、企业人际关系及其规范、企业公关策划及其规范、服务行为规范。

(1)企业行为的规范是指围绕企业自身目标、企业的社会责任等方面形成的基本行为规范。

(2)企业人际关系分为对内关系与对外关系两部分。对内关系是企业内部的各种人际关系。对外关系主要指企业经营面对不同的社会阶层、市场环境、国家机关、文化传播机构、主管部门、消费者、经销商、股东、金融机构、同行竞争者等方面所形成的关系。

(3)企业公关策划及其规范。公关策划即"公共关系策划",是公共关系人员根据组织形象的现状和目标要求,分析现有条件,策划并设计公关战略、专题活动和具体公关活动方案的过程。

(4)服务行为规范是指企业在为顾客提供服务的过程中形成的行为规范。是企业服务工作质量的重要保证。

(三)制度文化

企业的制度文化是行为文化得以贯彻的保证。制度文化是企业为实现自身目标对员工的行为进行一定限制的文化,它具有共性,规范着企业中的每一个人的行为。制度文化主要包括企业领导体制、企业组织结构和企业管理制度三个方面。

(1)企业领导体制是企业领导方式、领导结构、领导制度的总称。

(2)企业组织结构是企业为有效实现企业目标而建立的企业内部各组成部分及其关系。企业组织结构的选择与企业文化的导向相匹配。

(3)企业管理制度是企业为求得最大利益,在生产管理实践活动中制定的包含强制性义务并能保障一定权利的制度,包括企业的人事制度、生产管理制度、民主管理制度等。

(四)核心文化

核心文化是指企业生产经营过程中,长期受一定的社会文化背景、意识形态影响而形成的精神成果和文化观念,包括企业精神、企业经营哲学、企业价值观等内容,是企业意识形态的总和。

(1)企业精神是现代意识与企业个性相结合形成的一种群体意识,是企业经营宗旨、价值准则、企业信条的集中体现,它构成企业文化的基石,通常通过厂歌、厂徽、厂训、厂规等表现出来。

(2)企业经营哲学是指企业经营过程中体现的世界观和方法论,是企业在处理人与人、人与物的关系时形成的意识形态与文化现象,与民族文化、特定时期的社会生产、特定的经济形态、国家经济体制及企业文化背景有关。

（3）企业价值观是企业在追求经营成功的过程中所推崇的基本信念和设定的目标，包括利润价值观、经营管理价值观和社会互利价值观。

三、企业创始人与企业文化的形成

企业创始人对企业文化的影响巨大。新企业的典型特点是规模比较小，有利于创始人把自己的愿景与企业的所有成员分享。

企业创始人对企业文化形成的影响是通过以下三种途径实现的。首先，创始人会聘用和留住那些与自己的想法和感受一致的员工；其次，创始人影响员工的思维方式和感受方式；最后，创始人把自己作为角色榜样，鼓励员工认同自己的信念、价值观和假设，并将其进一步内化为员工的想法和感受。

四、企业文化的传承与发展

企业文化一旦建立，企业就会采取一系列措施使其得以传承和发展。在维系企业文化的过程中，员工甄选、管理活动和教育培训起着非常重要的作用。

（一）员工甄选

企业在招聘员工的时候，所雇用的人显著受到决策者对于求职者是否适合组织的判断的影响。这种试图确保员工与组织相匹配的努力会使受聘员工的价值观与组织价值观大体一致，至少与组织价值观中的相当一部分保持一致。

（二）管理活动

高层管理者通过自己的言行举止建立起规范，并将其渗透到组织当中。例如，企业是否鼓励冒险；管理者应该给自己的下属多大自由度；什么样的着装是得体的；拥有什么样的业绩可以得到加薪、晋升或其他奖励。

（三）教育培训

新员工入职后，许多企业都要通过教育培训帮助新员工适应组织文化，学习企业的经营理念、价值观念、企业精神、团队意识。通常情况下，适应企业文化的员工会受到奖励，而挑战企业文化的员工则会受到惩罚。

海底捞的情感型企业文化

首先，海底捞的企业文化的特点之一就是充分授权。海底捞的服务员有权给任何一桌客人免单，更别提送菜、送东西了。给予员工充分的授权和最大限度的宽容，是海底捞提高员工服务水平和调动其积极性的重要途径之一。海底捞通过有效的授权和放权来激发员工的自豪感和凝聚力。这种自主性能使员工产生"企业主人翁"的自豪感，对企业的归属感会更加强烈。

其次，海底捞情感型企业文化的核心理念是大家庭主义，即员工都以所在的组织为家,在同事之间培养出兄弟姊妹一样的亲密感情。海底捞鼓励员工介绍自己的亲人、朋友到海底捞工作,一定程度上增强了这种家庭氛围。

最后是传帮带的固有习惯传承。海底捞会给每个新入门员工安排一个师傅,师傅负责把新员工引进门,文化的传递由此达成。成为带徒师傅需要特别的资质,年资长、表现佳、与企业文化协调性良好的员工才能成为师傅。

海底捞设置了管理、技术和后勤三个晋升体系,让员工有充分的发展空间。更加重要的是,其管理者和重要岗位人员都必须从底层做起,从为客户直接服务做起。海底捞的制度流程尽量不用文件的方式来下达,而是由店长或带班班长开会传达并组织讨论,将每项新制度、新措施的精神和理念剖析清楚,让底层员工明白新制度实施的原因和必要性。海底捞员工按惯例会定期总结、讨论近期服务客户的满意度情况,找出不足和差距,提出改进措施。有些好的改进措施会在全公司推广,并以提出该建议的员工的名字来命名,这种措施的激励性是非常强大的。

启示:

一个企业在商业上不断取得成功不是偶然的,从其企业文化中往往可以找到答案。企业文化不仅是严格的制度、科学的奖惩,更需要优秀的经营理念及实实在在的行动,让外部合作企业、内部员工都受益、认可,进而形成大家共同追求的企业价值取向。

活 动 与 训 练

主题:企业文化调研。

目标:了解企业的组织结构,熟悉企业文化的传承方式。

时间:60分钟。

过程:

1. 同学们分成若干小组,每组4～6人。每组选择4～6个企业作为调研对象,在课下完成调研,并进行交流,形成一份完整的调研报告。

2. 每组选出一个代表,在课堂上进行汇报,教师进行点评和总结。

思 考 与 讨 论

1. 企业文化分为哪几个层次?
2. 如何实现企业文化的传承与发展?

任务五　进行品牌建设

1. 了解品牌建设的步骤。
2. 掌握品牌维护的基本要求。
3. 了解品牌营销的意义及网络营销的基本原则。

张瑞敏砸冰箱

　　1985 年,在一次质量检查时,青岛(海尔)电冰箱总厂的检查员发现刚刚生产的 76 台瑞雪牌电冰箱不合格。按照当时的销售情况,这些电冰箱稍加维修便可出售。当时一台冰箱 800 多元,而工人的每月平均工资只有 40 元,一台冰箱几乎等于一个工人两年的工资。当时工人们纷纷建议将其便宜处理给自己。张瑞敏对工人们说:"如果便宜处理给你们,就等于告诉大家可以生产这种带缺陷的冰箱。今天是 76 台,明天就可能是 760 台、7 600 台,因此,必须解决这个问题。"

　　于是,张瑞敏决定砸毁这 76 台冰箱,而且是由责任者自己砸毁。很多工人在砸毁冰箱时都流下了眼泪,感受到这是一笔很大的损失,痛心疾首。这一非常有震撼力的场面,改变了工人们对质量标准的看法。

　　启示:

　　品牌建设往往是一个长期的过程,管理者要有品牌意识,并在日常的生产、销售、宣传中做好品牌塑造和维护工作。海尔集团从一个电冰箱厂一步步发展成为全球大型家电集团,很重要的一个原因是其特别注重品牌建设。

品牌建设是指品牌拥有者对品牌进行的设计、宣传、维护等行为。品牌建设的利益表达者和主要组织者是品牌拥有者(品牌母体),参与者包括用户、渠道、合作伙伴、媒体甚至竞争品牌。品牌建设内容有资产建设、信息化建设、渠道建设、客户拓展、媒介管理、搜索力管理、市场活动管理、口碑管理、虚拟体验管理。

一、品牌建设的步骤

初创企业的品牌建设是一个系统工程,不是一蹴而就的。要想打造强势品牌,必须按照打造品牌的流程去规范运作,方能取得较为理想的效果。品牌的打造一般要经过以下几个步骤。

(一) 品牌调研

品牌调研是指对企业的品牌现状进行了解，或者对企业计划树立的品牌的相关内容进行资料收集。对于已有品牌，主要是了解其知名度、美誉度、代表意义等，其意义在于明确企业预期的状况及品牌实际所处的状态，另外还需了解员工的品牌意识、对该品牌的理解程度。而对于企业计划树立的品牌，应了解企业声誉、品牌产品或服务的质量和性能、在同行业中的地位、目标受众对品牌的关注度、何种因素对目标受众的品牌意识最具影响力等。总之，品牌调研就是发现品牌系统中存在的问题或影响因素并对其进行全面了解的过程。

(二) 制订品牌设计计划

通过品牌调研掌握了大量的资料，确定了品牌系统中存在的问题、影响因素之后，下一步工作就是制订品牌设计计划。品牌设计计划有长期战略规划、年度工作计划、品牌项目设计工作计划等。制订品牌设计计划的主要工作是确定品牌打造目标、设计打造方案、确定设计内容及评估预算。

(三) 品牌定位与设计

品牌定位与设计就是依据品牌目标为品牌确定适当的位置，并进行具体设计。工作人员依据品牌设计计划开展工作，在综合考虑企业现状、竞争对手、社会公众等各种条件后设计品牌。设计的主要内容应包括品牌外形、品牌预期目标等。品牌设计一定要遵循科学的原则，采用科学的方法，并考虑企业目标、企业形象等影响要素。

(四) 品牌推广

品牌设计完毕之后，就要对品牌加以推广。品牌推广指综合运用广告、公关、营销等多种手段，结合目标市场进行综合推广传播，树立品牌形象。品牌推广中要善于利用广告、公关等宣传手段，也要善于利用名人、事件等推动因素，把握品牌质量、品牌服务，树立长远发展战略。

(五) 品牌效果评估

品牌效果评估与品牌调研这两个阶段的工作有相同之处，要利用市场调研收集资料、获取信息，并且使这两个阶段的工作首尾相接。品牌效果评估的主要工作内容是了解品牌打造工作是否按期、保质地完成了，是否达到了预期的效果，是否需要对品牌进行二次锻造，是否开展二期工程等。

二、品牌维护

企业品牌的建设不是一劳永逸的事情，不但需要企业用心塑造，而且需要企业坚持不懈地用心维护。其基本要求是围绕品牌资产目标，不断检查品牌资产情况，在此基础上加强宣传推广，提升企业品牌的知名度、美誉度，客户的偏好度和忠诚度。新企业在品牌维护时应注意以下两点。

(1) 需要企业全体员工的积极参与。它要求全体员工不但对企业有高度的认同感和归属感，而且以主人翁的态度工作，与企业同舟共济、荣辱与共。企业品牌的维护还需要巩固和加强与目标客户的联系，吸引更多忠诚的品牌产品使用者。

(2) 需要企业遵守诚信原则。品牌标志着企业的信用和形象,是企业最重要的无形资产。在市场经济条件下,环境在不断地变化,谁拥有了诚信品牌,谁就掌握了竞争的主动权,就能处于市场的领导地位。

一个强大的品牌是持之以恒打造而成的。品牌核心价值一旦确定,企业的一切营销、传播活动就都应该持之以恒地维护它。

维护企业品牌应做到两个坚持。① 横向坚持:同一时期内,产品的包装、广告、市场营销、售后服务等都应围绕同一主题和形象。② 纵向坚持:品牌在不同时期的不同表达主题都应围绕同一品牌核心价值。

三、品牌营销

品牌营销的关键点在于为品牌找到具有个性、能够深刻感染消费者的品牌核心价值,让消费者明确、清晰地识别并记住品牌的利益点与个性,这是驱动消费者认同、喜欢乃至爱上一个品牌的主要力量。

品牌营销的前提是产品有质量上的保证,这样才能得到消费者的认可。品牌建立在有形产品和无形服务的基础上。有形产品是指新颖的包装、独特的设计及富有吸引力的产品名称等。而无形服务是在销售过程中或售后服务中给顾客满意的感觉,让顾客始终觉得选择买这种产品的决策是对的。

企业要紧紧围绕企业品牌推广策略开展营销。无论何种营销方式,都是对自己企业品牌的推广、传播,而网络为企业品牌的发展提供了更广阔的空间,同时也提供了全新的传播形式。

网络营销为初创品牌建设提供了绝好的机会,利用网络建设品牌,不仅投入低、回报高,而且覆盖面广。初创企业想要使用网络构建品牌,应遵循以下几大原则。

(1) 有清晰的品牌诉求。初创企业在构建品牌时,先要明确企业想要构建哪种品牌文化,为建设品牌营造一个良好的开端。品牌故事、品牌文化、品牌精神都是品牌诉求,想要做好品牌建设,需要系统且清晰的品牌诉求。每一个品牌的生命周期都包括诞生、成长、成熟、消亡这四个阶段,所以要在最短的时间内向消费者传达品牌的价值,直接向消费者阐述品牌观点。

(2) 网站定位要准确。很多初创企业的网站定位模糊,导致网站不被消费者所了解。要以扩大市场需求作为目标来建设网站。有市场需求,证明有消费者搜索相关信息,满足消费者的需求的同时,企业更可以向消费者推销自己,进一步加强品牌文化的建设。同时,还要分析竞争对手网站的规模和特点,针对对方的不足来完善自己的网站,也可以借鉴竞争对手网站的突出点,进一步加强自己的网站的优势。

(3) 制定品牌传播策略。初创企业在制定品牌传播策略时需要特别注意,品牌的建立绝非一朝一夕的事,品牌的建设有赖于企业长久的坚持与推广。企业在进行品牌建设时,不应着重于眼前利益,而是要以品牌的长远发展作为出发点。

 **总结案例**

创业企业应该如何做品牌建设

对于一般的创业企业来说,创业前期首先要解决的是生存问题,但是想要做大的创业企业需要有一种带着品牌意识做产品的态度,在早期就设定具体的品牌建设的目标,只有这样才能够让企业最开始的产品设计就符合品牌建设的需要,在中后期的业务发展阶段,乃至转型和扩张时期,品牌的建设才能够反哺企业的发展。

创业企业应该怎样做品牌建设?不同类型的企业在进行品牌建设的时候使用的方法是不一样的,对于服务对象是企业的创业企业来说,产品和核心技术是关键,只有在产品和技术确实过关的情况下,在行业垂直平台上进行宣传推广才是有意义的,这样的品牌建设可以树立一种求真务实的形象,有利于对现有客户的维护,同时能够在行业内提升品牌口碑。

品牌建设都要做哪些工作?主要包括以下五个方面。第一,细分定位,寻找企业的个性化信息和特点。第二,拟定一个好的、响亮的口号。第三,选一个有记忆点的企业名称。第四,打造、经营好企业的人脉和企业的知识产权。第五,学会讲品牌故事。

启示:

以上就是创业企业进行品牌建设的具体思路,可以看出,品牌的建设对于创业企业来说非常重要,需要投入精力和成本去完成。创业企业的品牌建设一旦步入正轨,在企业未来的发展中能够起到很大的推动和促进作用。

 活 动 与 训 练

主题:消费调查访谈。
目标:了解人们的消费习惯和消费方式,理解不同销售策略的消费行为基础。
时间:20分钟。
过程:

1. 同学们分成若干小组,每组4~6人,在课下进行消费调查和讨论,总结人们对某种产品的消费习惯与方式。

2. 每个小组选出一个代表,在课堂上进行汇报,教师进行点评和总结。

思考与讨论

1. 人们在购买产品时,通常会考虑哪些因素?
2. 在实体门店销售中应该注意哪些问题?
3. 在网店销售中应该注意哪些问题?

主要参考文献

[1] 杨波. 创新思维训练手册[M]. 北京：清华大学出版社，2022.
[2] 严新. 智能时代的创新思维[M]. 成都：电子科技大学出版社，2019.
[3] 吕爽，张志辉，郝亮. 创新思维[M]. 北京：中国铁道出版社，2019.
[4] 韩提文，董中奇，张莉. TRIZ 创新理论及应用[M]. 天津：天津大学出版社，2020.
[5] 宋婷. 商业文化与创新创业[M]. 北京：九州出版社，2022.
[6] 李变，花姬康. 创新创业基础[M]. 北京：北京师范大学出版社，2020.
[7] 张娅，黄应强，姚正大. E+创新创业教育[M]. 北京：中国轻工业出版社，2020.
[8] 王飞. "创新+创业+产业"联动[M]. 哈尔滨：哈尔滨工业大学出版社，2020.
[9] 魏江，刘洋. 数字创新[M]. 北京：机械工业出版社，2021.
[10] 希普尔. 创新的源泉：追循创新公司的足迹[M]. 柳卸林，陈道斌，译. 上海：东方出版中心，2022.
[11] 诺特. 量化创新：研发投入驱动增长的秘密[M]. 孙雨熙，译. 北京：机械工业出版社，2020.
[12] 弗里曼，苏特. 产业创新经济学[M]. 3 版. 华宏勋，华宏慈，译. 上海：东方出版中心，2022.

后　　记

本书是在就业和职业指导专家和高等职业院校一线教师的共同努力下编撰完成的，是中国职业教育学会教学工作委员会"十三五"课题的研究成果之一，并于2023年获评"十四五"职业教育国家规划教材。

本书的主编由陈宇（中国就业培训技术指导中心原主任、教授）担任，副主编由周秀娥（江阴职业技术学院）、李兴军（广州市职业技术教研室）和马丽（包头轻工职业技术学院）担任。本书的具体编写分工如下：项目一由王美珍（成都工贸职业技术学院）、徐劲飞（成都工贸职业技术学院）、李月（成都工贸职业技术学院）负责，项目二由李兴军负责，项目三由李淼（北京交通职业技术学院）、张燕燕（青岛技师学院）、王英英（晋城职业技术学院）负责，项目四、项目六由马丽负责，项目五由张燕燕负责，项目七、项目八由周秀娥负责。

时任高等教育出版社副总编辑的王军伟编审、吴项编审，人力资源和社会保障部职业技能鉴定中心的许远编审（时任《中国培训》杂志副主编）对有关课题的研究、教材的框架设计和编写工作给予了指导，提出了具体而有价值的编写建议，提供了最新的职业指导、就业服务方面的资料和研究成果。《中国培训》杂志编辑苗银凤参加了本书的统稿工作。对所有人员做出的贡献，在此一并表示感谢。

编　者

2023年5月

郑重声明

高等教育出版社依法对本书享有专有出版权。任何未经许可的复制、销售行为均违反《中华人民共和国著作权法》，其行为人将承担相应的民事责任和行政责任；构成犯罪的，将被依法追究刑事责任。为了维护市场秩序，保护读者的合法权益，避免读者误用盗版书造成不良后果，我社将配合行政执法部门和司法机关对违法犯罪的单位和个人进行严厉打击。社会各界人士如发现上述侵权行为，希望及时举报，我社将奖励举报有功人员。

反盗版举报电话　（010）58581999　58582371
反盗版举报邮箱　dd@hep.com.cn
通信地址　北京市西城区德外大街4号　高等教育出版社知识产权与法律事务部
邮政编码　100120

教学资源服务指南

高等教育出版社

仅限教师索取

感谢您使用本书。为方便教学,我社为教师提供资源下载、样书申请等服务,如贵校已选用本书,您只要关注微信公众号"高职素质教育教学研究",或加入下列教师交流QQ群即可免费获得相关服务。

"高职素质教育教学研究"公众号

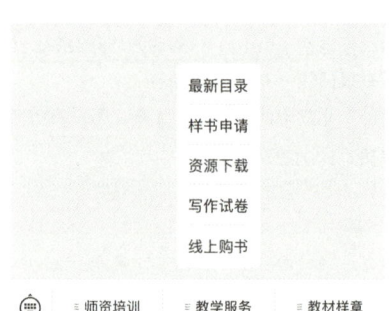

资源下载:点击"**教学服务**"—"**资源下载**",或直接在浏览器中输入网址(http://101.35.126.6/),注册登录后可搜索下载相关资源。(建议用电脑浏览器操作)

样书申请:点击"**教学服务**"—"**样书申请**",填写相关信息即可申请样书。

样章下载:点击"**教材样章**",可下载在供教材的前言、目录和样章。

师资培训:点击"**师资培训**",获取最新直播信息、直播回放和往期师资培训视频。

联系方式

职业素养和创新创业教师交流QQ群:310075759

联系电话:(021)56961310 电子邮箱:3076198581@qq.com